Margaret Vincent

Ein Roman

Frau WK Clifford

Writat

Diese Ausgabe erschien im Jahr 2024

ISBN: 9789359943336

Herausgegeben von
Writat
E-Mail: info@writat.com

Inhalt

ICH

Margaret Vincent ist die Heldin dieser Geschichte, aber es gibt noch andere, die darin eine wichtige Rolle spielen. Ihr Großvater war der alte Lord Eastleigh, zu seiner Zeit bekannt, faszinierend und unbekümmert, der, nachdem er sein Vermögen in einem verschwenderischen Leben ausgegeben und sich als Versuchskaninchen entehrt hatte, diskret starb und seinen älteren Sohn zurückließ. Cyril Vincent, all seine Schulden und die meisten seiner Schwierigkeiten. Cyril war von dem Titel ziemlich amüsiert, erhöhte die Schulden nach besten Kräften, heiratete eine Dame aus den Varietés und ging, da er London für unmöglich hielt, mit seiner Frau auf die Ranch am anderen Ende der Welt. Dort absorbierten das Leben und seine Isolation seine Energie und Identifikation. Aber das war vor fünfundzwanzig Jahren – und das ist, wie gesagt, eine moderne Geschichte.

Gerald, der jüngere Sohn und einzige weitere Überlebende der Familie Eastleigh, zeichnete sich in Oxford aus, verlobte sich mit der Tochter eines Bischofs, akzeptierte den Lebensunterhalt von seinem künftigen Schwiegervater und änderte innerhalb von sechs Monaten seine Meinung und übergab sich der Lebende, machte sich in den Tagen, als Agnostizismus ein Verbrechen war, berüchtigt, indem er einige Artikel schrieb, die ihm die Tür jedes zweiten Hauses in London versperrten und dafür sorgten, dass er von der Frau, in die er verliebt war, sofort im Stich gelassen wurde. Er hatte nur zweihundert im Jahr, die er von seiner Mutter geerbt hatte. Seine Gewohnheiten waren träge, sein Geschmack einfach. Der einzige Wunsch, den er nach dem Absturz hatte, war, außer Sichtweite zu verschwinden, nachzudenken, in Ruhe seine Pfeife zu rauchen und bald vielleicht ein Buch zu schreiben, in dem er die Bitterkeit, die tief in seinem Herzen steckte, frei zum Ausdruck bringen konnte und Seele. Er reiste ein paar Jahre lang und verlor so, zu ihrer großen Zufriedenheit, alle seine entfernten Verwandten aus den Augen (nahe Verwandte, mit Ausnahme seines Bruders hatte er keine), ließ seinen Höflichkeitstitel „Ehrenwert" fallen und wurde ein ziemlich zufriedener Faulenzer. Er war ein ausgezeichneter Wanderer, was ein Glücksfall war, da zweihundert Dollar im Jahr nicht viel an Reisekosten ausmachten, also marschierte er über jeden Pass in der Schweiz, den Mont Blanc und das Matterhorn hinauf, hinunter nach Italien über den St. Gotthard – dort Damals gab es natürlich keine Eisenbahn – und zurück über die Corniche-Straße nach Frankreich; Er reiste durch Frankreich über Avignon und Dijon nach Paris, und am Ende einiger Jahre kehrte er nach England zurück, um zu erkennen, dass er völlig in Vergessenheit geraten war.

Die Straßen Londons irritierten ihn mit ihrem Lärm und die Menschen mit ihrer Eile. Der Bürgersteig ermüdete seine Füße, die Lebensweise – das heißt die Lebensweise, die man mit einem so geringen Einkommen wie seinem eigenen führen konnte – fand er lästig und fast unmöglich. Eines Tages packte er einen Rucksack, füllte seinen Beutel und ging durch Putney und Wandsworth und weiter. Er atmete freier, als er Wimbledon erreichte, wo es damals einen fast rustikalen Bahnhof und kein Gebäude in der Nähe gab, holte in Surbiton tief Luft und stapfte, die schöne Grafschaft Surrey segnend, leichten Herzens weiter. So kam er nach Chidhurst und entdeckte die Woodside Farm.

Chidhurst liegt einige Meilen von Farnham, von Liphook und Fernhurst , von Blackdown und Hindhead entfernt – eigentlich von überall, wo der Leser versuchen könnte, es zu identifizieren. Der nächstgelegene Bahnhof ist Haslemere und liegt fünf bis sechs Meilen entfernt. Das Dorf besteht aus einigen Hütten, von denen eines ein Gemischtwarenladen und das andere eine kleine Bierstube ist. An der Seitenwand des Bierhauses steht ein Briefkasten, Briefmarken müssen jedoch in Haslemere oder beim örtlichen Postboten gekauft werden. Es gibt nicht einmal eine Schmiede, Mensch und Tier müssen gleichermaßen gut drei Meilen zurücklegen, um neu beschlagen zu werden – zum Schmied in der Nähe des Schusters auf der Gemeinde. Ein Stück vom Dorf entfernt, hoch oben im Wald auf der rechten Seite, steht die Kirche. Es ist zur Hälfte mit Efeu bedeckt; Um ihn herum sind weiße Grabsteine, und auf seinem quadratischen Turm steht eine Uhr, die selten richtig geht und der man nie trauen kann. Vom Kirchhof aus hat man einen göttlichen Ausblick: Tannenwälder im Vordergrund, Buchenwälder auf der linken Seite, Heidemoore auf der rechten Seite und blau in der Ferne – weich und neblig in der Erinnerung derer, die sie lieben – die Hügel von Surrey. Ein wunderschöner Ort zum Verweilen und Nachsinnen an einem schläfrigen Sommertag, ein gesegneter Ort zum Schlafen, wenn die Zeit der Ewigkeit begegnet ist.

Eine Meile von der Kirche entfernt, weiter im Herzen des Landes, befindet sich am Straßenrand ein Ententeich, und gleich dahinter, wieder rechts, ein grüner Weg mit hohen, dicht wachsenden Hecken auf beiden Seiten , von Dornstrauch und Brombeersträuchern, Geißblatt und Reisefreude , während tief unten Büschel von Heidekraut und dem zarten Grün der Johannisbeere wachsen . Entlang der Straße gibt es tiefe Furchen, die darauf hindeuten, dass schwere Karren kommen und gehen, und jetzt befinden sich auch auf der rechten Seite die Tore der Woodside Farm. Innerhalb der Hoftore gibt es einen weiteren Ententeich; und es gibt Heuhaufen und Nebengebäude und alle Anzeichen eines blühenden landwirtschaftlichen Lebens. Gleich hinter der breiten, unordentlichen Auffahrt können Sie einen Blick auf den holländischen Garten mit seinen grünen Wegen und Eibenhecken, seinen

Rosen und Wicken erhaschen. Das Haus ist alt; Moos, Efeu und Flechten gewachsen; eine Veranda mit einem Sitz darin bis zur Vordertür und vergitterte Scheiben am Fenster. Die Tür öffnet sich in eine quadratische Halle oder einen Wohnraum mit roten Fliesen und schwarzen Balken. Zu beiden Seiten des großen Kamins stand einst ein schwerer Holzstuhl mit geschnitzten, kräftigen Armlehnen und einem roten Kissen, das auf der Rückenlehne befestigt war; in der Mitte des Raumes ein großer Eichentisch; An der Wand eine Kommode, eine alte Truhe, eine Acht-Tage-Uhr und ein Porträt von Königin Victoria in ihrem Krönungsgewand. Hier saß immer die Familie Barton; denn die besten Räume wurden im Sommer an Fremde vermietet und im Winter sorgfältig abgedeckt und verdunkelt. Vom Wohnraum führte eine breite, alte und wurmstichige Treppe mit einem dunklen Handlauf hinauf, den so mancher Bewohner ferner Städte gerne für eine extravagante Summe gekauft hätte. Hinter der Treppe befand sich eine Tür, die zur rot gekachelten Küche führte, wo Towsey Pook , die Hausangestellte, die seit vierzig Jahren auf der Woodside Farm lebte, verrichtete die Arbeit, die von ihr verlangt wurde – was bedeutete, dass sie durchschnittlich vierzehn Stunden am Tag für Arbeit oder den Gedanken an Arbeit aufwendete; aber sie war eine starke Frau und sehr zufrieden.

Mrs. Barton besaß die Farm allein, als Gerald Vincent sich auf den Weg machte, der in Chidhurst endete . Es war volle zweihundert Jahre lang vom Vater auf den Sohn oder von der Mutter auf die Tochter übergegangen. Die Tradition würde wahrscheinlich beibehalten werden, da Mrs. Barton mit fünfunddreißig, nach elf Jahren ereignisloser Ehe, eine Witwe mit einem Kind gefunden hatte, einem Mädchen namens Hannah.

Nun war Hannah schon mit neun Jahren eine kompromisslose kleine Person – eine Sängerin von Kirchenliedern und Beobachterin von Menschen; und das verdankte sie ihren Großeltern mütterlicherseits, wohlhabenden Bauern und Andersdenkenden, die in Petersfield lebten . Ihr Vater, der aus einer großen Familie stammte, hatte sich durch seine Heirat gut geschlagen, da er durch sie der Herr der Woodside Farm wurde, was vielleicht der Grund dafür war, dass seine Leute keine Einwände gegen den Kirchgang seiner Frau erhoben hatten. oder sogar des Kindes. Schließlich war der Gottesdienst in Chidhurst auch ein streng evangelischer Gottesdienst – die Predigt dauerte bekanntermaßen fast fünfzig Minuten, und denen, die Eigentum besitzen, muss etwas zugestanden werden. Unglücklicherweise zog Hannah nach Petersfield , als sie acht Jahre alt war, weil ihr Vater empfindlich war und sie zu Hause nicht gut zurechtkam . Ihr Großvater, ein strenger alter Methodist, brachte ihr Gewohnheiten bei und prägte ihr Vorstellungen ein, die tief in ihrem Wesen verwurzelt waren, so dass, als sie zwei Jahre später zur Woodside Farm zurückkehrte, um ihre einsame Mutter zu trösten, das

Ergebnis seiner Ausbildung bereits sichtbar war. Sie war ein unscheinbares Kind und später eine unscheinbare Frau, mit harten, graublauen Augen und blondem Haar, das aus der Stirn zurückgekämmt war, einer rosa Farbe, die man nie als Blüte bezeichnen konnte, und einem etwas schmalen Gesicht mit geradem Mund und … spitzes Kinn; Darüber hinaus hatte sie eine Stimme, die einen starken Willen und eine engstirnige Einstellung verriet.

Ein ganzes Jahr nach James Bartons Tod erblickte Gerald Vincent zum ersten Mal das Dorf Chidhurst und war davon fasziniert. Er schaute aufmerksam von rechts nach links, zögerte und blieb bei dem kleinen Laden stehen, um zu fragen, ob für den Sommer noch Zimmer frei seien.

„Da ist ein Haus, Herr", sagte die Frau; „Es steht zwischen den Bäumen, gerade als Sie zur Kirche kommen. Es wurde als Pfarrhaus gebaut, aber Mr. Walford fand es zu groß, deshalb wird es an Fremde vermietet."

„Ich will kein Haus", sagte der Fremde ungeduldig.

Dann rief eine Stimme von hinten: „Da ist Woodside Farm, Mutter."

„Natürlich", sagte die Frau. „Die Zimmer wurden nie vermietet, seit James Barton erkrankt ist; aber ich wage zu behaupten, dass sie froh sein wird, jemanden zu bekommen. Sie gehen an der Kirche vorbei und die Straße entlang, bis Sie zum Ententeich kommen, und biegen dann ab rechts und geh weiter, bis du es siehst.

Mrs. Barton breitete gerade das weiße Leinen aus, das Towsey trug Pook hatte sich gerade über die Büsche im holländischen Garten gewaschen, als sie plötzlich keine zehn Meter entfernt einen großen Mann in grauem Tweed mit staubbedeckten Schuhen und einem Rucksack auf den Schultern erblickte. Er war jung – dreißig oder weniger, obwohl er auf den ersten Blick älter hätte sein können; Er wirkte fleißig und als wäre er jemand, sagte sich Mrs. Barton später. Sein Verhalten war im Moment etwas unbeholfen, aber in seinen Augen war eine höfliche Frage zu erkennen. Die Witwe blieb stehen und kritisierte ihn mit leiser Erregung, während er darüber nachdachte, wie gut sie mit den Sonnenblumen und Wicken auf beiden Seiten und den zum Trocknen ausgebreiteten Rosensträuchern und weißen Leinenflecken im Vordergrund ein schönes Bild abgab; und die Eibenhecken und das höhere Grün dahinter trugen zu ihrer Wirkung bei. Denn sie war immer noch hübsch, obwohl sie zu diesem Zeitpunkt fast siebenunddreißig war; Sie war nicht dick und neigte auch nicht dazu, da sie als aktive Frau viel Sport trieb und sich heimlich um viele Dinge kümmerte, was die Schädigung ihrer Figur verhinderte.

Mr. Vincent fragte, ob es möglich wäre, etwas Brot und Butter und Tee zu bekommen, was sie bereitwillig zustimmte; und während er im Wohnzimmer aß und trank, erklärte er, dass er in der Nachbarschaft eine Unterkunft finden wollte, in die er seine Bücher mitbringen und ein paar Monate lang in Ruhe lesen und schreiben könne. Es gefiel ihm kaum, sich auf einmal als Untermieter vorzuschlagen, denn die Witwe hatte etwas fast Vornehmes an sich; es gab ihm das Gefühl, dass, wenn es irgendeinen sozialen Unterschied zwischen ihnen gab, der Vorteil auf ihrer Seite lag. Zuerst stand sie neben dem Eichentisch, dann wurde sie überredet, Platz zu nehmen, und sie machte ein Bild, gerahmt in einen der großen Sessel, das er nie vergaß, während sie ihm erklärte, dass es ein Gästezimmer gäbe, das es noch nicht gegeben hatte Ich habe in den vergangenen drei Jahren darin geschlafen und war der beste Salon, der seit Bartons Beerdigungstag nicht mehr benutzt worden war. Sie dachte an den muffigen Geruch, der sie beide zu durchdringen begann, da sie ein Feuer missbilligt hatte, an dem niemand saß und sich wärmte. Auch die landwirtschaftlichen Produkte waren gut und reichlich; Es würde leicht sein, den Fremden zu ernähren, und sein Aufenthalt würde ihr ein paar leicht verdiente Pfund in die Tasche stecken. So kam es zu einer Vereinbarung, und jeder von ihnen war zufrieden.

Er blieb die ganzen Sommermonate über, und als der Herbst kam , zeigte er keine Anzeichen dafür, dass er gehen würde. Die Witwe interessierte sich immer mehr für ihn, und sie unterhielten sich oft eine Stunde lang miteinander – er war ein einsamer Mann und sie eine einsame Frau, und beide waren sich dessen unbewusst bewusst; aber es dauerte lange, bis es zu etwas anderem als einem ziemlich unbeholfenen und sogar förmlichen Gespräch wurde. Manchmal, wenn er durch das Haus zu seinen eigenen Zimmern ging , blieb er stehen, um Hannah zu bemerken; aber sie fühlte sich immer unwohl bei ihm und eilte so schnell wie möglich davon. Er hörte, wie sie manchmal mit Towsey und gelegentlich sogar mit ihrer Mutter auf eine Weise sprach , die ihn dazu brachte, sie für sich selbst „eine boshafte kleine Katze“ zu nennen; aber es ging ihn nichts an; An der Mutter war nichts von der Katze, und das war die Hauptsache.

Mrs. Barton war zunächst überrascht, dass ihr Untermieter sonntags nicht in die Kirche ging, und die Nachbarn waren neugierig, was sie in Verlegenheit brachte; aber sie hatte das Gefühl, dass es sie nichts anging und dass es ihnen nicht zukam, Bemerkungen zu machen, da Mr. Vincent offensichtlich an Stellung und Gelehrsamkeit über ihnen stand. Da Towsey außerdem immer in der Küche hinter dem Haus beschäftigt war, war es angenehm, sich daran zu erinnern, dass, während sie selbst sonntagmorgens in der Kirche war, jemand im Haus zurückgeblieben war, den man als Beschützer bezeichnen konnte; denn es war bekannt, dass Landstreicher so weit kamen, und es konnte sogar zu einem Brand kommen. Als sie also in ihrem Alpakakleid mit

Kreppbesatz, der Witwenmütze unter der Haube und ihrem Gebetbuch und einem schwarzgeränderten Taschentuch (sie hatte sechs von guter Größe und brauchbarer Dicke) in der Hand, mit Hannah über die Felder ging Durch die Abkürzung zur Kirche war es ein Gefühl ruhiger Zufriedenheit. Mr. Vincent stand immer auf der Veranda und sah ihnen beim Start zu; Dann füllte er seine Pfeife, rauchte in Ruhe und genoss die besondere Stille des Sabbattages. Der Amtsinhaber von St. Martha, ein Mann ohne besondere Qualifikationen, der durch die Hintertür einer kleinen theologischen Hochschule in Orden geschlüpft war, hatte darüber nachgedacht, den Fremden aufzusuchen und ihn wegen seiner Seele anzugreifen, bis er zufällig das hörte Die Autoren von *Essays and Reviews*, die in Guildford übernachtet hatten, waren zur Woodside Farm gefahren. Dann kam er zu dem Schluss, dass er möglicherweise im Streit unterlegen sein könnte und dass es der größere Teil der Tapferkeit wäre, sein zweifelndes Gemeindemitglied in Ruhe zu lassen, auch wenn es im Untergang endete.

II

Zwei Sommer und einen Winter lang wohnte Gerald Vincent auf der Woodside Farm. Er war ein außergewöhnlich schweigsamer Mann, und Mrs. Barton wusste im letzten Monat nicht mehr über ihn als im ersten. Doch nach und nach wuchs ihr das Herz an ihm. Sie beobachtete, wie er außer Sicht war, wenn er spazieren ging, und ihr Herz schmerzte, als sie seine zurückkehrenden Schritte hörte. Die besten Rosen wurden für seinen Schreibtisch geschnitten, die reifsten Früchte für seinen Nachtisch und sein Frühstück, und als sie einmal im besten Wohnzimmer herumlungerte und den Staub abstaubte, bevor er sich niederließ, hob sie einen halbgeschriebenen Zettel hoch und küsste ihn, wohlwissend seine Hand muss darauf geruht haben; Denn die Jugend hat nicht das Monopol auf die Romantik, und selbst mit achtunddreißig kann man ihre Aufregungen kennen. Nach einiger Zeit wurde sich Mr. Vincent ihrer Gefühle für ihn bewusst; es war ihm ziemlich peinlich, aber es berührte ihn. Dann erkannte er fast überrascht die klaren Umrisse ihres Gesichts und den süßen, festen Schwung ihrer Lippen. Er erzählte sich von ihren Verdiensten, ihren häuslichen Tugenden und der Art und Weise, wie sie eigenhändig und mit ruhigem Kopf die Farm bewirtschaftete. Allmählich kam es dazu, dass er abends nicht mehr in seinem eigenen Zimmer blieb, sondern bei ihr saß – er auf der einen und sie auf der anderen Seite des großen Kamins im Wohnzimmer; und die Gesellschaft war umso angenehmer, weil Hannah weg war. Denn Hannah war zu diesem Zeitpunkt gut zwölf Jahre alt und wohnte, um schulischer Vorteile zu haben, bei ihren Großeltern in Petersfield , wo sie immer leidenschaftlicher lernte, die besonderen Formen des Teufels und alle seine Werke, in denen sich diese befanden, zu verachten die nicht ihrer eigenen Denkweise entsprachen, waren am meisten erfreut.

An diesen Abenden bemerkte Mr. Vincent, dass im Kleid der Witwe zuerst der Krepp und dann das Schwarz verschwand, während Mrs. Barton Socken strickte, von denen er genau wusste, dass sie ihm angeboten werden würden. Er erkannte auch die kleinen Künste, mit denen sie versuchte, ihre Anziehungskraft zu steigern, wie einen seltsamen Putz und die Pflege ihrer Haare, und er tat nie so, als hätte er sie missverstanden. Er erkannte auch die Vorzüge ihrer Figur – die zurückversetzten Schultern und dass sie groß war und eine gewisse Präsenz, ja sogar Würde besaß, die aus der Einhaltung einfacher Lebensregeln entstand. Und irgendwie, auf eine ruhige, unaufgeregte Art, war er fasziniert. Hier war der natürliche Mensch, dachte er, so wie Gott ihn vorgesehen hatte, unverfälscht durch Gelehrsamkeit, Leidenschaft oder Wissen über die Welt. Er hatte das Gefühl, dass er und sie und die Natur eine Dreieinigkeit bildeten, umrahmt von den Hügeln von Surrey und all dem wunderschönen Land um sie herum. Er wollte kein anderes Zuhause als die Farm, kein anderes Fortbewegungsmittel als den braunen Holzkarren und den zerbrochenen Kolben, keine andere Begleiterin als diese ruhige Frau, die nichts von seiner Geschichte oder seinem inneren Leben wusste, die aber trotzdem irgendwie alles gab Seine Gedanken bildeten einen Rahmen und versetzten ihn in Stimmungen, die ihm halfen, viele Dinge aufzuschreiben, die er der Welt eines Tages schenken wollte. Es ist schwer zu sagen, wie diese Dinge zustande kommen oder was dazu führen wird, dass ein Mann und eine Frau, die wenig voneinander wissen, heiraten; Aber das Unerklärliche kommt allzu oft vor, als dass es notwendig wäre, näher darauf einzugehen, und die großen Tatsachen des Lebens, die uns ins Gesicht starren, liefern gelegentlich an sich schon ein groteskes Argument für die spontane Zeugung. So geschah es, dass Gerald Vincent eines Nachts nach langem Schweigen ganz einfach sagte:

„Mrs. Barton, ich habe mich in letzter Zeit gefragt, ob es richtig von mir ist, in unserer jetzigen Form weiterhin auf der Farm zu bleiben?"

„Warum, Herr Vincent!" Sie blickte mit ihren reinen, ernsten Augen zu ihm auf, und in ihrer Stimme lag Überraschung. „Ich bin sicher, wenn James es wüsste, würde er gerne spüren, dass du hier wärst."

„Ich frage mich, ob er das tun würde. Ich habe gehört, dass er ein gottesfürchtiger Mann war, und das bin ich nicht."

„Sag das nicht", antwortete sie besorgt. „Ich habe immer daran festgehalten, das Richtige zu tun, anstatt Gebete zu sprechen, obwohl James' Leute natürlich anders und in ihren Vorstellungen sehr streng sind."

„Du weißt nichts über mich", sagte er und fuhr mit seinen eigenen Gedanken fort, „über meine Familie, noch über meine Taten, bevor ich hierher kam, und dennoch habe ich mich gefragt, ob du mich heiraten würdest?" Es schien ihm nicht nötig, ihr zu sagen, dass sein Vater ein Adliger gewesen war oder dass sein Bruder eine dumme Ehe geschlossen und zu den Antipoden gegangen war oder dass er selbst die Kirche gestürzt und seine Aussichten an einem metaphysischen Felsen zunichte gemacht hatte . Diese Dinge und das Wissen darüber lagen so weit außerhalb ihrer Welt und Gedanken, dass es keinem guten Zweck dienen konnte, es ihr zu sagen. Es war besser zu schweigen.

Sie strickte eine halbe Minute lang weiter, dann legte sie es weg und fragte, und da war etwas in ihrer Stimme, das sein Herz erreichte: „Meinst du, dass du dich um mich kümmern musst?"

„Ich denke, du bist die freundlichste Seele der Welt", sagte er, und seine eigene Stimme war nicht sehr ruhig, „und noch zu jung und zu gutaussehend", fügte er mit einem kleinen Lächeln hinzu, „als dass es richtig wäre." dass ich weiterhin hier leben sollte, sei es als Ihr Untermieter oder Ihr Freund. Wir sind schon seit langer Zeit Freunde, wissen Sie –"

„Ich habe angefangen, dich als einen zu betrachten", sagte sie schlicht.

„Du möchtest nicht, dass ich woanders lebe?"

„Ich konnte den Gedanken daran nicht ertragen", antwortete sie leise.

„Aber ich kann nicht weiter hier bleiben, außer als Ihr Ehemann. Ich denke, wir könnten zufrieden genug sein."

Sie wandte den Kopf von ihm ab; ein glückliches Lächeln spielte um ihre Lippen. Er sah, dass sie zitterte. Er stand auf und zog sie sanft von ihrem Platz, und sie standen zusammen vor dem Kamin.

"Also?" er hat gefragt.

„Ich weiß nicht, was die Leute sagen würden."

„Spielt das eine Rolle? Wir werden außerhalb der Welt leben, nicht in ihr."

„Und dann gehst du nie in die Kirche?"

„Ich werde eine Ausnahme von der Regel machen, indem ich Sie für eine halbe Stunde dorthin mitnehme, während der Pfarrer für uns betet. Wie soll es sein? Vielleicht sollten Sie darüber nachdenken, bevor Sie antworten. Ich habe Ihnen nichts zu geben –"

„Oh-" Sie hob den Blick und sah ihn vorwurfsvoll an.

„Ich bin ein armer Mann, mit ein paar Hundert im Jahr und nicht mehr. Ich kann dir in deinem Zuhause nicht helfen, aber ich will nichts mehr davon als jetzt. Du kannst alles behalten." Hannah nach und nach. Na?" fragte er noch einmal.

Mit einem kleinen Seufzer näherte sie sich ihm. „Ich konnte nicht ‚Nein' sagen, Herr Vincent, denn ich liebe Sie mehr als irgendjemanden auf der Welt." Er versuchte, ihr in die Augen zu sehen, aber sie waren niedergeschlagen, und ihre Lippen zuckten. Er beugte sich vor, küsste sie auf die Stirn und wartete, bis sie wieder sprach. „Du wirst gut zu Hannah sein?" sagte sie besorgt. „Sehen Sie, sie wird bald nicht mehr so lange weg sein und wird versuchen, zu ihr nach Hause zu kommen. Sie würden sich nicht einmischen?"

„Meine liebe Seele, ich sollte mich in nichts einmischen. Ich weiß nicht, warum ich versuche, unsere gegenwärtige Beziehung zu stören, außer dass es die einzige Möglichkeit zu sein scheint, zu verhindern, dass sie zu Ende geht. Die Dinge werden einfach so weitergehen Das Gleiche, was sie getan haben.

Ich habe nicht vor, irgendetwas zu ändern. Wir werden eines Morgens in Haslemere heiraten – oder vielleicht in Guildford; dort wird uns wahrscheinlich niemand begegnen – und Woodside Farm wird jedoch immer noch Woodside Farm sein Sie sind Frau Vincent. Wir werden uns für den Rest unseres Lebens niederlassen und uns von nichts in der Ferne stören lassen."

„Ich werde es dir so bequem machen, wie ich kann", sagte sie mit leiser Stimme, woraufhin er ein wenig reumütig lächelte und sich im Wohnzimmer umsah. Dann legte er langsam seine Arme um sie und zog sie mit stiller Zuneigung an sich, als ob er glaubte, ihre neue Beziehung verlange es. Dies war ihre nüchterne Verlobung.

III

Die Leute im Dorf Chidhurst und auf den umliegenden Bauernhöfen redeten viel, als sie hörten, dass Mrs. Barton Gerald Vincent heiraten würde – denn irgendwie wurde es bald bekannt. Er war ein Fremder und fast acht Jahre jünger als sie; Sie hatten dies und ein oder zwei andere Dinge herausgefunden, die ihn betrafen, nämlich, dass er zweihundert Pfund pro Jahr hatte und keine andere Arbeit machte als das Schreiben – vielleicht das Schreiben von Büchern, was überhaupt keine Arbeit war, aber etwas, was die Leute taten als sie nichts anderes zu tun hatten. Und dann ging er nie in die Kirche oder Kapelle. Für sie war es etwas Seltsames und Schreckliches, im lebenden Fleisch jemanden als Nächsten zu sehen, obwohl sie ihn nur wenig sahen, der mit Sicherheit im Jenseits verdammt werden würde. In gewisser Weise tat er ihnen leid; denn er sah gut aus und gab sein Geld großzügig, wenn sich die Gelegenheit bot; Darüber hinaus waren sie sicher, dass sein Volk über dem Gemeinen stand. Deshalb versuchten sie, ihm die Dinge auf dieser Welt ein wenig angenehmer zu machen, indem sie ihm Höflichkeit und besondere Rücksichtnahme entgegenbrachten; aber die Tatsache dessen, was ihn erwartete, konnte nicht angezweifelt werden.

Als die Verwandten von Petersfield die Nachricht hörten , hielten sie es für ihre Pflicht, sofort mit dem Zug nach Haslemere zu fahren und dann die unsagbare Extravaganz auf sich zu nehmen, eine Fliege zu engagieren, die sie zur Woodside Farm bringen sollte. Sie hätten ihrer Schwiegertochter gesagt, sie solle ihnen den braunen Karren entgegenschicken; aber sie hofften, den Ungläubigen für seine Missetat aufzudecken, indem sie ihr Kommen nicht ankündigten. Sie hatten eine vage Vorstellung davon, dass er ein Horn hatte und eine Heugabel trug; und sie wären nicht überrascht gewesen, wenn sie an diesem Ort einen schwachen Schwefelgeruch wahrgenommen hätten. Als sie ankamen, blickten sie sich scharf um und waren enttäuscht, ihn nicht zu sehen; Dann machten sie das Beste aus der Situation, indem sie sich sofort ins Wohnzimmer setzten und mit Mrs. Barton diskutierten. In höchstens zehn Minuten hofften sie, ihr die Torheit ihrer Position klarmachen zu können und dass sie nicht nur der Vorsehung widersprechen würde, die es ihr in dieser Welt immer bequem gemacht hatte, sondern auch eine Respektlosigkeit gegenüber James Barton, tot und tot ging zum nächsten, wenn sie einen Mann heiratete, der nicht gut genug war, um im Familiengrab zu liegen, wenn es dem Herrn gefiel, ihn ebenfalls zu nehmen.

„Aber einer der Gründe, warum ich ihn mag", sagte sie, „ist, dass er viel jünger ist als ich, also wird er dieses Mal höchstwahrscheinlich die Bestattung zu tragen haben – das wird mir eine Welt retten." von Ärger."

Dies war ein Standpunkt, den sie nicht berücksichtigt hatten und auf den sie nicht eingehen konnten, also versuchten sie es mit einem neuen. Da war Hannah. Hatte sie daran gedacht, dass auch Hannah mit ihm im selben Haus wohnen musste? Oh ja; und nachdem sie sich in Petersfield an einen Mann gewöhnt hatte , dachte sie, dass es für Hannah so gut wäre, wenn sie auf der Woodside Farm einen Mann über ihr hätte – ein indirektes Kompliment, das den alten Mr. Barton einigermaßen beruhigte. Darüber hinaus war er berührt von dem Respekt, mit dem seine Schwiegertochter allem zuhörte, was er zu sagen hatte, und von der Aufrichtigkeit in ihrer Stimme, als sie bedauerte, dass Mr. Vincent nach Lynchmere gegangen war und erst nach dem Tee zurückkommen würde. Zeit. Sie war sich sicher, dass er gerne James' Verwandte kennengelernt hätte; aber vielleicht könnten sie bleiben, bis er zurückkam?

„Wenn er kommt", sagte Mrs. Barton die Ältere, „hoffe ich, dass Sie erkennen werden, dass es Ihre Pflicht ist, ihn aufzugeben, besonders nach der Mühe, die wir auf uns genommen haben, als wir herüberkamen. Wir würden es gerne hören, wenn Sie es ihm sagen." bevor wir gehen."

Aber die jüngere Frau war ganz ruhig und gefasst und versuchte, das Thema zu wechseln. „Willst du nicht etwas näher am Feuer sitzen, Vater?" sie fragte den alten Mann; „Es ist eine holprige Straße von Haslemere , und Sie müssen von der Fahrt müde sein. Sie hätten rechtzeitig zum Abendessen kommen sollen; Sie müssen so bald nach dem Tee aufbrechen."

„Wir sind nicht zum Essen vorbeigekommen, Annie, sondern wegen einer wichtigeren Angelegenheit", antwortete er.

Mrs. Barton ging zur Eichentruhe, holte eine frische Damasttischdecke heraus und legte sie auf den Tisch. Dann stand sie daneben, wie sie es am ersten Tag getan hatte, als Gerald Vincent auf die Farm kam.

„Ich möchte Ihnen keinen Mangel an Respekt entgegenbringen", sagte sie bestimmt; „Aber es nützt nichts, etwas über Herrn Vincent zu sagen, denn ich werde ihn heiraten, und seine Religion macht keinen Unterschied. Er hat viel aufgegeben, weil er sich nicht verstellen wollte ; er hat über Dinge nachgedacht und gelesen." und studiert, und wenn er denkt, dass sie nicht wahr sind, hat er das Recht, es zu sagen. Ich denke, Gott wird einen Mann respektieren, der ehrlich sagt, was er fühlt. Es gibt einige, die nicht den Mut haben, es zu tun, und das weiß ich „Ich hätte lieber seine Chance im Jenseits als die Chance so mancher Männer, die sonntagabends bei Gebetstreffen in der Petersfield- Kapelle ihre Stimme erheben. Wenn er nicht in den Himmel kommt, weil er Glauben hat, warum dann? Ich werde dorthin gelangen, weil er ehrlich ist.

„Und was denkst du, würde James sagen?" fragte die alte Frau Barton.

„James wusste, dass es für mich schwierig sein würde, alleine zurechtzukommen. Ich werde stolz sein, aufzustehen und ihm zu erzählen, wie Mr. Vincent kam und sich um mich gekümmert hat, nachdem ich gegangen war – er wird froh sein."

„Nicht, wenn es eine Ungläubige ist, Annie –"

„Ein Mann, der ehrlich ist und die Wahrheit sagt, auch wenn sich die Leute dadurch gegen ihn wenden, Mutter."

Die alten Leute begannen sich unwohl zu fühlen. Tränen oder Aufregung hätten sie vertragen können, aber diese stille Entschlossenheit war schwieriger zu bekämpfen.

„Hast du an das Beispiel für Hannah gedacht?" fragten sie und erinnerten sich an das, was ihrer Meinung nach ein starker Punkt zu ihren Gunsten war.

„Ich habe an alles gedacht", sagte sie und hob ihre ruhigen Augen. „Er wird sich nicht in Hannah einmischen; ihr wird erlaubt, nach Petersfield zu gehen , wann immer du sie willst, und sie wird trotzdem in die Kirche gehen; und ich auch ." Sie wandte sich an die alte Mrs. Barton und fuhr fort: „Hannah ist James' Kind, und sie wird so erzogen, wie James' Volk es wünscht. Sie ist ein Mädchen, das einen eigenen Willen haben wird – sie hat ihn bereits und den." wird wachsen. Es gibt keinen Grund, sich um sie zu sorgen."

„Und was soll aus der Farm werden?"

„Die Farm wird so bleiben, wie sie ist. Ich werde für Hannah fair damit umgehen, falls es das ist, woran du denkst."

Dann kam der alte Mann zur Rettung. „Gott wird dir in Zukunft keine Gnade mehr erweisen, Annie, wenn du diesen Ungläubigen heiratest."

„Vater, ich werde darauf vertrauen, dass Gott fair mit mir umgeht. Er wird nicht weniger tun als der Mensch." Sie hielt einen Moment inne und fuhr dann fort: „Sie dürfen nicht denken, dass ich nicht darüber nachgedacht habe, denn das habe ich getan. Wir müssen alle unsere Erlösung für uns selbst erarbeiten, und wenn wir von verschiedenen Punkten ausgehen, und wenn Herr Vincent hat einen anderen Weg gewählt, den wir selbst nicht gehen. Nun, ich denke, das Ende wird für uns alle, die wir versuchen, unser Bestes zu geben, das gleiche sein. Es würde das Vertrauen in Gott erschüttern, anders zu denken. Aber du wirst es tun Wenn du deinen Tee willst, dann ist das besser, als über einen Mann zu streiten, den du nicht verstehst und den ich heiraten werde, sag, was du willst.

„Ich hätte nie gedacht, dass du so hartnäckig sein würdest, Annie“, sagte Mrs. Barton.

Aber nichts bewegte die Herrin von Woodside Farm und die alten Leute hielten ihren Besuch für einen Fehler. Sie hatten ihren Standpunkt durch ihr Kommen nicht erreicht; im Gegenteil, sie gingen geschlagen davon und die Position gefiel ihnen nicht. Sie begannen sogar die latente Hoffnung zu hegen, dass Mr. Vincent nicht vor ihrer Abreise zurückkommen würde, damit sie nicht auch im Streit mit ihm als Zweite abschneiden würden. In der Zwischenzeit bereiteten sie mit der Miene eines Trauermahls ein großes und trauriges Mahl zu, denn sie hatten das Gefühl, dass es das letzte Mal sein würde, dass sie an dem großen Eichentisch saßen. Zum Glück war der Tee stark und die Sahne dick. Towseys Scones waren bewundernswert, die Erdbeeren in der Marmelade waren ganz und die pochierten Eier und der Schinken waren perfekt zubereitet. Dann wurde die Fliege zur Tür gebracht, Mrs. Barton wurde vorwurfsvoll verabschiedet, und das untröstliche Paar fuhr in Richtung Bahnhof Haslemere davon .

Gerald Vincent und Mrs. Barton heirateten einen Monat später. Äußerlich machte es kaum einen Unterschied in ihren Beziehungen. Der beste Salon war immer noch sein eigener Rückzugsort, und seine Bücher und Papiere waren in der glücklichen Gewissheit verstreut, dass keine Hände außer seinen eigenen sie berühren würden. Abends saß er meist mit seiner Frau im Wohnzimmer; Ihm gefielen die Kargheit, der große Kamin, der alte Eichentisch, die bequemen Stühle und die schwere Tür, die im Sommer weit offen stand und den Blumenduft und die Aufregung aus dem holländischen Garten hinter der Veranda hereinließ der Blätter und das Rascheln der hohen Bäume dahinter. Im Winter hörte man das Knistern der Buchenstämme, das Flackern der Kerzen in den Doppelleuchtern mit lackierten Schirmen und die langen, tiefen Schatten auf den Wänden. Es war alles wie in der alten Welt und friedlich. Er fragte sich, ob er jemals die Hektik und den Lärm der Städte ertragen hatte. Im ersten Jahr las er seiner Frau – Scott und Kingsley – und anderen Autoren vor, von denen er glaubte, dass sie sie interessieren könnten. Sie war stets anerkennend und äußerte aufgrund ihrer reinen Geisteshaltung sogar hörenswerte Kritik, obwohl sie nie in irgendeiner Weise kultiviert wurde. Obwohl sie schlicht blieb, schämte sich Gerald Vincent nie für sie, und sie langweilte ihn nie. Er hatte das Gefühl, dass das tägliche Leben oder der Teil davon, den er mit ihr verbrachte, für seine Seele so ziemlich das war, was ein kühles Bad für seinen Körper war. Nach einer Weile war da Margaret, ein Baby mit blauen Augen und kleinen Doppelfäusten, und als er sah, dass das Kind einen Großteil der Zeit und Gedanken seiner Mutter in Anspruch nahm, zog er sich in die

Abgeschiedenheit des besten Salons zurück, ohne Angst davor zu haben, für vernachlässigt gehalten zu werden .

Die Petersfield- Verwandten hielten Hannah bis zu ihrem sechzehnten Lebensjahr bei sich. Dann, da sie die Schule verlassen hatte und ihr Haar, das an den Schläfen immer spärlich aussah, hinten zu einem Knoten zusammengebunden war und einer ihrer Eckzähne verfallen war, hielten sie es für gut, sie zurück auf die Farm zu schicken. Aber der alte Mr. Barton hatte nicht umsonst mit ihr gesprochen, und sie ging mit einem unterdrückten Groll im Herzen nach Hause, der einen Anflug von Abscheu gegenüber dem Fremden in sich trug und eine Scheu vor seinem Kind, die sie nie überwinden konnte. Sie hielt sich zwar gut im Griff, und abgesehen davon, dass er nie hinter ihre Zurückhaltung und etwas bissige Art zurückkam, kamen sie und Mr. Vincent ziemlich gut miteinander aus, wenn man bedenkt, dass sie im selben Haus wohnten. Sie entwickelte sich zu einer sparsamen jungen Frau mit ausgeprägtem Gespür für den Lebenszustand, in dem sie sich befand, und einem so starken Widerspruch in ihr, dass sie bereits einen Monat nach ihrer endgültigen Rückkehr zur Woodside Farm begann, heimlich zu lagern so kleine Summen, die sie ehrlich als ihr Eigen betrachten konnte, um eines Tages eine Kapelle in Chidhurst zu bauen . In der Zwischenzeit begnügte sie sich mit dem etwas tristen Gottesdienst in der kleinen Kirche auf dem Hügel.

Für Frau Vincent waren die Jahre nach ihrer Heirat die glücklichsten ihres Lebens. Sie schenkte ihrem Mann eine stille, in sich geschlossene Anbetung, die sich in vielen Annehmlichkeiten äußerte, für die er aus purer Blindheit nie ausreichend dankbar war. Aber er wusste, dass er für sie die ganze Welt bedeutete, und im Laufe der Zeit blieb dieses Wissen nicht ohne Bestürzung, als er feststellte, dass er sich manchmal mehr intellektuelles Mitgefühl wünschte, als sie ihm entgegenbringen konnte. Doch das ahnte sie nie, und nach der Geburt ihrer kleinen Margarete kam es ihr manchmal so vor, als würden nur Tränen ihre Freude daran hindern, größer zu werden, als sie ertragen konnte.

In diesen Jahren erkannte Hannah ihre Chance und schaffte es nach und nach, ihre Mutter und alle auf der Farm mit Ausnahme von Herrn Vincent zu regieren. Sogar Margaret hatte das Gefühl, dass Hannah die Herrin der Situation sei und dass das Anziehen eines besten Kleides oder die Organisation eines kleinen Urlaubs nicht friedlich geschehen könne, ohne ihre Zustimmung einzuholen.

IV

Herr Vincent und seine Tochter kamen sich immer näher, als die Zeit kam, in der jeder von einem anderen Standpunkt aus unbewusst nach Kameradschaft sehnte. Sie las mit ihm Bücher und erledigte Aufgaben, die ihr Spaß machten, da sie auf der Fensterbank des besten Salons gefangen gehalten wurden, von wo aus sie, als sie aufblickte, sehen konnte, wie er sich über seine Papiere beugte. Er arrangierte sogar, sie zweimal pro Woche nach Guildford zu bringen, damit sie Musikunterricht bei der Witwe des Arztes erhalten konnte, die sich als Lehrerin einen bescheidenen Lebensunterhalt verdiente. Und zu ihrem siebzehnten Geburtstag schenkte er ihr ein Klavier. Seine Ankunft war ein ziemliches Ereignis auf der Woodside Farm.

„Es wird eine Seltenheit sein, Margaret spielen zu hören", sagte Frau Vincent, während sie zusah, wie es aufgebaut wurde.

Aber Hannah war halb verächtlich. „Es wäre besser gewesen, ein gutes Harmonium zu kaufen", schnaubte sie; „Es hätte eines Tages nützlich sein können –" Sie brach abrupt ab, denn niemand wusste von ihrem geheimen Vorrat an der Kapelle; und es gab keinen Anlass, darüber zu sprechen, da die bescheidene Summe von zwanzig Pfund noch nicht erreicht war. Geld hatte Hannah in letzter Zeit oft verwirrt; da war der Wunsch, es für den frommen Traum ihrer Seele wegzulegen, und der weibliche Drang, es für Putz auszugeben – harten, edlen Putz. Denn in Petersfield lebte ein erfolgreicher junger Immobilienmakler, der ein gutes Geschäft führte, elegant aussah und einen blonden Schnurrbart hatte und eine weitsichtige Mutter hatte, die vorgeschlagen hatte, dass Hannah eines Tages die Farm und ein bisschen Geld bekommen würde , und noch dazu eine sparsame Ehefrau. Dies war der Grund für das, was man einen Untersuchungsbesuch nennen könnte, den Mr. Garratt an einem Sonntagnachmittag, als Hannah in Petersfield war , ihren Großeltern abstattete und sie bat, ihn über das Feld zu führen, um einen Baum zu sehen, der in den letzten zwei Wochen vom Blitz getroffen worden war. Danach wurde er gedrängt, zum Tee zu bleiben, und sein Ton war bezeichnend, als er beim Verlassen bemerkte, dass es ihm sehr gut gefallen habe und er hoffe , eines Sonntags zum Morgengottesdienst nach Chidhurst zu kommen und das Grab seiner Tante zu sehen Amelia, die dort begraben wurde. Da Hannah zu grimmig war – es wurde als Schüchternheit gewertet –, um irgendetwas Nettes für sich selbst zu sagen, hatte die alte Mrs. Barton ihm in einem guten Geschäftston gesagt, dass er, wenn er ginge , besser auf Hannah und ihre Mutter aufpassen sollte, und Gehen Sie mit ihnen zum Abendessen auf die Farm zurück. Das war vor zwei Monaten, aber Hannah wartete immer noch geduldig und dachte, wenn er auftauchte, wäre es vielleicht besser, zu hören, was er zu sagen hatte, da sie zu diesem Zeitpunkt schon weit in ihren Zwanzigern war – am Ende ihrer Altersgruppe

Tatsache – und die Ehe war eine der Möglichkeiten, die man im Leben in Betracht ziehen sollte. So brachte ihr jede Woche ihre Aufregung und dennoch ihre Enttäuschung.

Auch für Margaret war der Sonntag aufregend; aber es war ein glückliches Erlebnis. Denn wenn die Landleute in der Kirche Zuflucht suchten oder mit den Dingen beschäftigt waren, die sie außer Sichtweite hielten , hatten sie und ihr Vater die schönste gemeinsame Zeit. Dann schlenderten sie auf den verlassenen Feldern und Nebengebäuden umher oder gingen in die großen Buchenwälder hoch hinter der Farm und beobachteten die stille Landschaft um sie herum, genau wie Gerald Vincent es in den ersten Jahren seiner Ankunft beobachtet hatte es allein von der Veranda. Sie nannten den Buchenwald ihre Kathedrale – die großen Ulmen, Buchen und eng miteinander verbundenen Eichen bildeten ihr Dach und die Säulen ihrer Gänge – und es schien, als würden sie dort in ihren Herzen einen stillen Gottesdienst für einen geheimnisvollen Gott feiern, der sie geschaffen hatte Freude und Leid und alle Schönheit der Erde und gab sie der Menschheit im Guten wie im Schlechten. In gewissem Sinne hatte Margaret keine andere Religion. Ihr Vater sagte, dass sie, wenn sie alt genug wäre, um selbst zu verstehen und zu denken, ihre eigenen Überzeugungen oder Unglauben entwickeln könne , während sie nur noch daran denken müsse, die Wahrheit zu sagen, nichts zu tun, was ihr erneut Schmerzen bereiten würde, und denen zu helfen, die ihr am nächsten stehen Sie denken nie an ihre Verdienste, sondern nur an ihre Bedürfnisse.

Allmählich wurde Mr. Vincent unruhig, was das Leben auf der Farm anging. Mit sich selbst war er zufrieden genug, noch eine Weile konnte er mit Margaret zufrieden sein; aber danach? Außerdem gibt es auf alle Dinge eine Reaktion, und ab und zu, wenn er den fernen Ausdruck in ihren Augen sah und den eifrigen Ton in ihrer Stimme hörte – einen süßen, eifrigen Ton wie der eines Vogels im Morgengrauen –, spürte er den Geist alte Wünsche regten sich in ihm und ein unbehagliches Verlangen, die Welt noch einmal zu sehen, damit er wüsste, was für einen Ort Margaret sie eines Tages finden würde. Er war bestürzt darüber, dass sie erwachsen wurde, dass dieses große Mädchen von über siebzehn Jahren bald eine Frau sein würde und dass sie schön sein würde. Im Allgemeinen blass und fast hochmütig aussehend, mit Träumen in ihren Augen und Gold im Braun ihrer Haare und einem Mund, der die süßen, geschwungenen Lippen ihrer Mutter hatte. Das Gesicht eines Mädchens und einfach, aber eifrig und sogar nachdenklich, die Impulse der Jugend prägten sie immer noch, aber die Weiblichkeit war auf dem Weg, und trotz ihres fröhlichen Lachens sahen ihre blauen Augen ab und zu so aus, als wüssten sie unbewusst diese Tragödie wohnte irgendwo auf der Welt und fürchtete, sie könnten ihm begegnen. Aber bis jetzt waren Hannahs Schelte das einzige Problem, das ihr zu schaffen gemacht hatte. Dies sollte nicht auf die leichte Schulter genommen werden, denn je älter Hannah wurde, desto härter wurde ihr Ton, ihr Auftreten wurde dominanter, und die Scheu vor Margaret und ihrem Vater, die sie immer gespürt hatte, wurde nicht weniger. Margaret ertrug das alles ziemlich gut, manchmal wehrte sie sich oder protestierte leidenschaftlich, dass sie von der Farm weglaufen würde, und der Schelte, der die gesamte Leitung in ihre Hände genommen hatte, und manchmal versteckte sie sich in einem der Dachböden, bis der Sturm vorüber war. Als es vorbei war , kroch sie zu ihrer Mutter – zu dieser Zeit immer zu ihrer Mutter –, um sich trösten und streicheln zu lassen. Sogar Mr. Vincent hatte das Gefühl, dass Hannah eine harte Nuss war; aber er begnügte sich mit dem Gedanken, dass Margaret sich eines Tages von ihrer gegenwärtigen Umgebung lösen würde – ein schönes Mädchen, das viel gelesen hatte und die Gewohnheit des Denkens pflegte, würde Woodside Farm wahrscheinlich nicht zu ihrem gesamten Anteil an der Welt machen .

Der Anfang vom Ende kam an einem Oktobermorgen in einem Brief seines Bruders aus Australien. Es war verdeckt an seine Anwälte geschickt worden; Denn obwohl die Brüder im Allgemeinen wussten, wo sich der andere aufhielt, wussten sie im Detail nichts. Cyril Vincent (er hieß jetzt natürlich Lord Eastleigh) litt an einer unheilbaren Krankheit, und obwohl er nicht die Absicht hatte, zurückzukehren, wanderten seine Gedanken nach England. Seine frühe Karriere war eine Schande gewesen, seine Ehe hatte sich als schrecklicher Misserfolg erwiesen, und das Mindeste, was er tun konnte, war, sie zusammen mit seinem eigenen Leben am anderen Ende der Welt zu vertuschen. Allmählich hatte er ein starkes Gefühl sozialer und moralischer Verpflichtung entwickelt, das ihn dazu brachte, sich selbst zu hassen, als er sich an die Vorzüge erinnerte, die ihm von Geburt an zuteil geworden waren. Welchen Nutzen hatte er mit seinen ausschweifenden Gewohnheiten gehabt, dachte er verbittert, oder konnte er es jetzt sein, wo er deren Torheit erkannte, wo seine Gesundheit dauerhaft ruiniert war, seine Frau vulgär und oft betrunken war? Wenn solchen Menschen durch Geburt oder Zufall das Recht eingeräumt wurde, zur Aristokratie gezählt zu werden, dann müssten sie nach jedem Gesetz des Himmels und um der Dinge willen, die zur Rettung der Menschheit beitragen, ausgerottet werden.

Der Brief kam zur Frühstückszeit. Mr. Vincent dachte immer noch darüber nach, als Hannah ihren Stuhl mit einem knirschenden Geräusch über den Fliesenboden zurückschob und mit krächzender Stimme sagte:

„Ich werde heute Nachmittag nach Liphook fahren, falls etwas benötigt wird.“

Auf dem Weg zum besten Salon zögerte er. „Sie könnten bei der Post anrufen und fragen, wann die australische Post abgeht“, sagte er.

Frau Vincent und Margaret kümmerten sich um ihn; Dann sammelten sie, wie es ihre Sitte war, das Frühstücksgeschirr ein und trugen es in die Küche. Hannah war bereits da und durchsuchte die Regale und Schränke, als erwartete sie, auf ein verstecktes Verbrechen zu stoßen.

„Ich habe heute keine Zeit, diese Musselintücher zu bügeln", sagte sie; „Du solltest sie besser machen, Margaret. Ich verstehe nie, warum du nicht bei Dingen helfen solltest. Mutter und ich haben genug zu tun."

„Aber natürlich werde ich das tun; und ich bügele gern, besonders bei kaltem Wetter."

„Es gibt keinen Vorhang, den man an ein Fenster hängen könnte, und ich habe alle Hände voll zu tun", fuhr Hannah fort, als hätte sie es nicht gehört. „ Towsey wird die Eisen ablegen. Bis sie heiß sind, solltest du vielleicht besser noch ein bisschen rauslaufen", fügte sie ungeduldig hinzu; „Du machst immer so viel aus der Luft. Ich für meinen Teil finde es besser, auf die Arbeit zu achten als auf die Gesundheit; das eine bringt das andere, denke ich."

Mrs. Vincent war langsam zum besten Salon gegangen. Sie öffnete die Tür und schaute hinein. „Soll ich kurz zu dir kommen, Vater?" Sie hat ihn gefragt. Seit Margarets Geburt hatte sie ihn allgemein „Vater" genannt; sein Vorname war ihr nie so leicht gefallen.

„Wenn Sie möchten", antwortete er, ohne von seinen Papieren aufzublicken.

„Ich dachte, du machst dir wegen deines Briefes ein bisschen Sorgen." Sie stand hinter ihm und berührte seine Schulter. Die Zeit hatte den Unterschied in den Jahren zwischen ihnen betont, und die Liebkosung hatte etwas Mütterliches an sich.

„Ich wollte gleich mit dir darüber reden", sagte er und drehte sich widerstrebend zu ihr um. „Es ist von meinem Bruder in Australien."

„Hat er irgendwelche Schwierigkeiten?"

„Ja, er ist in Schwierigkeiten, nehme ich an."

Sie schwiegen einen Moment, dann sprach sie und er liebte sie wegen der Festigkeit in ihrer Stimme. „Wenn es um Geld geht, können wir ihm helfen. In den letzten Jahren wurde ein gutes Stück von der Farm gespart. Ich hatte keine Ahnung, dass sich Milch so gut auszahlen würde."

„Es geht nicht um Geld. Er ist krank und es wird ihm wahrscheinlich nicht besser gehen." Er hielt inne und fuhr dann schnell fort: „Er hat eine dumme Ehe geschlossen, bevor er England verließ; aber ich weiß nicht, ob es einen

Sinn hat, darüber zu diskutieren." Es schien, als würde er ein offenes Buch schließen.

„Hat er keine Kinder, die für ihn sorgen?"

"NEIN."

Sie schwieg einen Moment lang, als ob sie versuchte, sich mit etwas auseinanderzusetzen, das getan werden musste, und sich dazu aufraffte, etwas zu sagen. „Es steht mir nicht zu, zu wissen, was das Beste ist. Ich habe nie einen deiner Leute gekannt oder jemanden gesehen, der zu dir gehört –"

„Das stimmt", antwortete er verlegen.

„– Jeder hat ein Recht auf seine eigene Geschichte, und ich halte nichts davon, sie preiszugeben, nur um darüber zu reden. Viele Leben wurden durch Dinge erschüttert, die es nicht zu erzählen gab –" Sie unterbrach sich erneut und dann ging tapfer weiter. „Aber ich komme zu dem Schluss, dass du, wenn dein Bruder krank ist und niemanden außer seiner Frau hat, der es nicht gut geht, vielleicht gerne zu ihm gehen würdest?"

„Um zu ihm hinauszugehen!" Der Gedanke ließ sein Herz höher schlagen. Die ruhigen Jahre hatten sich in letzter Zeit um ihn herum gebildet wie die Mauern eines Gefängnisses – eines freundlichen Gefängnisses, in dem er sich sehr wohl fühlte –, aber es schien, als ob er plötzlich in Sichtweite einer Tür gewesen wäre, durch die er nach draußen gehen könnte eine Weile und kam zurück, als er die unvergessenen Spuren noch einmal gesehen hatte.

„Es könnte ihn trösten", fuhr sie fort, ohne mit der Wimper zu zucken. „Und du würdest nicht länger als ein Jahr weg sein, schätze ich. Es muss hier manchmal furchtbar langweilig für dich sein. Ich habe oft darüber nachgedacht, wie gut du warst."

Er legte seine Hand zärtlich auf ihren Arm und antwortete: „Alles Gute gehörte dir."

Sie richtete ihren Blick zum Fenster, damit er nicht das Glück darin sehen könnte, denn sie hatte sich immer halb geschämt, ihn so zu lieben, wie sie es tat – eine biedere Frau mittleren Alters, die sich mit häuslichen Angelegenheiten beschäftigte. „Ich sehe nicht, dass ich etwas Außergewöhnliches getan habe", sagte sie.

„Ist dir nie in den Sinn gekommen, dass du niemanden gesehen hast, der mir gehört, und dass du wirklich nichts über mich weißt? Ich war ein Fremder, als ich kam, und du hast mich aufgenommen."

„Man weiß viel, ohne dass man es ihm sagt. Ich hatte immer das Gefühl, dass deine Familie das war, was sie sein sollte; und dein ganzes Leben war hier, um dich zu beurteilen."

Er sah sie an und kam sich wie ein Betrüger vor. Er wusste, dass die Tatsache, dass sein Vater ein Lord gewesen war oder dass sein Bruder jetzt einer war, sie nicht so erheben würde wie eine vulgäre Frau. Im Gegenteil, es wäre ihr wahrscheinlich peinlich und ein Grund, darüber zu schweigen, da sie es für unwahrscheinlich hielt, dass Menschen, die ihr in Bildung und Wissen über die Welt überlegen waren, eine Verwandtschaft mit ihr anstreben würden. Auch auf ihrer eigenen Seite herrschte ein gewisser Stolz auf ihre Rasse, auf das einfache Leben, das sie und Generationen ihres Volkes vor ihr geführt hatten – das und kein anderes. Fremde könnten hineinkommen, willkommen geheißen, bedient und umsorgt, ja sogar geliebt werden; Aber sie selbst wollte diese Grenzen nicht überschreiten, und obwohl sie alle Menschen mit Respekt behandelte, war es doch Respekt vor ihrer Fremdartigkeit und Haltung und der Qualität ihrer Manieren und nicht vor ihrem sozialen Status. Ihr Mann wusste es und respektierte sie dafür und schämte sich, als er daran dachte, dass sein Vater ein Verschwender und Firmengründer gewesen war und dass sein Bruder eine schreckliche Ehe geschlossen hatte. Menschen, die diese Dinge taten, gab es in London reichlich, aber in Chidhurst waren sie unbekannt . Alles, was sie sicher über ihn wusste, war, dass er in Oxford gewesen war – auf dem College, wie sie es immer ausdrückte – und dass er danach in der Kirche gewesen war und sie aus Skrupeln verlassen hatte; aber bezüglich der Skrupel und was sie genau bedeuteten, blieb sie immer unklar. Hätte man sie gebeten, den Charakter ihres Mannes zu beschreiben, hätte sie wahrscheinlich paradoxerweise gesagt, dass er ein guter Mann sei, obwohl er sonntags nicht in die Kirche ging.

Sie hatten eine Minute lang schweigend zusammengestanden und waren mit ihren eigenen Gedanken beschäftigt, dann sprach er. „Ich fürchte, Hannah hält nicht viel von meinem Leben", sagte er.

„Sie meint es gut, aber sie wurde streng erzogen. James' Leute waren immer streng, und er war es auch, obwohl er sich am Ende vorwarf, nicht streng genug zu sein. Deshalb habe ich das Gefühl, dass ich ihr ein wenig nachgeben sollte." , und lass sie tun, was sie für richtig hält, wenn es dir nicht widerspricht. Es würde mich nicht wundern, wenn sie eines Tages heiraten würde; Mr. Garratt hat geschrieben, dass er bald in Chidhurst sein wird , und das würde er gerne tun um mir seinen Respekt zu erweisen, da ich James' Leute so viele Jahre gekannt habe.

Herr Vincent war amüsiert. „Na ja, wenn Hannah einen jungen Mann bei sich hat, sollte ich besser aus dem Weg gehen", sagte er. „Ich werde Cyril im nächsten Post schreiben und ihm von deinem Vorschlag erzählen."

V

Dem ersten folgten weitere Briefe aus Australien. Lord Eastleigh hatte den Vorschlag von Geralds Besuch verstanden. Doch er stellte sich sorgfältig dem wahrscheinlichen Verlauf seiner Krankheit. Die Chancen standen gut, dass er noch einige Zeit weitermachen würde, und er hielt es für das Beste, wenn sein Bruder herauskäme, wenn das Ende näher rückte. Allmählich hatten sie alles gelernt, was es voneinander zu wissen gab, und im mittleren Alter und weit voneinander entfernt hatte sich zwischen ihnen eine Zuneigung entwickelt, die in ihrer Jugend nur wenig vielversprechend gewesen war. Cyril Vincent hatte in Australien gearbeitet – das war das Einzige, wofür er sich selbst respektierte. In letzter Zeit hatte er sogar einige Tausend gespart, und nachdem er für seine Frau gesorgt hatte, wollte er sie Gerald überlassen. Denn Cyril war trotz all seiner Exzesse und Fehler ein gewissenhafter Kirchenmann geblieben , er erkannte den Mut, mit dem sein Bruder zu dem gestanden hatte, was er für die Wahrheit hielt; Und jetzt, als ihn die Krankheit auf der einsamen australischen Station heimgesucht hatte, war das einzige Glück, das ihm blieb, der Gedanke, dass er vielleicht denjenigen wiedersehen würde, der die Familie nicht in Ungnade gefallen hatte.

Die Monate vergingen ohne Alarm, bis Margaret achtzehn war. Es war mitten im Frühling auf der Woodside Farm; Die ersten Blumen standen im holländischen Garten, das erste Grün war an den Bäumen, die Sämänner waren auf den Feldern fleißig und die ganze Erde duftete süß. Im Haus war Frühjahrsputz angesagt; es sagte, zusammen mit dem Nichterscheinen von Mr. Garratt, über Hannahs Temperament aus, und Hannahs Temperament sagte etwas über den Rest der Familie aus.

„Ich glaube nicht, dass er sich gut benommen hat", sagte Frau Vincent zu ihrem Mann. „Ein Mann hat kein Recht, einen Brief zu schicken, in dem er sagt, dass er hofft, bald vorbeizukommen und ihrer Mutter seinen Respekt zu erweisen, und dann sein Wort nicht hält. Es ist nicht einmal so, als hätte er ihr keine Karte geschickt." an Weihnachten, was zeigt, dass er immer noch an sie gedacht hat. Sie sehen, Hannah kommt zurecht und sie gibt sich nicht damit zufrieden, sich eine Chance zu verschaffen. Was Hannah sonst noch tun könnte, erklärte sie nicht.

Mr. Vincent vermutete scharfsinnig, dass Mr. Garratts Mut ihn im Stich gelassen hatte, oder dass er die Ehe eher als eine nüchterne Investition im mittleren Alter betrachtete und nicht als ein Hochgefühl für die Jugend, und deshalb einfach die Augen offen hielt, ohne sich festzulegen. Aber was auch immer der Grund war, Mr. Garratt war noch nicht erschienen und die

Auswirkungen waren offensichtlich. Hannah strich ihr Haar fester zurück als zuvor, ihre Bewegungen wurden ruckartig, ein wenig Rosa breitete sich an ihrer Nasenspitze aus und ihre Zunge bekam mehr Freiheit.

Mit zunehmendem Frühling waren die Stunden auf der Woodside Farm früher. Um neun Uhr war Herr Vincent in sein Arbeitszimmer gegangen, und Hannah war in der Molkerei oder draußen bei den Hühnern beschäftigt. Dann gönnten sich Mrs. Vincent und Margaret den Luxus, gemeinsam im Wohnzimmer ein wenig albern zu plaudern. Das war nur möglich, wenn Hannah nicht da war, denn sie hatte keine Geduld mit einem tollen Mädchen, das auf der Armlehne eines Stuhls saß und seine Zeit vielleicht besser nutzte. Also stahlen Mrs. Vincent und Margaret ihre kleinen Interviews zusammen mit der glücklichen List von Liebenden.

Eines Morgens kam der Postbote auf die Veranda, während sie sich unterhielten. Mrs. Vincent hörte jetzt immer auf ihn und wusste genau, dass er eines Tages die Botschaft überbringen würde, vor der sie sich fürchtete. Es gab zwei Briefe für ihren Mann, und ihr Herz blieb stehen, als sie sah, dass einer aus Australien kam. Aber sie erholte sich in einem Moment; schließlich waren es jetzt viele Buchstaben gewesen, und dies war vielleicht nur einer, der der Zahl hinzugefügt wurde. Das Seltsame war, dass sie nie eine Frage stellte. Wenn er gehen musste, würde er es ihr sagen, dachte sie; Was hatte es für einen Sinn, ihn zu beunruhigen? Der andere Brief war ein englischer – die Handschrift einer Frau in violetter Tinte auf hellgrauem Papier. Sie betrachtete es neugierig und spürte, dass auch dies mit seiner Geschichte zusammenhing – dem Teil seiner Geschichte, von dem sie nichts wusste.

„Du kannst sie ihm bringen, Margaret“, sagte sie und setzte sich wieder.

„Vater zuckte zusammen, als er die mit violetter Tinte bemalte Seite sah“, erzählte ihr Margaret, als sie zurückkam.

Frau Vincent sah ihre Tochter verwundert an und versuchte, ihre eigenen Gedanken abzulenken. „Ich kann nicht glauben, dass du erwachsen wirst“, sagte sie; „Wir werden dich nicht mehr lange behalten können.“

Margaret hob das Haar aus der Stirn ihrer Mutter und küsste es darunter – weiches Haar mit einer Falte darin, die in letzter Zeit grau geworden war. „Was wird mit mir passieren?“ fragte sie und dachte an die blaue Ferne auf den Hügeln von Surrey. Es fing an, sie anzulocken.

„Ich würde es der Welt mitteilen. Ich kann den Gedanken nicht ertragen, dass du die Farm verlässt.“

„Aber wenn ich gehe, werde ich zurückkehren; ein Vogel kommt immer in sein Nest zurück, und ich werde in deine Arme zurückkehren. Soll ich dir ein

Geheimnis verraten?" Sie flüsterte. Ihre Mutter nickte mit einem kleinen Lächeln auf den Lippen und versuchte, interessiert zu sein; Aber sie wusste die ganze Zeit, dass hinter der verschlossenen Tür des besten Salons etwas vor sich ging, das den gesamten Verlauf ihres Lebens verändern könnte. „Vater möchte nicht so oft drinnen sitzen wie bisher", fuhr Margaret fort; „Also will er ein Zelt kaufen, ein kleines quadratisches, vorne offen, mit Platz für einen Schreibtisch und zwei Sessel und einem kleinen Sofa aus Korbgeflecht, wissen Sie. Es soll dort aufgestellt werden am Rande des Feldes, und wenn es gut ist, wird er dort sitzen und arbeiten, und manchmal werden wir Sie zum Tee einladen …"

„Mein Wort! Was wird Hannah sagen?"

„Oh, sie wird viel Aufhebens machen, aber für Vaters Vater ist das egal. Wir werden einen herrlichen Sommer haben", fügte sie mit einem zufriedenen Seufzer hinzu, „und ich bin so froh, dass er kommt. „Ich glaube nicht, dass Hannahs Himmel halb so schön sein wird wie diese Welt im Sommer, wenn alles grün ist und eine liebe Mutter dich liebt."

„Es wird auch dein Himmel sein, Margey , Liebes", sagte Frau Vincent. „Ich mag es nicht, wenn du so redest —"

„Dann werde ich es nicht tun", antwortete Margaret impulsiv. „Ich werde nichts tun, was dir nicht gefällt. Hier ist Vater."

„Er ist gekommen, um uns etwas zu sagen", sagte Frau Vincent. Sie stand von ihrem Stuhl auf und schaute ihn an und dann einen Moment lang die grüne Welt hinter der Veranda, als hätte sie das Gefühl, dass es ihr Kraft geben würde. Aber seine Neuigkeiten waren nicht das, was sie erwartet hatte.

„Ich fahre am Montagmorgen nach London", sagte er, „und möchte Margaret mitnehmen. Kann sie gehen?"

„Wie lange soll es dauern?" fragte Frau Vincent, während Margaret atemlos dastand und in ihrer Fantasie das Panorama großer Städte vor ihren Augen vorüberziehen sah.

„Nur für einen Tag und eine Nacht."

„Auch eine Nacht?" rief Margaret aus; denn bei den gelegentlichen Besuchen, die ihr Vater in London gemacht hatte, war er am selben Tag hin- und zurückgekehrt. „Es klingt wunderbar."

Er dachte über seine Worte nach, bevor er sprach, als ob er in seinem eigenen Kopf den Ausgang der Dinge sehen würde, die passieren würden. „Trotzdem", sagte er, „werden Sie wahrscheinlich gerne wiederkommen."

„Ja, Vater, ja", rief sie freudig; „Aber dann werde ich es wissen, ich werde alles gesehen haben und mich daran erinnern. Liebe Mutter!" und sie drehte sich wieder zu ihr um, hungrig nach ihrem Mitgefühl.

Frau Vincent hatte immer Verständnis und legte ihren Arm um Margaret, während sie ihren Mann fragte: „Wo wirst du übernachten, wenn du erst am nächsten Tag zurückkommst, und werden Margarets Sachen gut genug sein?"

„Wir werden – ach ja, im Langham übernachten, nehme ich an. Natürlich werden sie gut genug sein."

Er wandte sich wieder seinen Unterlagen zu und nahm die beiden Briefe noch einmal zur Hand. Die Aussage seines Bruders war lediglich eine Wiederholung dessen, was er zuvor gesagt hatte. Der wichtige Teil dabei war, was seine Gesundheit betraf. In letzter Zeit hatte es beunruhigende Drohungen gegeben; Es war möglich, dass sich Symptome entwickelten, die das Unvermeidliche beschleunigen würden. Es ging darum, die Meinung eines Spezialisten einzuholen, soweit sie einem Brief entnommen werden konnte, seine Anwälte zu konsultieren und eine wahrscheinliche Reise zu arrangieren, auf der Mr. Vincent in naher Zukunft nach London reisen würde. Aber es war der andere Brief, bei dem er verweilte, der mit violetter Tinte auf grauem Papier geschrieben war. Vor langer Zeit hatte ihn diese Handschrift jeden Morgen begrüßt. Für ihn war es ein Symbol des Glücks, der ganzen Welt. Er las den Brief noch einmal:

> „Sie werden überrascht sein, nach all den Jahren von mir zu hören; aber ich habe kürzlich von Cyril gehört; er hat mir Ihre Adresse gegeben, und ich habe das Gefühl, dass ich Ihnen schreiben muss. Er erzählte mir von Ihrer Heirat und dass Sie eine Tochter haben . Ich wusste vorher nichts über Sie, außer dem, was ich aus Ihren Artikeln im „ *Fortnightly* " *erfahren habe* . Kommen Sie nie nach London? Wenn ja, kommen Sie zu mir; wir werden jede Erwähnung schmerzhafter Vergangenheit vermeiden und uns als alte Freunde treffen . Letzten Sommer war ich in deiner Nähe. Ich bin mit meiner Freundin und Tom Carringford (du erinnerst dich an seinen Vater) rübergefahren, um uns ein Haus anzusehen, das wir übernehmen wollten. Wenn ich gewusst hätte –

> „Lassen Sie mich von Ihnen hören. Mir möchte gesagt werden, dass mir all der Ärger, den ich Ihnen bereitet habe, vergeben ist und dass Sie eines Tages kommen und mir die Hand schütteln werden. Vielleicht bringen Sie Ihr Kind zu mir.

"Immer dein,
„ HILDA LAKEMAN ."

Gerald Vincent saß da und dachte an die Jahre zuvor und an einen Ball – es
kam ihm seltsam vor, sich an einen Ball zu erinnern – und an einen langen,
wahnsinnigen Walzer; er konnte jetzt das Krachen der „Soldatenlieder"
hören , das langgezogene Ende und das Anstürmen in die kühle Luft. Das
Mädchen auf seinem Arm trug ein schwarzes Kleid – sie trauerte um ihre
Schwester, erinnerte er sich – und an ihrer Taille hingen einige Lilien. Der
Duft von ihnen kehrte im Laufe der Jahre zu ihm zurück. Er sah die Leute
im Dämmerlicht vorbeigehen; sie hatten sich zurückgezogen – er und sie –,
um nicht gesehen zu werden; er hörte das Gelächter, das Stimmengewirr, den
unruhigen Beginn des nächsten Tanzes. Er erinnerte sich an ihre
vollkommene Selbstbeherrschung und seine eigene Unbeholfenheit, die ihn
dazu gebracht hatten, die Gelegenheit zum Sprechen verstreichen zu lassen;
aber es schien ihm, als wären Worte unnötig. Rückblickend hatte er das
Gefühl, dass sie sich eher für die Stunde interessiert hatte, als dass sie sie
teilte, und fragte sich, mit ein wenig trauriger Belustigung über die
Erinnerung an ihr Verhalten, wie viel oder wie wenig sie wirklich gefühlt
hatte. Er dachte an den Sommer, der folgte, an die Tage auf dem Fluss Ende
Juli, als die Londoner Saison in ihren letzten hektischen Tagen war, an das
Geräusch der Ruder, das Schleppen der Weiden am Wasser, die Besuche auf
Hausbooten, die fröhliche kleine Mittagsparty auf dem Point in Cookham.
Mrs. Berwick war die diskreteste aller Anstandsdamen gewesen , und als sie
ihren Kaffee getrunken hatten – es war ein abscheulicher Kaffee gewesen –,
waren er und Hilda davongegangen, während die anderen schläfrig
zurückgeblieben waren. Wie seltsam es war, an all das zu denken! Er konnte
fühlen, wie sich ihre Arme immer noch um seinen Hals schmiegten, und
hörte ihr leises, leidenschaftliches Flüstern: „Ja, ja, ich liebe dich – ich liebe
dich – ich liebe dich!" Die Worte waren ihm nie leichtgefallen, und er hatte
sich seiner Dummheit geschämt, als sie sie finden konnte. Als sie sich jetzt
an sie erinnerte, klang ihr Tonfall falsch. Er dachte an seine Ordination und
an den glücklichen Winter, als er nach und nach die törichten
Ausschweifungen beiseite gelegt hatte und Arbeit und Liebe sein Leben
ausmachten; des Pfarramtes, das er eine Zeit lang innehatte. Hilda war voller
Pläne gewesen; er verstand es dunkel, als er zum Palast des Bischofs ging und
sie geflüstert hatte – es war das erste Zeichen dessen, was kommen würde –
„Wer weiß, ob wir nicht eines Tages hier eingesetzt werden, du und ich?"
Der Bischof gab ihm später seinen Lebensunterhalt, und sie rief
triumphierend: „Ich habe Vater dazu gebracht. Es ist der erste Schritt. Ich
werde nie zufrieden sein, bis du oben bist." Die Rede beunruhigte ihn und
beschäftigte ihn den ganzen ersten Abend am Feuer seines Pfarrhauses, auch
wenn er versuchte, sie zu vergessen. Am nächsten Morgen las er ihren Brief
fast verzweifelt; Zum Glück war es eine einfache, liebevolle Angelegenheit

gewesen, und er dankte Gott dafür und betete, dass ihr ganzer Wunsch, wie er es war, in der Ausführung der vor ihnen liegenden Arbeit liegen möge, in dem Guten, das sie anderen bringen könnten, und nicht an der Belohnung, die sie persönlich davon ernten würden. Danach war eine glückliche Zeit vergangen, als hätte man ihn gehört. Mit Staunen erinnerte er sich an seinen einfachen Glauben an sie, an seinen Frieden und seine Sicherheit in jenen Tagen. Am Ende des Sommers wollte er seine Pfarrei nicht so schnell verlassen, also blieb er bis August und September, während Hilda mit ihren Leuten ins Engadin ging . Ein Mann kam herunter, um bei ihm zu bleiben – ein seltsamer Kerl, Orliter von All Souls, Professor für Philosophie, jetzt an einer schottischen Universität. Orliter brachte einen Wagen voller Bücher mit; Er las sie den ganzen Tag und rauchte, und Gerald tat dasselbe. Dann folgten Gespräche, die immer eifriger wurden; Oft genug verging die Nacht und das Tageslicht kam, während sie noch stritten – Nächte, die ein Symbol für die Dunkelheit waren, durch die er ging, und dann für den langsamen Anbruch dessen, was ihm als Wahrheit erschien.

Es brauchte den Mut, den Rest zu erledigen, aber er hatte es geschafft. Es hatte das schwierige Gespräch mit dem Bischof gegeben und das lange, elende mit Hilda, die seine neuen Ansichten so behandelt hatte, als könnten sie so leicht beiseite geworfen werden, wie man einen Mantel ausziehen könnte. Sie hatte ihn angefleht, sich daran zu erinnern, dass sie den Verlust seiner Karriere, den gesellschaftlichen Ruin, das Verlassen seiner Freunde und den Bruch ihres Herzens bedeuteten. Es sei unmöglich, hatte sie ihm erklärt, einen Mann zu heiraten, den ihre Freunde nicht akzeptieren würden – einen Mann ohne Position, ohne Aussichten oder ohne Geld, mit nur Talenten, die er offensichtlich in die falsche Richtung einsetzen würde, und Meinungen, die etwas hervorbringen würden eine kleine Wüste um ihn herum. Er hatte sie entsetzt angesehen. Für ihn war Wahrheit die erste Voraussetzung für Leben und Ehre; Für sie hatte es keine Konsequenzen, wenn es Unzweckmäßigkeit bedeutete. Ihre Einstellung führte dazu, dass er einige Artikel schrieb, die seine Position im weltlichen Sinne verschlechterten ; Aber er liebte sie die ganze Zeit, und seine Verliebtheit wurde noch größer, als er erkannte, dass es zwischen ihnen keine Sympathie oder Einigung geben konnte. Aber er war ein zu starker Mann, um sich von der Leidenschaft beherrschen zu lassen; Außerdem schien es, als stünde Truth die ganze Zeit in der Ferne mit den klaren Augen da, die in späteren Jahren die Anziehungskraft seiner Frau auf ihn ausgeübt hatten, und zog ihn kühl, ruhig und unerschütterlich zu sich – weg von der Frau, die protestierte übertrieben, von der Kirche, die in den leeren Himmel zeigte, von allen Strafen und Belohnungen der Religion. Unabhängig davon, ob seine Schlussfolgerungen richtig oder falsch sind, kann ein Mensch nur auf die Gebote seiner Seele und seines Gewissens hören. Und so kehrte Gerald Vincent allem, was er geglaubt und geliebt hatte, den Rücken, blieb aber ein ehrlicher Mann.

Während er in Italien war und vor dem Ruin seines Lebens stand, hörte er von Hildas Heirat. In den Tageszeitungen gab es eine Viertelkolumne darüber. Er las es etwas grimmig. Ein paar Jahre später hörte er vom Tod ihres Mannes, aber in seinem eigenen Leben hatte es keine Spur von ihr gegeben, bis der Brief an diesem Morgen eintraf. Er las es noch einmal und schloss es dann in einem Schreibtisch ein.

Er hörte die Schritte seiner Frau an der Tür vorbeigehen. Er stand auf und blickte hinaus. Sie stand mit dem Rücken zu ihm und dem Gesicht zum Garten auf der Veranda, denn sie und die Natur waren sich so nahe, dass sie an ernsten und stillen Tagen die Begrüßung des anderen zu brauchen schienen. Er stand neben ihr und schaute stumm auf ihr Gesicht hinunter, mit einem kleinen Gefühl der Dankbarkeit, der Dankbarkeit für all die friedlichen Jahre, die er ihr schuldete, und er sah mit einem Stich die tiefen Falten in ihrem Gesicht und das Grau ihrer Haare. wie Margaret es erst eine Stunde zuvor getan hatte.

„Warum, Vater“, sagte sie mit einem kleinen Lächeln, „was ist los?“ Dann fragte sie mit plötzlicher Angst: „Geht es ihm schlechter? Will er dich schon?“

„Ich fürchte, es wird nicht mehr lange dauern“, antwortete er; „Aber ich werde es dir besser sagen können, wenn wir aus der Stadt kommen.“

Hannah grummelte natürlich, als sie von der Reise hörte. Dann beschäftigte sie sich murrend, weil sie nutzlos war, damit, nachzusehen, ob Mr. Vincents Koffer vom Staub befreit war und dass der Schlüssel, der mit einem Stück Schnur an einem der Griffe befestigt war, sich richtig im Schloss drehte. Und es wurde eine seltsame alte Tasche gefunden, die aus braunem Segeltuch gefertigt und mit Stoff gefüttert war, der wie Bettüberwurf aussah. Darin befanden sich die wenigen Dinge, die Margaret mitnehmen sollte. Es war das, das Hannah selbst oft benutzte, wenn sie nach Petersfield ging , und daher offensichtlich für jedes andere Mitglied des Haushalts gut genug. Aber Herr Vincent sah es überrascht an; Er erinnerte sich, wie er in seiner Jugend gesehen hatte, wie der Sohn des Untergärtners nach Liverpool aufgebrochen war, und die Tasche, die er trug, war genau wie diese.

„Ich denke, wir müssen in London etwas anderes für dich kaufen, Margey “, sagte er.

„Oh, ich wage zu behaupten, dass du viel erreichen wirst, wenn du dort ankommst“, warf Hannah scharf ein. „Es ist zu hoffen, dass Sie sie zur Westminster Abbey und St. Paul's mitnehmen, ganz zu schweigen vom City Temple, dem Tabernacle und der Exeter Hall. Es wäre gut für sie, das auf die eine oder andere Weise zu sehen. Die Menschen haben viel über Religion nachgedacht, obwohl Sie und andere wie Sie sich darüber stellen." Sie wartete, aber Mr. Vincent zeigte keinerlei Anzeichen dafür, dass er sie gehört hatte. „Ich fürchte, dass du eines Tages feststellen wirst, dass du einen Fehler gemacht hast", fuhr sie fort. Er holte ein kleines Täschchen heraus und rollte eine Zigarette zusammen.

„Wirst du uns selbst zum Bahnhof fahren?" er hat gefragt.

„Ich denke, das wäre besser", antwortete sie. „Ich weiß nicht, was mit diesem Jungen in letzter Zeit passiert ist. Wenn ich ihn nach Haslemere schicke , weiß er nie, wann er zurückkommt."

Also kam der Einkaufswagen am Montagmorgen vorbei. Mr. Vincent und Hannah standen vorne und Margaret hinten, mit dem Handkoffer und der Segeltuchtasche auf beiden Seiten. Mrs. Vincent stand da und wedelte mit ihrem Taschentuch, bis sie außer Sichtweite waren, dann ging sie seufzend zum besten Salon, da sie dachte, es wäre besser, die Abwesenheit ihres Mannes auszunutzen und ihn noch einmal aufzuräumen.

Der Postbote kam etwas später. Er stapfte zur Hintertür, wo er sich auf einen vierbeinigen Hocker setzte, den der Junge erst letzte Woche grau gestrichen hatte, und sich auf ein kleines Gespräch mit Towsey vorbereitete .

„Hast du gehört, dass das Haus auf dem Hügel vermietet ist?" Er sagte. „ Jemand aus London hat es den ganzen Sommer über mitgenommen."

„Was hast du mitgebracht, Postbote?" Fragte Frau Vincent. Er überreichte ihr einen Brief für Hannah. Als sie es sah, erschien ein Lächeln auf ihren Lippen. „Es ist die Hand, die die Weihnachtskarte geleitet hat", sagte sie sich. „Und ich glaube, dass Mr. Garratt endlich kommt."

VI

Margaret war im siebten Himmel, als sie London erreichten. Die Fahrt von Waterloo zum Langham – die Brücke, der Menschenstrom, die Geschäfte – alles war verwirrend. Sie hätte vor Freude singen können, während sie in der Kutsche entlangfuhren.

„Es scheint Ihnen zu gefallen", sagte Mr. Vincent mit einem kleinen Lächeln.

„Das tut es! Das tut es!" rief sie aus. „Nur ich würde gerne über die Bürgersteige gehen –"

„Das wirst du gleich tun."

„Und schau in alle Fenster –"

„Ich fürchte, ich könnte das nicht ertragen."

„Ich wünschte, wir müssten etwas kaufen, dann sollten wir in einen Laden gehen."

„Das werden wir", sagte er und steckte sofort seine Hand durch die kleine Tür oben im Häuschen, was an sich schon eine Aufregung für sie war. Sie hielten an einem Kofferladen an.

„Aber, Vater –" Sie war atemlos.

„Wir müssen Ihnen eine Gladstone-Tasche besorgen", erklärte er.

Sie stolperte hinter ihm in den Laden. Es war, als betrat man den Vorraum eines verzauberten Landes, denn kamen nicht große Reisende hierher, bevor sie zum Nordpol oder in den Süden aufbrachen, um Schlachten zu schlagen oder auf seltsame Missionen an fremde Höfe zu gehen? Niemand kann die glückliche Extravaganz des Herzens eines jungen Mädchens bei all den ersten Malen in ihrem Leben erahnen – die Träume, die sie quälen, die Bilder, die sie sieht, die seltsamen Lieder, die in ihren Ohren klingen.

„Das ist eine große Verbesserung", sagte Mr. Vincent, als sie wieder in die Kabine einstiegen und ein guter, brauchbarer, hellbrauner Gladstone sicher auf das Dach gelegt worden war. „Das andere werfen wir weg, wenn du deine Sachen rausgeholt hast."

„Oh nein, Vater – es gehört Hannah."

„Stimmt. Sie kann es als Teil ihrer Aussteuer mitnehmen." Mr. Vincent lachte über seinen eigenen kleinen Witz. Er sah jung aus, er war fast fröhlich, als hätte auch er das Gefühl, dass sie in dieser einfachen Reise in die Stadt eine wunderbare Reise unternommen hatten. Aber er hatte plötzlich eine neue Freude am Leben entdeckt; Denn es war ihm nicht in den Sinn gekommen, dass Margaret so unkultiviert war oder dass es so viel Neues für sie geben könnte.

Alles war eine Freude, sogar das kleine Wohnzimmer im Langham. So, dachte sie, sahen Zimmer in London aus – Zimmer in Hotels jedenfalls . Aber obwohl sie jeden Augenblick eine neue Erfahrung machte, sah sie in ihrem Hinterkopf immer eine weiße Straße mit Heide- und Ginsterbüscheln daneben und eine Kirche auf einem Hügel; eine Meile weiter gab es einen Ententeich und einen Weg, der zur Woodside Farm führte; Trotz ihrer Ungeduld, noch mehr von diesem wundervollen London zu sehen, freute sie sich bereits auf den ersten Blick auf das Gesicht ihrer Mutter, die morgen nach ihnen Ausschau hielt.

„Ich fürchte, ich muss Sie ein oder zwei Stunden hier lassen. Ich bin geschäftlich nach London gekommen", sagte Mr. Vincent. „Aber ich muss versuchen, Ihnen gleich ein paar Sehenswürdigkeiten zu zeigen, obwohl ich darin nicht gut bin. Vielleicht gehen wir heute Abend ins Theater –"

„Oh! Aber was würde Hannah sagen?" Aus sicherer Entfernung war es amüsant, an Hannahs Zorn zu denken.

"Ich weiß nicht." Es hat ihm auch Spaß gemacht. „Aber es soll etwas sein, das uns nicht sehr schaden wird. Ich glaube, dass „King John" noch läuft. Ich werde versuchen, während meiner Abwesenheit Plätze dafür zu bekommen."

„Könnte ich jetzt nicht mitkommen – ich meine, was Ihr Geschäft betrifft?"

Er dachte einen Moment nach. Es war eine seiner Eigenschaften, dass er seine Worte stets überlegte, bevor er auch nur triviale Fragen beantwortete. „Es wäre besser, nicht. Ich möchte einige Familienangelegenheiten regeln."

„Aber ich gehöre zur Familie", flehte sie.

"Das ist richtig." Er zögerte erneut, bevor er fortfuhr. „Du weißt, dass mein Bruder – er ist natürlich dein Onkel Cyril – krank ist und ich möglicherweise zu ihm gehe?"

„Ja, Vater, ich weiß."

„Ich möchte herausfinden, wie krank er ist, wenn es möglich ist, anhand der Schilderung, die er über sich selbst gibt. Ein Spezialist könnte es wissen."

„Du hast mir nie etwas über ihn erzählt. Ist er älter als du?"

„Natürlich. Deshalb hat er den Titel geerbt."

"Oh!" Sie sah ziemlich amüsiert auf. Die Chidhurst- Leute hatten nichts von dem Snobismus Londons, aber die Titel sind malerisch und für eine junge Fantasie sogar romantisch. „Welcher Titel?"

„Er ist Lord Eastleigh", antwortete Mr. Vincent widerstrebend, „so wie mein Vater vor ihm war; aber ein Titel ohne Eigentum, um ihn aufrecht zu erhalten, ist kein sehr lobenswerter Besitz. Er deutet im Allgemeinen darauf hin, dass es zu Extravaganz oder schlechter Führung gekommen ist." oder so etwas in der Art." Er hielt erneut inne und fuhr dann schnell fort: „Nach seiner Heirat ging er nach Australien, und wir wussten jahrelang nichts voneinander, bis er vor einigen Monaten schrieb."

„Mutter hat es mir gesagt. Bist du reich, Vater – kannst du es dir leisten, zu ihm zu gehen?"

„Ich habe zweihundert Pfund pro Jahr und ein Vermächtnis von fünfhundert Pfund – es ist vor einiger Zeit eingegangen und wird die Reisekosten decken."

"Ich verstehe." Allmählich erfasste sie die Familiensituation. „Es muss für seine Frau schrecklich sein, so weit allein mit ihm zu sein und er wird sterben."

Er blickte überrascht auf. Es war ihm nicht in den Sinn gekommen, Mitgefühl für die Frau seines Bruders zu empfinden. Er mochte Margaret, weil sie an sie dachte. „Ja, das glaube ich", sagte er; „Obwohl ich glaube, dass sie keine sehr begehrenswerte Person war. Ich weiß nicht, ob ich klug wäre, Ihnen diese Details zu geben. Sie sind für unser Leben in Chidhurst nicht notwendig ."

„Aber ich werde älter", sagte sie eifrig und streckte ihm die Hände entgegen, als tastete sie sich mit ihnen durch die Welt. „Ich möchte Dinge wissen. Verheimliche sie mir nicht."

Er sah sie bestürzt an. Es war der alte Schrei – der Schrei seiner eigenen Jugend. „Das werde ich nicht", sagte er und küsste sie auf die Stirn.

Sie war froh, eine Weile allein zu sein, die erste Aufregung, die erste Fremdartigkeit der Reise und des Aufenthalts im Hotel loszuwerden. Sie schaute hinaus auf die abgesetzten und weiterfahrenden Fuhrwerke, auf den schnellen Verkehr auf der Straße, auf die Menschen auf dem breiten Bürgersteig. Sie hatte sich anhand von Bildern, von Guildford und Haslemere und anderen Orten, wo es Geschäfte und Straßen gab, vorgestellt, wie London aussehen würde . Es war das, was sie erwartet hatte, und doch war es anders. Sie fühlte sich so nah am Herzen der Dinge, als wären die Menschen, die hin und her gingen , der Puls der Welt; Sie konnte fast das Pochen ihres Lebens hören. Auch sie wollte mittendrin sein, wissen, wie das alles war, verstehen – oh nein, nein! Die Farm war besser, der holländische Garten und der beste Salon und die Mutter, die an sie dachte. Sie würde sich in dieser Minute hinsetzen und ihr schreiben – es war eine ausgezeichnete Gelegenheit, wenn sie allein war. Auf dem Schreibtisch in der Ecke lagen

Papier und Umschläge, auf denen der Name des Hotels eingestempelt war. Ihre Mutter würde es betrachten und die Fremdartigkeit ihrer Umgebung verstehen. Dies war das erste Mal überhaupt, dass sie getrennt wurden; und ihr zu schreiben war wie eine Tür, die in ihren Angeln knarrte und andeutete, dass sie sich in einem unerwarteten Moment weit öffnen könnte, um sie durchzulassen.

Als der Brief fertig war , nahm sie eine der auf dem Tisch liegenden Zeitungen zur Hand. Irgendwo an der Goldküste herrschte Krieg. sie las darüber, konnte aber die Einzelheiten nicht erfassen. Sie schaute sich die Reden an, die am Abend zuvor im Parlament gehalten worden waren, und versuchte, sich dafür zu interessieren; aber sie waren schwierig. Sie las alle Kleinigkeiten der Nachrichten, sogar die Anzeigen; und diese waren seltsam faszinierend. Es gab eines, das sie zum Nachdenken brachte. Es handelte sich um eine Theateragentur im Strand. Junge Damen könnten für die Bühne ausgebildet werden, hieß es, Engagements seien garantiert. Sie fragte sich, wie das Training aussah und welche Art von Engagements das sein würde. Jetzt, da sie tatsächlich ins Theater ging, hatte sie das Gefühl, dass sie sich für alles interessieren sollte; ihr Blickwinkel erweiterte sich von Augenblick zu Augenblick; und sie würde nie wieder das einfache Landmädchen sein, das an diesem Morgen von Chidhurst aufgebrochen war .

Mr. Vincent kam um Viertel nach eins zurück. Er sah besorgt aus, und seit ihrem Gespräch konnte sie sich die Gründe dafür vorstellen.

„Sind die Nachrichten schlecht?" Sie fragte.

„Es könnte schlimmer sein", antwortete er achselzuckend. „Es gibt noch nichts Konkretes zu sagen. Wir müssen runtergehen und zu Mittag essen; ein alter Freund von mir wartet – er möchte dich sehen." Ihr Vater hatte die Art und Weise angezogen, die seine Rüstung war – die ernste Art der wenigen Worte, die Fragen unmöglich machten. Er öffnete die Tür mit so viel Höflichkeit, wie es ein Fremder getan hätte, und ging neben ihr die breite Treppe hinunter. „Ich habe einen Tisch reserviert", sagte er, als sie das Esszimmer betraten, und vergaß, dass seine Bemerkung ihr nichts sagen würde.

Der Tisch stand in einer Nische; daneben wartete ein Mann mittleren Alters auf sie. Er war groß und dunkel und gut gebaut. Ein kurzer, gut geschnittener Bart und Schnurrbart, grau wie sein Haar, bedeckten seinen Mund; seine Augen waren braun und wachsam, obwohl sie mit der Zeit trüb geworden waren und sich um sie herum Falten gebildet hatten; sein Gesicht war das eines Mannes, der großzügig, aber mit Bedacht lebte; seine langsamen Bewegungen deuteten auf Müdigkeit oder Enttäuschung hin; Sein Verhalten hatte eine merkwürdige Mischung aus Nachsicht und Vornehmheit.

„Das ist Sir George Stringer; wir waren zusammen in Oxford", sagte Mr. Vincent zu Margaret.

„Ich freue mich, Sie kennenzulernen", sagte Sir George; „Und es ist sehr nett von deinem Vater, das so auszudrücken, denn tatsächlich war er fünf Jahre jünger als ich. Ich blieb wach, nachdem ich meinen Abschluss gemacht hatte." Als sie ihn jetzt ansah, sah sie, dass er ziemlich alt war, obwohl sie ihn aus der Ferne für fast jung gehalten hatte. „Ich hatte ihn mehr als zwanzig Jahre lang nicht gesehen", fuhr er fort, nachdem sie sich an den Tisch gesetzt hatten, „bis er gerade in mein Büro kam. Ich wusste bis dahin nicht einmal, dass er verheiratet war." Tag, geschweige denn, dass er eine Tochter hatte.

„Aber er wusste, wo er dich finden konnte?"

„ Natürlich hat er das", sagte Sir George. „Ich bin ein ständiger Beamter – ein moosbewachsenes Ding, das niemals beiseite getreten wird, es sei denn, es schreit, bis die vorgegebene Anzahl von Jahren vergangen ist und die jüngere Generation an die Tür klopft."

„Was denkst du, hat er getan, Margey ?" fragte Herr Vincent und stellte mit Befriedigung fest, dass ihr die neue Umgebung überhaupt nicht peinlich war. Die Leute an den verschiedenen Tischen zauberten eine angenehme Neugier in ihre Augen oder provozierten ein kleines Lächeln; Hin und wieder schaute sie zu ihm auf, wenn ein seltsames Gericht oder die Aufmerksamkeit der Kellner sie verwirrte, aber sie war weder verlegen noch überaus begeistert.

"Was hat er getan?" Sie fragte.

„Als wir heute Morgen vorbeikamen, sahen wir, dass das Haus auf dem Hügel vermietet war –"

„Es ist das Erstaunlichste, was mir je begegnet ist", sagte Sir George.

„Du hast es genommen!" rief sie und faltete entzückt die Hände. Es wäre wie ein kleines Stück London, wenn man nach Chidhurst geht, dachte sie, und ihre Mutter würde ihn mögen, da war sie sich sicher, diesen Freund ihres Vaters, den man schwer hätte beschreiben können, denn obwohl er alt war – in ihren jungen Augen – er war so angenehm. Und er wäre jemand anderes, mit dem ihr Vater reden könnte; Sie diskutierten über alle möglichen Dinge über die Welt, die sie als wunderbaren Ort entdeckte, obwohl Chidhurst mit seiner Schönheit und Stille sich davon fernhielt – und sie hörte ihnen zu; Es wäre, als würde man in regelmäßigen Abständen ein Märchen hören. Wenn ihr Vater nur nicht nach Australien müsste – diese Drohung wurde langsam deutlicher, auch wenn sie versuchte, sie zu vergessen.

„Es ist sehr nett von Ihnen, sich über die Aussicht zu freuen, dass ein grimmiger alter Junggeselle in Ihrer Nähe ist", sagte Sir George und sah sie kritisch an. Ihre Schönheit hatte ihn überrascht. Was für ein Glück Vincent hatte, sie zu haben, dachte er. Er erinnerte sich an seine eigenen leeren Räume in der Mount Street, an ihren Luxus und ihre Einsamkeit, an die Präzision, mit der alles an seinem Platz blieb, an ihre Stille und Langeweile … Vincent hatte über sein Leben nachgedacht, aber er hatte ein Zuhause und eine Frau, die, obwohl sie zweifellos ziemlich heimelig war – sie flickte vielleicht seine Socken und kochte sein Abendessen selbst –, wahrscheinlich eine hübsche Frau war, da sie die Mutter war von diesem wunderschönen Geschöpf. Trotz seiner Meinung und der Art und Weise, wie er seine Aussichten beiseite geschoben hatte, hatte Vincent sich doch nicht so schlecht geschlagen.

„Hat Vater dir gesagt, dass wir auf der Woodside Farm wohnen?“ Fragte Margaret.

„ Natürlich wusste er das. Ich wünschte, ich hätte es neulich gewusst. Übrigens, Vincent“, fuhr er zu ihrem Vater fort, „es war der junge Carringford , der mir von dem Haus erzählte. Erinnerst du dich an seinen Vater? Er.“ war kurz vor Ihrer Zeit Präsident der Union. Er starb vor etwa einem Jahr im Vermögen von einer Viertelmillion und hinterließ zwei Kinder – diesen Jungen, der jetzt erst zwei oder dreiundzwanzig ist, und ein Mädchen, das Lord Arthur Wanstead geheiratet hat . Jeder von ihnen hat hunderttausend Pfund.

„Es klingt, als ob es nie gezählt werden könnte“, sagte Margaret.

„Nur dreitausend im Jahr, wenn sie das Glück haben, drei Prozent dafür zu bekommen, und davon noch Einkommenssteuer. Nun, Master Tom hat ein paar Freunde, die auf Hindhead leben – in roten Backsteinhäusern, die mit Schießpulver in die Luft gesprengt werden sollten , besonders wenn sie Wetterhähne auf ihren Giebeln haben. Hindhead wird, wie Sie wahrscheinlich wissen, für seine roten Backsteinhäuser, Philosophen, hübschen jungen Damen und Nachmittagspartys gefeiert, auf denen mit erstaunlicher Energie gespielt wird.“

„Wir sind meilenweit von Hindhead entfernt“, sagte Margaret verwirrt. Aber Sir George redete gern und ging davon aus, dass andere gern zuhörten.

„ Natürlich bist du das“, antwortete er freundlich; „Aber eines schönen Tages wohnten er und die Lakemans in der Nachbarschaft. Er ritt nach Chidhurst , sah dieses Haus und dachte, es könnte für sie geeignet sein, also gingen sie alle hinüber, um es sich anzusehen –“

"Sie sagte mir."

„Oh, Sie haben von ihr gehört? Mrs. Lakeman ist, wie Sie wahrscheinlich wissen, eine Dame, die sich nicht so sehr für so viel unberührte Natur wie in Ihrer Nachbarschaft interessiert, deshalb passte das Haus nicht zu ihr.

Neulich Tom hat mir davon erzählt, und ich habe es sofort verstanden. Wann hast du sie zuletzt gesehen?"

„Vor gut vielen Jahren." Mr. Vincents Verhalten war etwas barsch.

Sir George blickte schnell auf. „Natürlich erinnere ich mich – was für ein Idiot ich bin!"

„Überhaupt nicht. Wir fahren heute Nachmittag dorthin. Wer war Lakeman ? Ich kannte ihn nicht."

„Niemand besonders; aber er sah gut aus und war ziemlich wohlhabend." Sir George lächelte vor sich hin und trank einen Likör zu seinem Kaffee. „Sie war eine faszinierende Frau", fügte er hinzu; „Und hatte unter anderem meine Kopfhaut."

„Ich denke, du gehst vielleicht nach oben, Margey . Wir folgen dir gleich."

Sir George kümmerte sich um sie, als sie verschwand. „Sie wird eine schöne Frau sein", sagte er. „Eher eine Schande, sie auf einer Farm in Chidhurst zu verstecken , obwohl ich für meinen Teil immer denke, dass der Teufel in der Stadt und Gott auf dem Land lebt."

Als Margaret eine halbe Stunde später zu ihr kam, spürte Margaret, dass ihr Vater sich über sein Verantwortungsbewusstsein schämte. „Man sollte Ihnen einige Dinge in London zeigen", sagte er noch einmal.

„Ich habe die Hansom-Taxis gesehen", sagte sie, „und an einem kleinen Tisch im Hotel zu Mittag gegessen, und alles ist ein Anblick für mich."

„Das nehme ich an. Trotzdem könnten wir auf jeden Fall Westminster Abbey besuchen. Hannah hat uns Urlaub gegeben, wissen Sie – und dann gehen wir zu Mrs. Lakeman ."

"Wer ist sie?"

„Ihr Vater war Bischof", sagte Herr Vincent. Er sprach, als ob dieser Umstand einer Überlegung bedürfe, und Margaret tat dies auch, da sie noch nie in ihrem Leben einen Bischof gesehen hatte. Sie wusste, dass er Rasenärmel und einen Schaufelhut trug und ein großartiger Mann war; Sie hatte eine vage Vorstellung davon, dass er in einer Kathedrale lebte und in seiner Mitra schlief . „Er ist vor vielen Jahren gestorben", fuhr Mr. Vincent mit zitternder Stimme fort. „Als ich ein junger Mann war, gab er mir den Lebensunterhalt, aber nach ein oder zwei Jahren gab ich ihn auf, und Meinungsverschiedenheiten führten zu Streit und Trennungen. Vielleicht", fügte er ziemlich grimmig hinzu, „hätte Hannah mich damals einen Papisten

genannt.“ , und finde es fast genauso schlimm, wie jetzt ein Ungläubiger zu
sein.“

VII

Mr. Vincent sah Margaret zwei- oder dreimal an, als sie zum Chelsea Embankment fuhren. Eine Schneiderin aus dem Dorf hatte ihr Kleid angefertigt, aber es passte gut zu ihrer schlanken jungen Figur, und die Spitze an ihrem Hals war weich und echt; es gehörte ihrer Mutter, die nichts von seinem Wert wusste; Ihr Hut war vollkommen schlicht, eine Bäuerin oder eine elegante Frau hätte ihn tragen können, und es kam ihm so vor, als würde Margaret ganz natürlich zu beiden passen. Dann dachte er an seine Frau auf dem Bauernhof; Sie hatte ein so einfaches Leben inmitten des Wachstums der Erde und der Veränderungen des Himmels geführt, dass sie von den Vulgaritäten der Welt völlig unberührt war, und so, wie sie selbst war, hatte sie ihre Tochter gemacht.

Der Wagen hielt vor einem neu aussehenden roten Backsteinhaus.

„George Stringer würde sagen, es sollte mit Schießpulver in die Luft gesprengt werden", bemerkte Mr. Vincent, und Margaret, die sich umdrehte, um eine triviale Antwort zu geben, sah, dass er weiß und nervös war.

Die Tür wurde von einem Diener geöffnet. Der Saal war getäfelt ; Da waren Teppiche und Bilder und Palmen und altes Porzellan , und ihr Herz schlug schneller, denn das alles war Teil der Londoner Ausstellung. Auch der Salon gehörte dazu, mit seinen Sofas und Paravents, seinen Bildern und venezianischem Glas und unzähligen Dingen, die auf der Woodside Farm keinen Platz hatten. Es war alles still und düster, fast geheimnisvoll, und duftete nach den in Massen verteilten Frühlingsblumen, zumindest kam es Margaret so vor.

Einige Vorhänge trennten einen weiteren Raum; Sie waren aneinandergerückt, und an ihnen stand eine Frau, die sie mit einer Hand umklammerte, als würde sie warten und halb fürchten. Sie war groß und ungefähr dreiundvierzig. Ihre Figur war immer noch schlank; ihr schwarzes Kleid schleifte über den Boden und ließ sie anmutig aussehen; Die weißen Manschetten an ihrem Handgelenk waren zurückgeschlagen und lenkten die Aufmerksamkeit auf die kleinen weißen Hände darunter. Sie hatte eine Menge dunkles Haar, glatt geflochten und eng am Hinterkopf festgesteckt. Ihre Augen waren tiefgrau, hatten lange Wimpern und einen seltsamen Ausdruck, den sie offenbar nicht unter Kontrolle bringen konnte. Sie schienen einem inneren Wesen zu gehören, das die Dinge selbständig betrachtete und häufig anders dachte und fühlte als dasjenige, das es bekleidete und versuchte, sich als echte Persönlichkeit auszugeben. Sie war nie hübsch gewesen; aber ihr Gesicht erregte Aufmerksamkeit. Die Zeilen darauf deuteten auf Leiden hin; Es lag Humor im Mund und Zärtlichkeit im tiefen Ton ihrer Stimme. Eine Zeit lang und für manche Menschen übte sie eine seltsame Faszination aus; Sie wusste es und beobachtete gern seine Wirkung. Ihr Kopf war klein und sie trug ihn gut, und das Weiß der kleinen Rüsche um ihren Hals gab ihm einen Rahmen und machte ihn malerisch. Sie blickte schnell zu Mr. Vincent hinüber. Dann streckte sie, als hätte sie Mut zusammen, ihre Hände aus und ging vorwärts.

„Gerald!" rief sie aus. Ihre Stimme schien voller Emotionen zu sein. Sie blieb vor ihm stehen und ließ ihre Hände sinken.

Er nahm sie in sein eigenes. „Wie geht es dir, Hilda?" sagte er prosaisch genug. „Es ist lange her, seit wir uns kennengelernt haben."

Sie hob den Blick; Sie waren ernst und erbärmlich, aber irgendwo in ihrem Hintergrund war ein Anflug von Neugier zu erkennen. Sie wusste, dass er es sah und versuchte ihn davon zu überzeugen, dass er sich geirrt hatte.

„Mehr als zwanzig Jahre", antwortete sie. „Ich hätte nie erwartet, dich wiederzusehen."

„Und jetzt habe ich dieses große Mädchen mitgebracht, um dich zu sehen." Er legte seiner Tochter die Hand auf die Schulter.

Mrs. Lakeman blickte neugierig, fast reumütig auf. Mit so etwas wie einem Schluchzen flüsterte sie: „Es ist Margaret, nicht wahr?" und nahm sie in die Arme und küsste sie. „Ich kannte deinen Vater vor deiner Mutter, und ich habe ihn mein ganzes Leben lang geliebt", sagte sie und blickte einen Moment lang aufmerksam in das Gesicht des Mädchens; Dann, als hätte sie genug von dieser Phase, fragte sie mit einem plötzlichen Anflug von Zynismus: „Hat er jemals mit Ihnen über mich gesprochen – aber ich glaube nicht, dass er es getan hat?"

„Ich war nie ein sehr gesprächiger Mensch", sagte Herr Vincent grimmig. Sie drehte sich mit einem glücklichen, humorvollen Lächeln zu ihm um. Es schien ihr, als hätte sie alle Emotionen aus ihrem Inneren verbannt; sie war lebhaft und sogar lebhaft geworden.

„Nein, das warst du nie. Du warst immer so still und so weise wie eine liebe Eule. Ich habe auch ein Kind", fuhr sie fort. „Du musst sie sehen – meine Lena. Sie ist alles, was ich auf der Welt habe – ein großartiges Mädchen und eine wundervolle Begleiterin."

"Wo ist sie?" fragte Herr Vincent.

„Sie ist da drin", nickte in Richtung der Vorhänge, „in ihrem eigenen Wohnzimmer. Du sollst zu ihr gehen, Liebes", sagte sie und drehte sich schnell zu Margaret um. „Sie weiß alles über dich und sehnt sich danach, dich zu sehen. Tom Carringford ist auch da – er ist immer da", fügte sie bedeutungsvoll hinzu. „Erinnerst du dich an den alten Tom Carringford ,

Gerald? Das ist sein Junge – ein schrecklich netter Junge; ich werde nie müde von ihm." Zu diesem Zeitpunkt war sie schwul und es war offensichtlich, dass ihr gute Laune angeboren war. „Ich sage dir, wer bei ihnen ist", fuhr sie fort. „Dawson Farley – ich wage zu behaupten, dass Margaret ihn gerne sehen würde. Meiner Meinung nach ist er ein Genie – der einzige Mann auf der Bühne, der für eine romantische Rolle geeignet ist – und Louise Hunstan , die amerikanische Schauspielerin, wissen Sie. Sie spielt einfach." Jetzt in „The School for Scandal" im Shaftesbury – es macht großen Spaß, sie Lady Teazle mit einem kleinen Klang in ihrer Stimme spielen zu hören; es ist allerdings ein schrecklich hübscher Klang. Wir lieben das Theater, Lena und ich." Sie schien so viele Informationen wie möglich in ihre Worte zu packen, als wolle sie ihren Zuhörern einen Eindruck von ihrem Leben vermitteln.

„Wir gehen heute Abend ins Theaterstück", sagte Mr. Vincent, aber Mrs. Lakeman hörte ihn kaum. Andere Leben interessierten sie nur insoweit, als sie ihr eigenes berührten. Wenn die Vincents mit ihr gegangen wären, hätte sie sich jede Mühe gemacht und jede Menge Aufregung gezeigt; aber wie es war, warum war es ihr nichts.

„Du sollst zu ihnen gehen", sagte sie entschieden zu Margaret und setzte offenbar ihren eigenen Gedankengang fort. Sie ging auf die Vorhänge zu, als wollte sie sie beiseiteziehen. „Sag ihnen, dass wir in zehn Minuten kommen, Liebes."

„Oh, aber ich kenne sie nicht", antwortete Margaret, entsetzt darüber, dass man ihr gesagt hatte, sie solle sich unter Fremde drängen.

„ Natürlich nicht", sagte Mrs. Lakeman mitfühlend. „Ich nehme dich mit. Nein, nein, Gerald", als Mr. Vincent einen Schritt machte, um ihnen zu folgen; „Nach all den Jahren müssen wir mal ein bisschen mit uns reden."

Sie führte Margaret in ein zweites Wohnzimmer und dahinter in ein noch kleineres Zimmer. Es gab Bilder und wieder Blumen – Unmengen von Blumen, die Luft war schwer von ihrem Duft. Seidenvorhänge beschatteten das Licht, das durch die kleinen Fenster fiel, und überall schimmerten Farb- und Silberflecken. Es war, als würde man in einen Traum eintauchen, und dunkle Gestalten schienen daraus aufzusteigen – eine unbestimmte Anzahl, so schien es Margaret, obwohl sie bald herausfand, dass es nur vier waren. Sie fühlte sich so seltsam, als sie zögernd im Zimmer stand, wie ein kleiner Wanderer, der nur grüne Felder und ein Bauernhaus kannte und sich in eine verzauberte Welt verirrte, denn es war seltsam, wie die Erinnerung an ihr Zuhause sie nie verließ all diese ersten Stunden in London, und in ihren Gedanken sandte sie ihm ständig Botschaften.

„Lena, mein Schatz, das ist Margaret Vincent. Sei nett zu ihr“, sagte Mrs. Lakeman mit leiser, aufregender Stimme. „Du musst sie lieben, denn ich liebte ihren Vater – und das tue ich jetzt.“ Sie wandte sich an einen jungen Mann, der auf sie zugekommen war. „Tom, dein Vater kannte auch den Vater dieses Mädchens. Ich komme in ein paar Minuten mit ihm zum Tee zurück. Das ist Tom Carringford , mein Lieber“, sagte sie zu Margaret. Dann, als hätte sie genug getan, ging sie mit einem amüsierten Blick in den Augen und einem fröhlichen kleinen Lächeln auf den Lippen zurück. „Ich habe das Mädchen losgeworden“, dachte sie. „Ich frage mich, was dieser alte Idiot zu sagen hat, nachdem sie jetzt aus dem Weg ist.“

Tom Carringford beruhigte Margaret sofort. "Wie geht es dir?" sagte er und schüttelte ihr die Hand. „Haben Sie keine Angst vor uns; es ist in Ordnung. Mein Gouverneur hat oft von Ihrem gesprochen, und ich habe immer gehofft, dass ich ihn eines Tages sehen würde.“

Bevor sie antworten konnte, schlich sich ein Mädchen mit einem dünnen, fast hageren Gesicht und zwei schläfrigen, dunklen Augen an sie heran, die aussahen, als würden sie vor allerlei Leidenschaft brennen. „Ich habe auf dich gewartet“, sagte sie. „Mutter hat mir von deinem Vater erzählt. Es war großartig von ihm, dich mitzubringen.“ Sie sprach mit leiser Stimme, zog Margaret zu einem Platz am Fenster und blickte sie mit einem ängstlichen Ausdruck in ihren großen Augen an, als wäre sie erschöpft davon, nach ihr zu suchen. „Bleiben Sie, Sie kennen Mr. Dawson Farley noch nicht, oder?“ Sie drehte sich zu einem Mann um, der aufgestanden war, um ihnen Platz zu machen.

„Mrs. Lakeman hat uns gerade von ihm erzählt.“

„Ich bin nicht so berühmt, wie Miss Lakeman denkt.“ Die klare Aussprache fiel Margaret ins Ohr und sie sah ihn an. Er war glattrasiert, hatte einen entschlossenen Mund und kurzes, krauses Haar. Es lag etwas Hartes und sogar Grausames in seinem Gesicht, aber es lag auch eine Faszination darin – es lag eine Faszination in all diesen neuen Menschen; vielleicht die Anziehungskraft des Wissens über die Welt, die Welt, die erst heute über sie hereingebrochen war.

„Oh, aber ich weiß nichts“, sagte sie schüchtern. „Ich bin heute Morgen zum ersten Mal aus Chidhurst gekommen.“ Lena machte einen kleinen mitfühlenden Laut und streckte ihre Arme aus, als wollte sie sie beschützen.

„Heißt das, dass Sie noch nie in London waren?“ fragte Mr. Farley.

"Nein niemals."

„Was für eine wundervolle Sache!“ Die Worte kamen aus einer Ecke in der Nähe des Kamins. Margaret gewöhnte sich mittlerweile an die Dunkelheit und konnte durch sie hindurchsehen. Eine Frau kam auf sie zu; Sie war nicht sehr jung, aber sie war schön und anmutig.

„Es ist Louise Hunstan , Liebes", sagte Lena. Aus irgendeinem Grund, den sie nicht kannte, schreckte Margaret vor diesem Mädchen zurück, das sie zwar erst seit fünf Minuten kannte, sie aber dennoch „lieb" nannte und liebevoll war.

„Sie müssen mich Sie ansehen lassen", sagte Miss Hunstan . Der Klang, von dem Mrs. Lakeman gesprochen hatte, war schwach zu erkennen, aber er verlieh ihren Worten einen Charme, der es unmöglich machte, ihnen nicht zuzuhören. „Sagen Sie mir jetzt, lieben Sie es oder hassen Sie es, oder sind Sie einfach verwirrt von diesem großartigen London?" Sie schien die Fremdenstimmung besser zu verstehen als die anderen.

„Ich glaube, ich bin verwirrt", antwortete Margaret. „Alles ist so seltsam."

„ Natürlich ist es das", sagte Tom Carringford , „und wir starren sie an, als wäre sie eine Kuriosität. Was für Rohlinge wir sind! Macht nichts, Miss Vincent", lachte er, „wir meinen es gut, also sagen Sie uns vielleicht, was Sie sagen." Abenteuer, bevor Mrs. Lakeman zurückkehrt.

Er gab ihr wieder Mut und ein Gefühl der Sicherheit. Sie lachte ein wenig zurück, als sie antwortete. „Abenteuer – erleben die Menschen in London Abenteuer? Das klingt nach Dick Whittington."

„Genau wie Dick Whittington", antwortete Lena. „Du solltest eine Katze unter deinem Arm tragen und einen Märchenprinzen heiraten. Ist sie nicht wunderschön?" sie flüsterte Dawson Farley zu.

Die Farbe schoss in Margarets Gesicht. „Oh, bitte nicht", sagte sie. „Ich bin kein bisschen schön."

„Woher kommen Sie, Miss Vincent?" fragte der Schauspieler, als hätte er es nicht gehört.

„Von Woodside Farm in Chidhurst ."

„Ich kann dir alles über sie erzählen", sagte Lena. „Meine Mutter war einst mit ihrem Vater Gerald Vincent verlobt …" Margaret drehte sich schnell um, als wollte sie sie aufhalten. Aber sie nahm keine Notiz davon und ging weiter. „Er war damals Geistlicher, aber er änderte seine Meinung, verließ die Kirche und schrieb einige Artikel, die Aufsehen erregten. Alle seine Verwandten waren wütend und seine Mutter konnte ihn nicht heiraten. Ein kleiner Schrei kam von Margaret."

„Oh! Wie konnte sie es dir sagen?" rief sie aus.

„Du hättest es uns sowieso nicht sagen sollen", sagte Tom Carringford und wandte sich an Lena: Er war fast verzweifelt. „Es ist eine furchtbare Schande!"

„Miss Lakeman hat es nicht böse gemeint – sie ist nicht wie alle anderen ", sagte Miss Hunstan zu Margaret mit einem Ausdruck in ihren Augen, der mehr zählte als ihre Worte.

„Es ist Geschichte, Liebes – jeder weiß es", gurrte Lena beruhigend. „Außerdem erzähle ich immer alles, was ich weiß, über mich selbst und alle anderen. Das ist bei weitem die beste Art, dann erlebt man im Leben keine Schocks und man verrät keine Geheimnisse."

„Da ist etwas dran", stimmte Mr. Farley zu und wandte sich dann an Margaret; „Ich habe einige Artikel von Herrn Vincent gelesen. Sie übersteigen meine Tiefe, aber ich habe ihre Brillanz erkannt."

„ Siehst du?" Sagte Lena mit einem Schulterzucken, das andeutete, dass es unmöglich sei, die Geschichte einer berühmten Person zu vertuschen. Mr. Farley sah sie ungeduldig an und dann das fremde Mädchen: Es war seltsam, wie anders als sie alle sie empfanden.

„Gehst du in irgendwelche Theater?" fragte er und versuchte, das Gespräch zu ändern. „In London gibt es allerhand zu sehen."

„Wir gehen heute Abend zu ‚King John‘."

„Mr. Shakespeare und ziemlich langsam", warf Tom Carringford fröhlich ein.

„Ah, das denken Sie jungen Männer", sagte Mr. Farley – er selbst war unter vierzig.

„Sag mir, was du auf dem Land machst, kleine Margarete?" „fragte Lena mit der Miene einer Täterin, die sie liebte, und ignorierte die Tatsache, dass Margaret gut 1,70 Meter groß war. „Sollst du den ganzen Sommer in der Sonne und versteckst dich den ganzen Winter unter dem Schnee, oder benimmst du dich wie gewöhnliche Sterbliche?"

„Wir verhalten uns wie gewöhnliche Sterbliche. Vater und ich haben sehr viele Bücher gelesen …", begann sie.

„Und was macht deine Mutter?"

„Mutter und Hannah sind im Allgemeinen mit der Farm und dem Haus beschäftigt."

„Wer ist Hannah?"

„Meine Halbschwester. Sie ist viel älter als ich."

„Kannst du nicht alles sehen?“ Sagte Lena und wandte sich an die anderen. „Ich kann, so klar wie möglich. Frau Vincent und Hannah kümmern sich um die Farm, und Margaret und ihr Vater sitzen zusammen und lesen Bücher. Die Bauernkarren rumpeln vorbei, Hunde bellen und Hühner laufen umher; auf den Feldern gibt es Kühe , Geißblatt in den Hecken und Bienen in den Bienenstöcken am Ende des Gartens. In meinen Gedanken kann ich sie alle durcheinander sehen und das Zwitschern der Drosseln in den Bäumen hören.

"Müll!" sagte Tom Carringford . „Ihre Rede ist ein wenig zu malerisch, wissen Sie. Das ist sie immer. Ich kann mir nicht vorstellen, wie Sie es schaffen, sie so schnell zu erfinden.“

„Bist du gespannt, jetzt, wo du auf die Welt gekommen bist?“ fragte Lena, ohne auf Toms niederschmetternde Bemerkung zu achten. „Sehnen Sie sich danach, überall darüberzulaufen, und haben Sie das Gefühl, Sie könnten es auffressen?“

"Müll!" sagte Tom noch einmal. „Sie spürt nichts dergleichen.“

„Das tut jeder, der wirklich lebt.“

„In Ordnung“, sagte er unbeirrt. „Ich bin ein ungeborenes Baby oder eine Mama.“ Dann wandte er sich an Margaret: „Ich muss jetzt gehen; aber ich wünschte, ich hätte Ihren Vater gesehen, Miss Vincent. Wo wohnen Sie?“

„Im Langham Hotel – es liegt in der Regent Street.“

„Oh ja, das wissen wir; wir sind ja schon seit einiger Zeit in London“, lachte Mr. Farley. Er mochte dieses Mädchen; Sie war frisch und unberührt, dachte er. Er hegte einen merkwürdigen Hass auf Lena Lakeman , der durch ihre Behandlung von Margaret nur noch verstärkt wurde. Es gab Zeiten, in denen er das Gefühl hatte, er würde sie am liebsten erwürgen, nur zum Wohle der Gemeinschaft. Er hasste ihre zappelnden Bewegungen, ihre leisen Töne, ihre süßliche Art und die unerhörten Dinge, die sie mit einer Miene der Bewusstlosigkeit sagte und tat.

Bevor Tom Carringford ging, unterhielt er sich mit Miss Hunstan . Sie schienen gerade eine Vereinbarung zu treffen, denn als er sich von ihr verabschiedete, sagte er: „Also gut, ich werde es tun, wenn ich kann. Wie auch immer, kann ich morgen zur Teezeit vorbeischauen?“

„Sie können jederzeit vorbeischauen“, sagte Miss Hunstan und erklärte dann Margaret: „Mr. Carringford und ich sind alte Freunde und haben einander immer viel zu sagen.“ Sie stand auf, als er gegangen war. „Ich gehe auch“, sagte sie; „Aber ich wünschte, ich könnte länger bleiben.“ Sie streckte Margaret ihre Hand entgegen. „Ich bin ein Fremder für dich“, sagte sie; „Aber ich möchte, dass Sie wissen, dass ich eine Amerikanerin und

Schauspielerin bin – die auch einst eine Fremde hier in London war. Ich hoffe, dass ich noch einige Zeit bleiben kann, und wenn Sie wiederkommen, kommen Sie vorbei und sehen es sich an Egal ob im Theater oder bei mir zu Hause, ich würde mich mehr freuen , als ich sagen kann, denn du erinnerst mich an ein Mädchen, das ich in Philadelphia kannte, und sie war das süßeste Ding auf Erden.

„Es würde mir sehr gefallen“, sagte Margaret dankbar.

„Schreiben Sie mir, wenn Sie können, denn ich möchte Sie nicht vermissen. Denken Sie jedenfalls daran, dass ich in der Great College Street in Westminster wohne; und Sie werden es leicht finden, denn es liegt ganz in der Nähe der Abtei. Nein, danke.“ „Miss Lakeman , ich werde nicht zum Tee bleiben. Auf Wiedersehen.“

„Ich gehe mit dir, Louise“, sagte Mr. Farley. „Miss Hunstan ist auch eine alte Freundin von mir“, sagte er zu Margaret. „Wir kannten uns in Amerika.“

Dann, als sie allein waren, ging Lena zu Margaret. „Ich bin froh, dass sie weg sind“, sagte sie. „Jetzt werden wir uns so viel besser verstehen, und Sie müssen mir“ – sie hielt inne, um zu klingeln – „alles über Sie selbst erzählen. Wir sollten uns kennen, wenn wir uns erinnern –“ Sie hatte in einem angespannten Tonfall gesprochen , aber die Dienerin trat ein und bat ganz gewöhnlich darum, dass ihr sofort Tee gebracht werde; dann drehte er sich um und nahm sofort die Intensität wieder auf – „wenn wir uns daran erinnern, dass dein Vater und meine Mutter ein Liebespaar waren.“

„Oh, sagen Sie das nicht“, antwortete Margaret fast vehement, aber mit einer Sanftheit, die ihr Zuhörer unbehaglich spürte. „Es war alles fertig und erledigt, bevor wir geboren wurden. Ich konnte es nicht ertragen, dass du darüber sprichst, noch über die Meinung meines Vaters, wie du es getan hast, als die anderen hier waren; und ich kann es jetzt nicht, denn wir haben es nur getan Wir kennen uns seit einer Stunde. Manche Dinge sollten wir nur denen sagen, die uns am nächsten stehen, und selbst dann sehr selten.“

Lena schlängelte sich etwas näher heran. „Du wunderschönes Ding! Stell dir vor, dass du das wüsstest. Aber weißt du nicht, dass manche Menschen nie Fremde sind? Und als Mutter dich gerade hereinbrachte, hatte ich das Gefühl, dass ich dich schon seit Jahren kannte. Du musst Mutter und mich lieben, Margaret.“ Das tun die Leute immer; wir verstehen es so gut.“

„Das tun Sie nicht – Sie können es nicht – sonst hätten Sie nicht so gesprochen wie vor diesen Fremden.“

„Hast du nicht gehört, was ich gesagt habe? Ich gehöre zu den Menschen, die denken, dass alles, was wir tun und fühlen, im Licht des Himmels ausgebreitet werden sollte. Es sollte keine dunklen Ecken oder geheimen Orte in unserem Leben geben."

„Aber warum hast du gesagt, dass mein Vater und deine Mutter einst ein Liebespaar waren? Ich wollte nicht wissen, dass er sich jemals um jemand anderen als meine liebe Mutter gekümmert hat." Margaret war immer noch empört.

Lena sah sie mit einem verwirrten Lächeln an. „Wie süß du bist und wie unberührt von der Welt", sagte sie. „Ich wünschte, ich könnte auf deine Farm kommen, Liebes. Erzähl mir von deiner Mutter."

„Ich kann nicht."

"Warum nicht?"

„Ich möchte mit niemandem, den ich nicht kenne, über sie sprechen."

„Liebst du sie sehr?"

„Ich liebe sie von ganzem Herzen. Deshalb –"

„Sag mir, wie sie ist."

„Das kann ich nicht. Ich möchte nicht mit dir über sie reden."

„Haben Sie das Gefühl, dass ich es nicht wert bin?" fragte Lena mit einem amüsierten Funken in ihren Augen.

„Ich halte dich nicht für würdig oder unwürdig", antwortete Margaret; „Aber ich möchte nicht mit dir über sie reden."

„Du bist sehr neugierig, kleine Margarete. Ich bin froh, dass wir uns kennengelernt haben." Lena beugte sich vor, als wollte sie in die innersten Tiefen der Seele vor ihr eintauchen, doch Margaret hatte halb Angst vor ihr, als hätte sie etwas Unheimliches.

„Ich glaube nicht, dass ich froh bin", flüsterte sie und schauderte.

„Aber du darfst nicht gegen mich ankämpfen, Liebling – das kannst du nicht", flüsterte sie zurück; „Weil ich die Menschen verstehe – Mutter und ich. Der Tee ist fertig; ich werde gehen und deinen Vater hierher bringen." Sie stand auf und schlüpfte sanft durch die Vorhänge.

VIII

Mrs. Lakeman sah ihren alten Liebhaber triumphierend an. „Ich hatte das Gefühl", sagte sie, „dass ich dich für eine Weile für mich allein haben muss. Ich konnte nicht einmal die Anwesenheit dieses lieben Kindes ertragen." Ihr Zuhörer zappelte ein wenig, sagte aber nichts. „Gerald", ihre Stimme zitterte, aber in ihrem Augenwinkel lauerte Belustigung, „hast du mich all die Jahre gehasst?"

„Warum sollte ich? Du hast getan, was du für richtig gehalten hast, und ich auch." In seinem Verhalten lag eine Spur von Ungeduld, obwohl es ziemlich höflich war.

Sie hatte augenblicklich das Gefühl, dass die Tragödie über ihn hereinbrechen würde; Sie änderte ihren Ton und versuchte es mit einer verdächtigen Komik. „Bei allem anderen wäre ich bei dir geblieben", sagte sie mit einem Kopfschütteln und einem Lächeln, das sie erbärmlich gemeint hatte. „Ich wäre mit Vergnügen für dich ins Verderben gegangen – in dieser Welt."

„Ganz recht."

„Ich denke oft, dass diejenigen, die auf den nächsten verzichten, einen großen Einfluss auf uns haben. Wie Sie sehen, wird es in jedem Fall eine so lange Angelegenheit werden."

"Ja." Er sah gelangweilt aus: Solche Witze machten ihm keinen Spaß.

„Ich konnte nicht anders. Ich konnte nicht das Herz meines Vaters brechen und einen Skandal über die Diözese bringen; ich war gezwungen, das zu tun, was ich getan habe", sagte sie mit einem kleinen Ausbruch.

„Natürlich verstehe ich das durchaus", antwortete er; „Und um ehrlich zu sein, ich denke, es wäre besser, nicht mehr darüber zu diskutieren ."

„Du wirst mir immer lieb sein", fuhr sie fort, als hätte sie ihn nicht gehört; „Und als Cyril mir erzählte, dass du in Chidhurst warst, hatte ich das Gefühl, ich muss dir schreiben und dich bitten, zu mir zu kommen. Ich hätte dort fast ein Haus gemietet, aber es ist kaputt gegangen." Mr. Vincent erinnerte sich an die Bemerkung von Sir George Stringer und sagte nichts. „Vielleicht wäre ich eifriger gewesen, wenn ich es gewusst hätte – und doch glaube ich nicht, dass ich es ertragen hätte; ich glaube nicht, dass ich dort einen Sommer mit dir und – und – deiner Frau hätte verbringen können" – sie hielt inne , als ob das letzte Wort voller Tragik wäre und in leiserem Ton wiederholt wurde: „Sie und Ihre Frau waren nur eine Meile entfernt. Ich konnte es nicht ertragen, sie zu sehen“, und ganz plötzlich brach sie in Tränen aus.

Mr. Vincent sah sie verlegen an. Sie wollte, dass er sie beruhigte, etwas Bedauerndes sagte, vielleicht, um sie zu küssen, wenn er noch wusste, wie – sie bezweifelte es. Aber er machte kein Zeichen, er saß ganz still da, während sie ihn wegen seiner Mühen für einen Narren hielt. Nach einem Moment des Schweigens streckte er seine Hand aus und berührte ihren Arm.

„Dann ist es gut, dass du das Haus nicht genommen hast“, sagte er, und das war alles.

Sie wischte ihre Tränen weg und überlegte einen Moment, was sie mit diesem hölzernen Mann anfangen sollte, der auf keine ihrer interessanten Stimmungen reagieren konnte.

„Sag mir, wie sie ist“, flüsterte sie halb.

Er dachte einen Moment nach. „Ich glaube nicht, dass ich gut darin bin, Menschen zu beschreiben“, antwortete er in einem ganz gewöhnlichen Ton.

„Ich stelle sie mir vor“, begann sie und hielt dann inne, als versuchte sie, den Anflug eines spöttischen Tons in ihrer Stimme zu unterdrücken, „ein liebes, gutes, nützliches Geschöpf, eine kluge, geschäftsführende Frau, die gut aussieht nach allem und sorgt dafür, dass Sie sich rundum wohl fühlen.

„Ich glaube, ich fühle mich ziemlich wohl“, antwortete er nachdenklich.

„Oh! Und hilfst du auf der Farm?“ fragte sie mit der Möglichkeit der Verachtung – es hing von seiner Antwort ab.

„Nein, ich fürchte, das tue ich nicht. Ich überlasse es ihr und Hannah. Hannah ist ihre Tochter von ihrem ersten Mann.“

„Ich wage zu behaupten, dass er ganz anders war als du“, und ihre Lippen kräuselten sich.

„Ich weiß nicht, ob er es war oder nicht – ich habe ihn nie gesehen.“ Sein Verhalten begann wieder ungeduldig zu werden.

„Erzähl mir noch etwas“, sagte sie nach einem Moment des Zögerns; „Liebst du sie sehr?“

Er sah sie fast verärgert an. „Ich sehe Ihr Recht nicht ein, diese Frage zu stellen“, sagte er; „Aber da Sie es getan haben, werde ich Ihnen sicherlich sagen, dass sie mir mehr am Herzen liegt als jede andere Frau auf der Welt.“

„Gerald!“ sie weinte und brach wieder in Tränen aus; „Ich habe das Gefühl, dass du mir nie vergeben hast – dass du mich immer verachten wirst.“

„Das ist Unsinn", sagte er; „Und ich verstehe nicht, worauf Sie hinaus wollen. Wir haben uns vor Jahren getrennt. Sie haben einen anderen Mann geheiratet, und vermutlich waren Sie sehr glücklich mit ihm. Ich habe eine andere Frau geheiratet und bin sehr glücklich mit ihr, und da." ist nichts mehr zu sagen."

Sie stand auf und stand mit dem Rücken zum trüben, schwelenden Feuer; Es war erlaubt, dass es niedrig wurde, denn der Tag war wie ein Sommertag gewesen.

„Genau wie ihr Männer", rief sie mit einem kleinen Lachen und einer plötzlichen Veränderung ihres Verhaltens. „Ihr seid neugierige Geschöpfe; manchmal frage ich mich, ob ihr mehr als überlegene Tiere seid. Schüttelt die Hände, alter Junge, und lasst uns Freunde sein. Wir sind Menschen mittleren Alters, wir beide. Schau dir meine grauen Haare an." Sie neigte fast fröhlich den Kopf und legte ihren Finger über eine schmale Linie: „Für Sentimentalität ist es doch schon etwas zu spät, nicht wahr?"

„Ja, das glaube ich", war er überrascht, aber deutlich erleichtert. „Jetzt verrätst du mir vielleicht, wann Cyril dir geschrieben hat?"

viel gebracht – auch nicht ." Sie überprüfte das letzte Wort und beendete es mit einem Keuchen. „Wissen Sie, es ist furchtbar schade, eine Frau aus einem Varieté zu heiraten. Ein Glück, dass sie keine Kinder haben, nicht wahr?"

„Vielleicht ist es das im Großen und Ganzen."

„Mir gefällt der Bericht über seinen Gesundheitszustand nicht; es hört sich an, als ginge es ihm schlecht."

„Ich fürchte, das ist er", stimmte Mr. Vincent widerstrebend zu; und dann fügte er langsam hinzu, denn es gefiel ihm immer nicht, eine Aussage über sich selbst zu machen. „Ich werde wahrscheinlich zu ihm gehen."

„Ich wusste, dass du es tun würdest", rief sie mit einem leichten Anflug von Zustimmung. Aber auch darauf reagierte er nicht. „Natürlich, wenn etwas passieren würde, würde der Titel zu Ihnen kommen?"

Er blickte empört auf. Doch bevor er etwas sagen konnte, wurde der Vorhang zugezogen und Lena erschien.

„Kommst du zum Tee?" fragte sie und musterte sie beide mit einem langen Blick. „Das süße Ding, das du mir gerade gebracht hast und ich warte auf dich." Sie ging auf Herrn Vincent zu und reichte ihm die Hand. „Ich habe so viel von Ihnen gehört", sagte sie mit vollkommener Selbstbeherrschung, „und wünschte oft, Sie zu sehen." Sie öffnete ihre großen, dunklen Augen, als wollte sie zeigen, dass sie voller Wertschätzung waren.

„Das ist wohl deine Tochter?" fragte er ihre Mutter.

Die Frage ähnelte Gerald so sehr, dachte Mrs. Lakeman ; Er vergewisserte sich stets selbst seiner trivialsten Tatsachen.

„Ja, das ist meine Tochter – mein Mutterschaf, meine Lena." Sie legte ihren Arm um Lenas Schultern, und in ihrer Stimme lag wieder einmal ein Schauer; aber er antwortete immer noch nicht. Er sah sie beide ein wenig verlegen an, dramatische Situationen waren ihm ein Rätsel und er hatte nicht die leiseste Ahnung, was er als nächstes tun sollte.

Mrs. Lakeman lächelte innerlich. Der Mann war ein vollkommener Idiot, dachte sie. „Geh, Liebling", sagte sie, „wir kommen."

Lena warf Mr. Vincent einen weiteren langen, intensiven Blick zu und wandte sich ab. „Komm doch", sagte sie; „Ich sehne mich danach, dich reden zu hören."

„Es ist sehr nett von dir, aber ich weiß nicht, ob ich etwas zu sagen habe." Der Verdacht der Gönnerschaft in ihrem Verhalten amüsierte ihn, irritierte ihn aber auch, und er wollte das Haus verlassen. Mrs. Lakeman machte einen Schritt auf die Vorhänge zu, durch die ihre Tochter verschwunden war, blieb dann stehen und sagte, als hätte sie mit letzter großer Anstrengung Mut gesammelt: „Sag mir eins – ist Margaret wie ihre Mutter?"

Er dachte einen Moment nach, bevor er antwortete. „Das glaube ich", sagte er langsam. „Sie hat die gleichen Augen und den gleichen Mund und die gleiche Haltung."

"Oh!" Der Ausruf hatte fast ironischen Charakter. Dann gingen sie in den dunklen Raum mit dem überwältigenden Blumenduft. Lena kochte Tee, während Margaret die Arrangements mit großem Interesse begutachtete. Sie waren so anders als alles, was sie zuvor gesehen hatte. Auf der Woodside Farm wurde ein Tuch über den Eichentisch in der Mitte des Raumes ausgebreitet, ein Laib und ein großes Stück Butter, ein kräftiger Kuchen, Marmelade und andere Dinge, die zu einer brauchbaren Mahlzeit beitragen könnten, wurden bereitgestellt. Gelegentlich gab es ein herzhaftes Gericht mit Schinken und Eiern oder in Teig gebratenem Hühnchen, auf dessen Zubereitung Hannah stolz war; Für jeden wurden Teller und Messer herumgelegt und Stühle aufgestellt; Insgesamt war es eine viel sachlichere, aber weitaus weniger elegante Angelegenheit als diese köstliche Angelegenheit, die Lena leitete.

„Leb wohl, Margaret", sagte Mrs. Lakeman zehn Minuten später zu ihr; „Du weißt nicht, was es für mich bedeutet hat, dich zu sehen", und sie küsste sie auf beide Wangen. „Du musst eines Tages kommen und bei uns bleiben. Gerald, du wirst sie doch kommen lassen, nicht wahr?"

„Sicherlich, wenn sie es wünscht."

„Sie und Lena müssen Freunde sein; unsere Kinder sollten Freunde sein. Und du und ich", sagte sie mit tieferem Gefühl in der Stimme, „dürfen uns nicht wieder aus den Augen verlieren."

„Natürlich nicht", antwortete er und dieses Mal gelang es ihm, sie mit seinem alten Lächeln anzusehen, in dem immer etwas Charme gelegen hatte. Es ging ihr zu Herzen und machte sie zu einer natürlichen Frau. Mit so etwas wie einem Seufzen beobachtete sie ihn, als er die Treppe hinunterstieg.

„Ich könnte ihn jetzt lieben", dachte sie, „und für ihn auch zum Teufel gehen, mit allem Vergnügen der Welt. Aber er ist so abscheulich gut, dass er seiner Bäuerin wahrscheinlich bis zum Atem treu bleiben wird." sein Körper."

„Nun, möchtest du eines Tages dorthin gehen und dort bleiben?" Herr Vincent fragte Margaret.

„Nein", antwortete sie schnell und fügte dann widerwillig und weil sie nicht anders konnte; „Ich weiß nicht, warum das so ist, Vater, aber ich habe das Gefühl, als ob ich nie wieder dorthin wollte."

„Das stimmt", sagte er. Was die Antwort bedeutete, verstand sie nicht ganz, aber sie rieb voller Mitgefühl ihre Schulter an seiner. Ein Hansom bietet wenig Spielraum für Abwechslung bei den Liebkosungen, aber das reichte völlig aus.

IX

Um zehn Uhr am nächsten Morgen erschien Tom Carringford im Langham.

„Miss Vincent sagte, dass Sie hier bleiben würden, also habe ich mich getraut zu kommen", erklärte er mit einer jungenhaften Offenheit, die Mr. Vincent sofort überzeugte. „Bitte vergib mir und finde es nicht schrecklich cool von mir, so früh zu kommen. Ich hatte Angst, ich würde dich vermissen, wenn ich warten würde."

„Ich freue mich sehr, Sie zu sehen", sagte Herr Vincent. „Ich kannte deinen Vater gut." Und in einem Moment fühlte sich Tom ganz wohl.

„Was halten Sie von ‚König John'?", fragte er Margaret.

„Es war großartig; und ein Theater ist ein wunderbarer Ort. Wie kann man es böse nennen?"

„Nun, das tun sie nicht", lachte er, „es sei denn, sie sind Idioten, dann tun sie es vielleicht", worüber sie ebenfalls lachte und an Hannah dachte. „Ich schätze, die Szenen mit Arthur haben dir ein paar schlimme Momente beschert, nicht wahr?" er hat gefragt.

„Sie weinte", sagte ihr Vater, offensichtlich amüsiert über die Erinnerung.

"Das ist in Ordnung." Tom strahlte vor Zufriedenheit. Sie war ein nettes Mädchen, dachte er, also weinte sie natürlich; Sie müsste weinen, wenn sie so etwas zum ersten Mal sah. Dann wandte er sich an Herrn Vincent. „Mein Vater würde sich freuen, wenn er glauben würde, ich hätte dich endlich gesehen", sagte er; „Er hat sich oft gefragt, warum du nie aufgetaucht bist."

„Ich bin seit mehr als fünfundzwanzig Jahren nirgendwo aufgetaucht", antwortete Herr Vincent. „Wenn ich es getan hätte, hätte er mich gesehen." Er blickte Tom mit ausgesprochener Freude an, auf seine Größe von eins achtzig und seine breiten Schultern, auf sein offenes Gesicht und seine klaren blauen Augen. Das sei die Sorte Junge, die ein Mann gerne als Sohn haben würde, dachte er; und dann, nach einem Moment des charakteristischen Zögerns, sagte er: „Stringer hat uns erzählt, dass Sie manchmal nach Hindhead gegangen sind; vielleicht würden Sie eines Tages vorbeikommen und uns besuchen?"

„Mir würde es gefallen", sagte Tom herzlich.

„Sie haben Oxford natürlich verlassen?"

„Oh ja, letztes Jahr."

„Irgendwelche Ambitionen?"

„Viel. Aber ich weiß nicht, ob sie zu irgendetwas kommen werden. Ich glaube, dass es derzeit eine unbezahlte Unterstaatssekretärsstelle geben wird, und nach und nach hoffe ich, ins Repräsentantenhaus einzuziehen. Die Politik ist ziemlich niedrig, Wissen Sie, Miss Vincent, also werden sie mir passen. Was halten Sie von Miss Hunstan ? Ich habe sie letzte Nacht gesehen; sie hatte sich in Sie verliebt.“

„Hatte sie?“ rief Margaret freudig aus. „Ich bin so froh. Ich liebe sie, obwohl ich sie nur für einen Moment gesehen habe.“

„Das sage ich ihr. Jeder tut es. Meine Mutter war ihr ergeben; das ist einer der Gründe, warum ich es bin. Sie macht auch großen Spaß, obwohl sie natürlich ein bisschen zurechtkommt“, fügte er mit dem Prächtigen hinzu Unverschämtheit der Jugend. „Hinter diesem Besuch steckt noch etwas anderes“, und er sah Mr. Vincent an. „Ich habe mich gefragt, ob du heute wirklich gehst?“

„Um 14:50 Uhr ab Waterloo. Wir können nicht länger bleiben.“

„Nun – ich weiß, das ist gewagt; aber könnten Sie nicht beide zum Mittagessen mit mir kommen? Ich habe das kleine Haus meines Vaters in der Stratton Street und würde gerne glauben, dass Sie dort gewesen wären. Es wäre sehr nett von Ihnen.“

Herr Vincent schüttelte den Kopf. "Keine Zeit."

„Du musst irgendwo zu Mittag essen“, flehte Tom.

„Ja, aber ich muss fast sofort zu meinem Anwalt und ein oder zwei anderen Orten gehen und weiß nicht genau, wie viel Zeit das in Anspruch nehmen wird.“

"Gehst du alleine?"

"Ja."

„Dann schauen Sie mal“, rief Tom, entzückt über seine eigene Kühnheit, „wenn Sie zu Anwälten und Leuten gehen, könnte ich dann nicht Miss Vincent herumführen und ihr etwas zeigen? Bildergalerien, Tower of London, Britisches Museum, Häuser.“ des Parlaments, oben auf dem Monument – so etwas, wissen Sie. Wir würden eine Hansom nehmen und halb London in ein paar Stunden verbringen.“

„Könnte ich, Vater – könnte ich?“ fragte sie eifrig.

Herr Vincent blickte von einem zum anderen. Sie waren Jungen und Mädchen, dachte er – Tom war zweiundzwanzig und Margaret achtzehn, zwei wilde Kinder, und ihre Väter waren vor ihrer Geburt alte Freunde gewesen. Warum sollten sie nicht zusammen ausgehen?

„Das ist sehr nett von Ihnen", sagte er, „und es würde sie davor bewahren, einen langweiligen Morgen zu verbringen."

„Es wird nicht langweilig sein, wenn ich es verhindern kann", antwortete Tom triumphierend.

„Darf ich wirklich gehen?" Margaret weinte und küsste ihren Vater. „Oh, Vater, du bist ein Schatz."

Auch sie war lieb, dachte Tom, und der alte Mann, wie er Mr. Vincent in seinen Gedanken beschrieb, war es auch.

Der „alte Mann" hatte eine eigene Idee. „Bringen Sie Margaret hierher zurück und essen Sie mit uns zu Mittag", sagte er; „Vielleicht ist gerade noch genug Zeit dafür, und wir werden Sie bei einer anderen Gelegenheit besuchen."

"Gut gut!" Und Margaret fand bald heraus, dass dies sein Lieblingsausdruck war. „Es soll so sein, wie Sie sagen. Nun, Miss Vincent, es liegt harte Arbeit vor uns." Fünf Minuten später sah Mr. Vincent ihnen beim Start zu. Sie winkten ihm von der Kutsche aus zu, und er wandte sich lächelnd ab.

„Das Einzige, was man tun kann", sagte Tom zu Margaret, sei, die großen Grünflächen inmitten einer wundervollen Stadt zu sehen und die Kastanien, die in einem weiteren Monat im Hyde Park blühen würden, sowie den Round Pond und den Serpentine. „Aber da es in Chidhurst wahrscheinlich Bäume und Teiche gibt", fuhr er fort, „ gehen wir zunächst nach St. Paul's. Angesichts der begrenzten Zeit, die uns zur Verfügung steht, befürchte ich, dass der Tower und das Denkmal muss in Ruhe gelassen werden." Als sie den Strand hinunter zum Parlamentsgebäude fuhren, kam ihm ein brillanter Gedanke. „Wir bringen Miss Hunstan einen Stapel Blumen aus Covent Garden – Sie müssen Covent Garden sehen, wissen Sie. Hallo! Taxifahrer, kommen Sie hierher – Covent Garden; wir wollen ein paar Blumen holen."

„Oh, aber ich habe kein Geld mitgebracht."

„Ich habe – jede Menge", lachte er, erfreut über ihre Unschuld. „Ich hatte die Idee, dass wir vielleicht etwas unternehmen könnten, wissen Sie. Dann sind wir hier. Sie müssen rausspringen, wenn es Ihnen nichts ausmacht."

Mitte auf und ab und blickten in die Geschäfte hinein, so glücklich und arglos wie Adam und Eva im ersten Garten, als die Welt ganz ihnen gehörte. Sie wählten einen Stapel Blumen, wie Tom es nannte; Er füllte Margarets Arme damit, nur um das Vergnügen zu haben, sie anzusehen.

„Sie machen ein ganz schönes Bild mit ihnen", sagte er. „Sehen Sie, ich möchte Ihnen auch ein paar Rosen schenken, wenn Sie welche haben möchten?" sagte er fast bescheiden. „Wir bekommen sie in London, wissen Sie, bevor Sie es auf dem Land tun; und ich möchte, dass Sie einige mit zurücknehmen."

„Ich möchte meiner Mutter welche mitbringen", antwortete sie, natürlich ohne sich ihres Wertes bewusst zu sein.

„Gut! Du sollst ihr von uns beiden einen Haufen nehmen – ich würde ihr gerne etwas schicken, wenn ich darf. Aber sie werden dich in einer Kiste in Waterloo treffen, dann sind sie im letzten Moment frisch."

Während sie weiterfuhren, hatte Margaret das Gefühl, einen Spielkameraden gefunden zu haben, einen Kameraden, jemanden , der das Leben zu etwas ganz anderem machte. Sie war noch nie mit einem jungen Menschen auf Augenhöhe gewesen – mit jemandem überhaupt, der lachte und plauderte und die Welt aus dem gleichen Blickwinkel betrachtete wie sie und Tom es taten, obwohl sie bis gestern kein Auge zugetan hatte auf ihn. Es war eine neue Freude, dass die Welt plötzlich über ihr aufgetaucht war. So war es, ein Junge und ein Mädchen zusammen zu sein, einen Bruder zu haben, Freunde zu haben, wie es wäre, wenn sie eines Tages in der Zukunft verheiratet wäre : Die Leute gingen umher, lachten und redeten und freuten sich über das Zusammensein . Oh, dieses wunderbare Wort zusammen!

„Wir werden nicht in die Abtei gehen", sagte Tom, „weil Sie das gestern getan haben und bevor wir das Unterhaus inspizieren –"

„ Eines Tages wirst du da sein!"

„ Eines Tages werde ich dort sein", wiederholte er; „Aber bevor ich Ihnen den identischen Platz zeige, auf dem ich sitzen möchte, werden wir diese Blumen los. Die Great College Street ist hier, gleich um die Ecke. Ich frage mich, ob sie zu Hause ist. Eine lustige kleine Straße, nicht wahr? „Nicht wahr? Mit seinen niedrigen Häusern auf der einen Seite und der alten Mauer auf der anderen."

„Und die Bäume, die hinüberschauen –"

"Hier sind wir."

Er flog hinaus und klopfte an die Tür. Es wurde von einer grauhaarigen Frau mittleren Alters mit freundlichem Gesicht geöffnet, das für ihr Alter übermäßig faltig war. Miss Hunstan sei zur Probe gegangen, sagte sie.

„Oh – was für eine Langeweile!" Tom war niedergeschlagen. Dann kam ihm ein glücklicher Gedanke. „Sehen Sie, Mrs. Gilman, wir haben ihr ein paar Blumen mitgebracht. Lassen Sie uns kommen und sie in ihre Töpfe stopfen?"

„Sicherlich", antwortete sie. „Ich hole dir sofort etwas Wasser", und sie machte sich auf den Weg und ließ die Straßentür offen.

„Komm rein", rief er Margaret zu. „Mrs. Gilman kennt mich und sie lässt uns das arrangieren." Der Flur des kleinen, altmodischen Hauses war getäfelt wie der von Mrs. Lakeman , aber er war sehr schmal und weiß gestrichen, und es gab keinen Schnickschnack. Miss Hunstans Wohnzimmer befand sich im Erdgeschoss; Es war klein und die Wände passten zu der Täfelung draußen. Die beiden Fenster gingen weit nach oben und ließen das Licht und die vergangenen Jahrhunderte von der anderen Seite herein. Vor ihnen hingen frische, weiße Musselinvorhänge mit Rüschen an den Rändern. An der Wand hingen Messingleuchter mit Kerzen und Schirmen aus blauer Seide, doch die Leselampe auf dem Tisch deutete darauf hin, dass sie selten benutzt wurden. Auf einer Seite des Kamins stand ein mit Papieren bedeckter Schreibtisch und darüber ein Bücherregal; hier und da ein Foto, über dem Kaminsims eine Autotypie der Sixtinischen Madonna in einem dunkelbraunen Rahmen und darunter, gefüllt mit weißen Blumen, eine Vase aus billiger grüner Keramik; Im Raum standen noch weitere Töpfe der gleichen Ware, aber sie waren alle leer.

„Wir werden sie füllen", sagte Tom triumphierend.

Margaret betrachtete ihr Werk voller Freude. „Ich mache das gerne", sagte sie. „Aber es scheint so seltsam, hier im Zimmer eines Fremden zu sein, inmitten der Dinge, die ein Leben ausmachen – und der Fremde abwesend ist."

Er sah sie einen Moment lang an. „Irgendwie ist sie keine Fremde", antwortete er. „Viele Leute sind Fremde, egal wie lange man sie kennt , aber sie ist es nicht, nicht einmal am Anfang, wenn sie dich mag. Lass uns diese Narzissen in dieses Ding stecken. Sollen wir?"

„Sie sehen aus, als würden sie aus der grünen Erde wachsen", sagte sie; „Töpfe sollten immer grün sein, finden Sie nicht? Oder aber aus klarem Glas, wie Wasser."

„Gut", sagte er und stopfte die Blumen weiter hinein. Schließlich waren nur noch die blassweißen Rosen übrig.

„Wir stellen sie hierher", sagte Margaret und stellte die Kanne neben dem Foto einer dünnen, süß aussehenden Frau links vom Schreibtisch ab.

„Das ist ihre Mutter", sagte Tom halb zärtlich; Margaret schob die Rosen näher heran und liebte ihn wegen seines Tons. Als dann alle Blumen in dem kleinen blau-weißen Raum verteilt waren und die Frische des Frühlings ihnen zu eigen war, lachten sie wieder wie die unbeschwerten Kinder, die sie waren, und gingen zu ihrem Taxi.

„Auf Wiedersehen, Mrs. Gilman", rief Tom, als er die Türen schloss. „Sagen Sie Miss Hunstan , dass wir es geschafft haben – Miss Vincent und ich, und dass wir ihr unseren Segen hinterlassen haben."

X

Am Bahnhof wartete der braune Karren, ein Nachfolger des schweren Wagens von früher, leichter und besser gebaut, und der Kolben – ein neuer Kolben – eilte mit ihm dahin, als wäre er eine Herzmuschelschale. Hannah war nicht da, nur der Junge, der morgens mit der Milch rausging. Er setzte sich hinten auf und kümmerte sich um das Gepäck, während Herr Vincent zufrieden und glücklich mit seiner Tochter neben ihm fuhr. Der Besuch in London hatte sie einander näher gebracht. Für Margaret war es ein seltsamer Rückblick gewesen; Denn bis jetzt war ihr kaum klar geworden, dass ihr Vater schon vor dem Tag eine Vorgeschichte gehabt haben musste, als er das Hoftor betrat und ihre Mutter zum ersten Mal sah. Sie hatte Hannah davon sprechen hören – das Kommen des Fremden, wie es Hannah all die Jahre danach im Gedächtnis geblieben war. Margaret dachte auch an ihren Großvater und ihren Onkel, von deren Verwandten sie gestern nichts gewusst hatte, als sie anfing. Sie war froh, dass es sich um angesehene Leute handelte, auch wenn sie ihr Geld ausgegeben oder unerwünschte Dinge getan hatten, wie etwas am Verhalten ihres Vaters anzudeuten schien; denn es ließ das Leben ihres Vaters wichtiger erscheinen, nicht für sie, sondern für die Welt, die es sonst vielleicht nur für eines der Details der Farm in Chidhurst gehalten hätte . Sie blickte auf das Moor, als sie daran vorbeifuhren. Die Ginster- und Ginsterbüschel glänzten seit gestern satt und golden im Sonnenschein. Das frische Grün der Heidelbeeren zeigte sich, die Glockenheide kämpfte mit der Blüte; Gerade so waren die Möglichkeiten des Lebens in ihre Fantasie eingedrungen, und wenn einige sie erstaunten, gab es andere, die sie mit Freude erfüllten. Ein unvernünftiges, undefinierbares Glück, das sich nicht in Worte fassen ließ, stieg in ihrem Herzen auf, als sie an Tom Carringford dachte . Sie konnte sein Lachen noch immer hören und sein fröhliches Gespräch, als sie Miss Hunstans Zimmer zu einer Laube machten; sie wollte ihn schon wiedersehen und irgendetwas sagte ihr, dass er sie sehen wollte.

Die Hoftore standen weit offen. Es war schön, die Ecke des holländischen Gartens wieder zu sehen, und auf der Veranda stand ihre Mutter, genau wie Margaret es erwartet hatte, und wartete. Herr Vincent nahm wortlos die Hand seiner Frau und sah ihr mit einem kleinen Lächeln ins Gesicht.

„Wir sind nach Hause gekommen", sagte er. Sie reichte ihm für einen Moment die Hand und wandte sich dann an Margaret, die überrascht sah, dass sie schlauer war als sonst. Sie trug ihren grauen Kaschmir und die Brosche mit dem Topas darin, und eines ihrer besten Taschentücher mit Hohlsaum steckte vorne in ihrem Kleid. Ein Lächeln erschien auf ihren Lippen, als sie die Frage in Margarets Augen beantwortete.

„Hannah ist nicht zum Bahnhof gegangen", sagte sie, „denn Mr. Garratt ist heute Nachmittag vorbeigekommen. Der Tee war diese Stunde und länger fertig, aber wir haben auf Sie gewartet."

Auf dem Tisch im Wohnzimmer lag ein frisches Tuch, in der Mitte stand eine Vase mit Blumen, das beste Porzellan war aufgestellt und frisch gebackene Scones und andere gute Dinge waren zu sehen. In der Nähe des Kamins stand Hannah, ein wenig trotzig und ziemlich beschämt dreinschauend. Margaret bemerkte, dass ihr Haar fester als je zuvor nach hinten gekämmt war und mehr glänzte als sonst. An ihrem Hals befand sich eine Schleife aus Musselin und Spitze, deren sie sich unbehaglich bewusst zu sein schien. Neben ihr, forsch und sachlich, mit einem glücklichen, selbstzufriedenen Gesichtsausdruck, stand ein jugendlich aussehender Mann von achtundzwanzig Jahren. Er war fair und wirkte klug. Sein Haar war sorgfältig in der Mitte gescheitelt und an den Spitzen leicht gelockt. Er hatte einen kleinen Schnurrbart, den er viel streichelte und bis zu den Ohren zurückzog. Er trug einen Mantel mit Cutaway und eine marineblaue Krawatte mit weißen Flecken darauf, und über seiner Weste wanderte eine goldene Uhrkette. Margaret erkannte sofort, dass er sich völlig von den Männern unterschied, mit denen ihr Vater befreundet war – zum Beispiel von Mr. Carringford oder Sir George Stringer, bei denen sie sich natürlich und zu Hause gefühlt hatte. Dieser Mann hatte etwas an sich, das sie hochmütig und defensiv werden ließ, noch bevor sie mit ihm gesprochen hatte.

„Dein Zug muss Verspätung gehabt haben. Tea hat so lange gewartet", sagte Hannah. „Es bleibt jedoch zu hoffen, dass es Ihnen gefallen hat." Ihr Auftreten war durchaus liebenswürdig, aber ein wenig verwirrt, wie zu erwarten war.

„Das ist Mr. Garratt", sagte Mrs. Vincent. „Du wirst ihn gerne kennenlernen, Vater; er hat James' Leute in Petersfield schon immer gekannt ."

„Wie geht es Ihnen, Sir? Ich bin sicher, ich freue mich, Ihre Bekanntschaft zu machen", sagte Mr. Garratt. „Ich hoffe, Sie hatten einen angenehmen Besuch in London?"

"Wie geht es dir?" Herr Vincent antwortete und fragte sich, ob dieser lebhafte junge Mann wirklich in die ruhige Hannah verliebt sein könnte.

„Und Miss Vincent, ich freue mich, Sie kennenzulernen", fuhr Mr. Garratt in freundlichem Ton fort. „Habe schon oft von dir gehört und hoffe, dass es dir seit deiner Abwesenheit gefallen hat."

„Ja, danke", antwortete Margaret distanziert.

„Ich wage zu behaupten, dass du zurückgekommen bist, um deinen Tee zu trinken." Das war nur ein kleiner Scherz. „Es gibt nichts Besseres als eine Eisenbahnfahrt, mit dem Land am Ende, um Appetit zu machen", worauf sie keine Antwort gewährte, da sie instinktiv spürte, dass es klug wäre, Mr. Garratt auf Distanz zu halten.

Dann begann man nachdenklich und fast schweigend mit dem Teetrinken, wie es auf der Woodside Farm üblich war. Das Schweigen verwirrte Mr. Garratt ein wenig, da dies sein erster Besuch war; Dann fragte er sich, ob es ein Kompliment an ihn selbst war und ob diese ruhigen Menschen vor ihm schüchtern waren.

„Gibt es in London viel zu tun?" fragte er Mr. Vincent und dachte vielleicht, dass von ihm erwartet wurde, dass er das Gespräch leitet.

„Das nehme ich an", antwortete Mr. Vincent etwas kühl.

„Ich selbst denke immer, dass es gut tut, hinaufzugehen. Ich wage zu behaupten, dass Sie das Gleiche finden? Haben Sie in einem der Hotels am Strand übernachtet?"

„Wir haben im Langham übernachtet."

„Es ist ziemlich angeberisch, wissen Sie." Herr Garratt hielt dies für eine erfreuliche Bemerkung.

„Es ist sehr ruhig", sagte Mr. Vincent hochmütig.

„Bist du irgendwohin gegangen, Vater?" Fragte Frau Vincent.

„Ja, wir waren in der Westminster Abbey."

„Wunderschönes Gebäude, Westminster Abbey", warf Mr. Garratt ein. „Was halten Sie davon, Miss Vincent?"

„Ich glaube, das kann ich jetzt noch nicht sagen", antwortete Margaret. „Erst gestern habe ich es gesehen."

„Ganz richtig; es geht nicht, sich zu früh zu entscheiden", bemerkte Mr. Garratt fröhlich, woraufhin Hannah ein wenig scharf aufblickte.

„Ich für meinen Teil", sagte sie, „möchte, dass die Leute sofort wissen, was sie denken und was sie meinen."

„Nun, sehen Sie", antwortete er und blickte sie an, „manchmal ist es nicht schwierig." Daraufhin wurde ihr Gesicht rot und ihr Gesichtsausdruck

freundlich. „Was haben Sie sonst noch in London gesehen, Miss Vincent?"
Er wandte sich wieder an Margaret.

Etwas veranlasste Herrn Vincent, für sie zu antworten, und zwar mit
äußerster Ernsthaftigkeit: „Wir gingen ins Theater."

„Es tut mir leid, das zu hören", sagte Hannah.

„Und wie hat es dir gefallen?" fragte Mr. Garratt Margaret, als hätte er
Hannahs Bemerkung nicht gehört.

„Es war wunderbar", antwortete sie. „Ich sehne mich danach, wieder zu
gehen."

„Es ist ein Ort der Ungerechtigkeit", sagte Hannah bestimmt.

Mr. Vincent sah zu ihr herüber. Eine scharfe Antwort kam ihm über die
Lippen, aber er erinnerte sich, dass der junge Mann aus Petersfield ein
Verehrer war und schon lange erwartet worden war. Bevor er etwas sagen
konnte, fiel Margaret schnell ein:

„Es war eines von Shakespeares Stücken, das wir gesehen haben."

„Ich habe viele davon gelesen", bemerkte Hannah, nicht im Geringsten
beruhigt.

„Dann wissen Sie natürlich, Miss Barton, dass sie größtenteils historischer
Natur sind", sagte Mr. Garratt mit versöhnlicher Stimme, „und man könnte
sagen, dass es uns macht, ihn zu lesen oder ihn sogar gespielt zu sehen." mit
historischen Kenntnissen vertraut;" ein Satz, bei dem Mr. Vincent ein wenig
schnaubte, aber nichts sagte.

Hannah freute sich über die Aussicht auf einen Streit. „Die Geschichte mag
uns einige Lektionen lehren, Mr. Garratt", sagte sie, „aber wir können sie
lesen, genauso wie wir andere Lektionen lesen können. Es gibt keinen Anlass,
mehr zu tun; und was das Schauspiel betrifft, das uns einmal Geschichte
beibringt." Menschen haben ihre Gräber mitgenommen, sie könnten
vielleicht darin liegen bleiben und nicht herausgeholt und als Marionetten
verwendet werden, die nach der Fantasie der Menschen tanzen." Herr
Vincent blickte auf; er begann sich dafür zu interessieren. „Außerdem", fuhr
Hannah fort, „ verspottet es Gott, denn nur Er kann die Toten zum Leben
erwecken."

„Was Sie sagen, ist sehr wahr, Miss Barton", antwortete Mr. Garratt und warf
Margaret einen weiteren verstohlenen Blick zu, „und ich selbst glaube nie,
dass Shakespeare so interessant ist wie ein gutes modernes Stück."

„Gehen Sie dann ins Theater, Mr. Garratt?" fragte sie und stellte die
Teekanne schnell ab, ließ aber immer noch die Hand am Griff.

„Ich mache es mir nicht zur Gewohnheit, Miss Barton, aber wenn man in London ist, ist man versucht, das zu tun, was London tut. Darüber hinaus glaube ich daran, die Welt so zu sehen, wie sie ist, und nicht daran festzuhalten, weil sie nicht so ist." wie man es haben möchte", fügte er mit der Miene eines Moralisten hinzu, aber dahinter lauerte offensichtlich die Fähigkeit zum Genuss.

„Die Welt sollte zur Wildnis für die Übeltäter gemacht werden …", begann Hannah, als versuche sie, sich an einen Teil einer Predigt zu erinnern.

„Es sollte eine Stimme in der Wildnis geben, Miss Barton –" Mr. Garratt hielt inne, denn ihm kam der Gedanke, dass er vielleicht zu weit ging.

„Oder was wäre der Nutzen der Wildnis?" fragte Herr Vincent. „Wir haben den Tee ausgetrunken, denke ich?" Er stand auf und ging in den besten Salon. Die Jahre, die er außerhalb der Welt, wie er sie einst gekannt hatte, verbracht hatte, machten ihn gegenüber vielen Dingen ein wenig intolerant, gegenüber diesem vulgären und gutmütigen jungen Mann, der die größte Chance unter ihnen im Auge hatte. Aber Mr. Garratt würde für Hannah gut genug sein – tatsächlich könnte nichts besser sein, denn offensichtlich war er nicht engstirnig, und das könnte eine gute Wirkung auf sie haben. Für ihn und seine Tochter und für seine Frau gab es eine andere Ebene, einen anderen Standpunkt . Der Besuch in London hatte ihm die Art der Frau, die er geheiratet hatte, noch klarer als zuvor vor Augen geführt, und zum ersten Mal nach all diesen Jahren und im Herbst ihrer Tage war er beinahe ihr Liebhaber.

Als hätte sein Gedanke sie zu ihm gebracht, steckte sie ihren Kopf durch die Tür und fragte, wie sie es immer tat:

„Bist du beschäftigt, Vater, oder soll ich für eine Weile zu dir kommen?"

Er stand auf und ging zu ihr. „Ich wollte dich", sagte er. „Kommen Sie und setzen Sie sich ans Fenster; es gibt viel zu sagen." Sie hatte das Gefühl, als hätte der Himmel seine Freude in ihr Herz gestrahlt; aber nur für einen Moment, dann trat die Angst ein.

„Sind die Nachrichten aus London schlecht?" Sie fragte.

„Es ist nicht gut", sagte er. „Das ist ein Grund, warum ich mit dir reden möchte, liebe Frau." Er hielt einen Moment inne, bevor er fortfuhr. „Ich habe dir zwei- oder dreimal gesagt, dass du nichts über mich oder meine Leute weißt. Nun, da ich wahrscheinlich sehr bald weggehen werde und Margaret erwachsen ist, denke ich, dass du etwas über sie wissen solltest: Das kann man nie sagen." Was passieren kann. Es gibt nicht viel zu ihrem Verdienst zu sagen – oder zu meinem, fürchte ich", fügte er hinzu, und dann erzählte er ihr ganz kurz die Punkte der Familiengeschichte und machte sie auf die Möglichkeiten in der Familie aufmerksam Zukunft. Sie war nicht begeistert – er hatte gewusst, dass sie es nicht sein würde; aber sie war überrascht und ein wenig beleidigt.

„Ich hätte nicht gedacht, dass das dahintersteckt", sagte sie; „Ich weiß nicht, was die Leute sagen werden."

„Gibt es irgendeine Gelegenheit, es ihnen zu sagen?"

„Das glaube ich nicht", antwortete sie geistesabwesend und sagte dann mit einem besorgten Ausdruck in ihren klaren Augen das Einzige, was ihn in all den Jahren, in denen er sie kannte, verletzt hatte. „Vater, du hast es nicht zurückgehalten, weil du dachtest, wir seien nicht gut genug?"

Er drehte sich schnell um. „Wenn es so etwas war", antwortete er, „dann lag es daran, dass ich mich selbst nicht für gut genug hielt. Meine Leute führten ein nutzloses, extravagantes Leben, und mein eigenes war nicht viel besser. Ich habe mich geschämt, dass Sie es wissen sollten." alles, was uns betraf, und es war für unsere Zufriedenheit hier nicht notwendig.

„Nein", sagte sie langsam, „war es nicht."

„Es ist jetzt auch nicht notwendiger, den Leuten unsere Angelegenheiten zu erzählen, als es bisher der Fall war . Wenn Cyril stirbt , werde ich meinen Namen nicht ändern – was würde mir ein Titel nützen? Ich habe keinen Sohn, der nach mir kommt, niemanden alle, um irgendetwas zu erben, außer Margaret, für die das keine Rolle spielt.

„Ich bin froh, dass Sie es Margaret erzählt haben", antwortete Frau Vincent. Sie schwieg einen Moment und fuhr dann nachdenklich fort: „Sie verändert sich in sich selbst, ich kann es spüren. Sie wird hier nicht immer zufrieden sein. Sie streckt bereits ihre Flügel aus, wie ein junger Vogel, der darauf wartet." Fliege."

„Nun, auf jeden Fall sollte sie bis zu meiner Rückkehr ruhig hier bleiben", sagte er. „Übrigens hat ein alter Freund von mir das Pfarrhaus übernommen – Sir George Stringer; er wird bestimmt vorbeikommen und Sie besuchen."

„Wir werden sehr großartig, Vater", sagte sie reumütig und ärgerte sich darüber ein wenig in ihrem Herzen. Sie war mit ihrer eigenen Stellung im Leben so zufrieden gewesen und hatte sich nie gewünscht, dass sie weder angehoben noch abgesenkt würde; Ersteres erschien ihr unwürdig, Letzteres hätte Demütigung bedeutet.

„Es macht keinen Unterschied, Liebes", sagte er. „Wir waren eine wertlose, heruntergekommene Truppe, die uns die Privilegien, die wir hatten, unter die Füße nahm; und was mich betrifft, ich habe nicht einmal genug Gnade, mich am Sonntag in die Kirche zu bringen. Ich möchte alles vergessen, außer dem Leben der letzten zwanzig Jahre – du und Margaret.

Sie legte ihre Hände langsam auf seine Schultern.

„Vater", sagte sie, „du wirst nie erfahren, was du für mich warst, niemals auf dieser Welt."

„Das tue ich", antwortete er; "Ich weiß gut."

„Und ich konnte es nicht ertragen, dass du etwas anderes sein solltest als genau das, was du immer warst."

„Ich werde nie etwas anderes sein", antwortete er, beugte sich herab und küsste sie. „Wir werden Hannah nichts davon erzählen", fuhr er fort, „und ich glaube auch nicht, dass Margaret es tun wird. Es gibt keinen Grund, daraus ein Geheimnis zu machen; wenn es herauskommt, ist das schön und gut, aber wenn nicht , können wir es tun." still."

„Mir wäre es lieber, sie wüsste es nicht", antwortete Frau Vincent, „es sei denn, sie findet es heraus; sie würde nur Dinge reden und denken, die ich nicht ertragen würde."

Währenddessen räumten Towsey und Hannah das Teegeschirr weg: Margaret ging auf die Veranda und betrachtete den Garten und den Buchenwald, den sie liebte und der sich hoch dahinter erhob. Mr. Garratt warf einen kurzen Blick in Richtung Küche und schon war er an ihrer Seite.

„Haben Sie Lust auf einen kleinen Spaziergang, Miss Vincent?"

Seine Augen sagten mehr als seine Worte. Sie trat einen Schritt vor und stellte sich neben einen Fliederbusch.

„Nein", sagte sie, „ich gehe direkt hinein."

Der Sonnenuntergang berührte mit einem Scheitelstrahl aus Gold ihr Haar; eine flüsternde Brise trug eine Botschaft der Rosen an ihre Wange, und sie war jung – jung, die Morgendämmerung war in ihren Augen, sie schien dem Gesang der Vögel zu lauschen, zu den Blumen zu gehören, die aus der Erde sprangen. Sie war ganz anders als Hannah. Ein Dutzend Möglichkeiten schossen ihm durch den Kopf. Sein Herz schlug schneller, seine übliche Redegewandtheit versagte ihm, er stand da, zupfte an seinem Schnurrbart und dachte, dass er noch nie zuvor ein Mädchen wie dieses gesehen hatte – aber plötzlich wurde er wieder zur Vernunft zurückgerufen.

„Mr. Garratt", sagte Hannah mit strenger und unerschütterlicher Stimme, „wenn Sie das Grab Ihrer Tante Amelia sehen wollen, werde ich Sie mitnehmen."

XI

Herr Vincent reiste eine Woche nach seinem Besuch in London nach Australien. In den ersten Stunden seiner Reise schätzten Frau Vincent und Margaret in ihren Herzen die Länge, die das Schiff zurücklegte, während Hannah sich fragte, ob der Herr es sicher ans Ende seiner Reise bringen würde, und inbrünstig für Juden, Türken und Ungläubige betete. Denn Hannah gab nicht vor, seinen Weggang zu bereuen. „Es wird gut für ihn sein, weg zu sein", sagte sie zu ihrer Mutter, „und es ist auch gut so, dass der Ort für eine Weile denjenigen überlassen werden sollte, die ihn schon vor seiner Ankunft in seiner Hand hatten und nach seinem Tod auch weiterhin haben werden." Nach dem Weggang von Mr. Vincent bestand kein Zweifel mehr an ihrer Vormachtstellung, und ihre Mutter lag wie Wachs in ihren Händen.

Aber nicht nur des Friedens wegen, sondern auch wegen des vagen Gefühls, dass sie Hannah eine unbegrenzte Wiedergutmachung dafür schuldete, dass sie einen anderen Mann an die Stelle ihres Vaters gesetzt hatte, gab Mrs. Vincent nach; Es lag auch daran, dass das große Interesse, das sie einst an der Arbeit auf dem Bauernhof gezeigt hatte, in ihrer großen Liebe zu dem Mann, den sie zum ersten Mal gesehen hatte, als sie bereits in die mittleren Jahre gekommen war, allmählich eingedämmt, ja sogar halb vergessen worden war. Es gab noch einen anderen Grund, aber niemand wusste davon , nicht einmal sie selbst. Frau Vincent war in den letzten ein, zwei Jahren weniger aktiv geworden, eher still und nachdenklich. Ihr Haar war grauer, die Falten in ihrem Gesicht waren tiefer, manchmal quälten sie dumpfe Schmerzen und eine Lethargie, die sie nicht überwinden konnte. Sie führte es, wie auch die Menschen um sie herum, auf die zunehmenden Jahre und die Eile der Zeit zurück; Hin und wieder fiel ihr auf, dass es ihr „nicht ganz gut ginge, dass sie eines Tages einen Arzt aufsuchen würde", aber sie verwarf den Gedanken mit der Überzeugung, dass es nichts war, sondern nur, dass sie alt wurde – die schlimmste Krankheit überhaupt Alles, dachte sie, denn jede Lebensstunde war süß, die sie in der Welt verbrachte, in der ihr Mann lebte. Seltsamerweise waren sie und Hannah fast erleichtert gewesen, als er ging. Es war das Richtige für einen Mann, hinauszugehen und die Welt zu sehen; Keine Frau sollte ihn für immer fesseln; Sie verspürte sogar ein wenig selbstloses Vergnügen, als sie sich daran erinnerte, dass sie es war, die den Vorschlag zuerst vorgeschlagen hatte. Während er weg war , beschloss sie, sich gut auszuruhen und ihre Müdigkeit und all das Unbehagen, das sie mit sich brachte, auszuschlafen, damit sie stark genug wäre, ihn wieder willkommen zu heißen. Aber nach der Aufregung, ihn fertig zu machen, und dem leidenschaftlichen, wenn auch unauffälligen Abschied kam eine Reaktion. Sie schloss sich ein- oder zweimal in ihrem Zimmer ein, damit man ihre Tränen nicht vermutete; oder sie saß, als sie sich mehr an seine

Abwesenheit gewöhnt hatte, grübelnd im Wohnzimmer oder auf der Veranda und versuchte, sich vorzustellen, was er tat, und sich seine Umgebung vorzustellen.

„Ich muss ein Narr sein, in meinem Alter so weiterzumachen", sagte sie sich; „Ich würde es den Mädchen um keinen Preis sagen."

Für Margaret brachte der Weggang ihres Vaters allerlei Einschränkungen und Einschränkungen mit sich; Aber ihre Mutter war zu sehr in ihre eigenen Träume versunken , um es zu bemerken oder sich ihr näher als zuvor zu nähern und so den Verlust seiner Kameradschaft auszugleichen. So hatte Hannah die Freiheit, die Abneigung zu zeigen, die sie immer empfunden hatte, und sie mit kleinlichen Tyrannei zu beunruhigen.

jedem genutzt, der will, bis er zurückkommt", verkündete sie prompt. „Es wurde lange genug getrennt gehalten, als ob das gesamte Haus nicht für diejenigen, die es besitzen, zum Wohnen geeignet wäre, es sei denn, es geschah manchmal als Geschenk."

„Es wurde getrennt gehalten, weil Vater lesen und schreiben und ruhig sein wollte", sagte Margaret.

„Nun, es gibt jetzt niemanden mehr, der lesen und schreiben muss; man kann nützlichere Dinge tun und wird dadurch umso besser sein; was das Schweigen angeht, nun ja, es gibt andere, die manchmal ruhig sein wollen, und das wird es auch Tun Sie das für sie. Mr. Garratt kommt sonntags zu seinem Abendessen vorbei, und wir werden nachmittags dort sitzen – wenn wir nicht gerade einen Spaziergang machen. Mutter ist immer auf der Veranda, und wir wollen nicht, dass du bei uns herumhängst ."

„Ich bin froh, wegzukommen", sagte Margaret schnell.

„Du tust sowieso dein Bestes, um seine Augen auf dich gerichtet zu halten; aber du brauchst nicht zu glauben, dass du ihn zu dir ziehen wirst; es ist unwahrscheinlich, dass er etwas mit einem Ungläubigen meinen würde."

„Ich will ihn nicht", rief Margaret und floh zu dem Buchenwald, der hoch hinter dem Hof stand, als wäre er die Krone der Landschaft. Hier wartete sie auf eine unlogische Art und Weise, die dem Instinkt entsprang, der nur dem Herzen einer Frau innewohnt, auf Tom Carringford oder auf Neuigkeiten von ihm. Dieser glückliche Morgen in London hatte ihren gesamten Gedankengang verändert, hatte etwas Seltsames und Süßes in ihr Leben gebracht, das sie nicht zu definieren versuchte und von dem sie kaum wusste, dass es da war. Aber sie wollte ihn wiedersehen – und sie wartete und träumte wie ihre Mutter, nur anders. Er würde kommen oder schreiben, und zwar bald; sie fühlte es und wusste es. Aber die Tage vergingen, die Wochen und der erste Monat der Abwesenheit ihres Vaters, und nichts geschah. Sie war ein wenig enttäuscht, hielt sich aber dennoch für unvernünftig, denn natürlich dachte er an sein Amt als Unterstaatssekretär, an den Bau von Schlössern bezüglich seiner parlamentarischen Karriere – in Margarets Gedanken würde er mit Sicherheit eines Tages Premierminister werden – oder daran, mit ihm auszugehen seine Freunde; und sie dachte unbehaglich an die Lakemans – er hatte keine Zeit, nach Hindhead zu gehen oder sich an die Einladung ihres Vaters zu erinnern. Und warum sollte sie erwarten, dass er schreibt? Er würde vielleicht kommen, wenn Sir George Stringer sich im Haus auf dem Hügel niederlassen würde.

Aber von Sir George war kein Zeichen zu sehen. Jeden Tag, am frühen Morgen oder in der Dämmerung, eilte sie durch die Felder auf die Straße zu, auf deren beiden Seiten sich die Kirche und der Garteneingang seines Hauses gegenüberstanden; aber die Tore waren immer geschlossen, und eine Kette um sie herum, die mit einem Vorhängeschloss befestigt war, zeigte, dass er noch nicht erwartet wurde. Dann kam sie langsam davon und mit dumpfer Enttäuschung im Herzen, die durch Hannahs Temperament und Tyrannei noch verstärkt wurde, bis sie es kaum ertragen konnte. Die Grundlagen des Lebens schienen zu weichen – sie spürte es, als sie an den Fenstern des leeren besten Salons vorbeikam oder ihre Mutter sah, immer noch aufrecht, aber älter und ernster, auf der Veranda sitzen. Das Glück ihres Zuhauses, des geliebten Zuhauses ihres ganzen Lebens, hatte in letzter Zeit nachgelassen.

„Geht es dir gut, Mutter?“ fragte sie eines Tages unbehaglich. „Manchmal denke ich, dass du leidest.“ Das war fünf Wochen, nachdem Herr Vincent angefangen hatte.

„Es ist nichts“, antwortete Frau Vincent. „Ich bin in die Jahre gekommen, Margey ; mit sechsundfünfzig haben Schmerzen und Wehwehchen das Recht, eines zu ertragen. Mir wird es besser gehen, wenn dein Vater zurückkommt; vielleicht habe ich etwas zu viel getan, bevor er gegangen ist.“

„Ja, das hast du, Liebling“, antwortete Margaret und küsste die Hände – große, fähige Hände, die nicht einmal die raue Arbeit auf dem Bauernhof jemals grob gemacht hatte.

„Es wird noch viele Monate dauern, bis er kommt“, fuhr Frau Vincent fort; „Vielleicht ist es auch gut, dass er eine Weile weg ist.“

„Aber liebe Mutter, du warst doch noch vor Kurzem so aktiv.“

„Sehen Sie, Hannah ist älter und macht gerne Dinge selbst“, antwortete Frau Vincent; „Und das ist auch gut so; es gibt mir Zeit, über all die Jahre nachzudenken. Ich war dazu noch nie zuvor in der Lage. Du brauchst dir keine Sorgen um mich zu machen, Margey ; wenn die Leute miteinander auskommen, mögen sie es, ruhig zu sein." Es war offensichtlich, dass ihre Mutter in Ruhe gelassen werden wollte, und Margaret respektierte ihren Wunsch, obwohl es ihr eigenes Leben schwieriger machte.

Und dann war da noch Mr. Garratt, forsch und vulgär, mit dem Anschein schlechter Bildung und der Wachsamkeit einer Intelligenz, die darauf aus ist, „weiterzukommen" und das Beste aus den Chancen zu machen. Sein Kommen und Gehen hätte für Margaret kaum Auswirkungen gehabt, wenn er sie nur in Ruhe gelassen hätte. Aber genau das würde er nicht tun. Sie sprach so wenig wie möglich mit ihm und zeigte unbewusst, dass sie ihn für einen eher minderwertigen Menschen hielt; Aber Mr. Garratt sah sich allem gegenüber und war ein junger Mann, den man nur schwer in Verlegenheit bringen konnte .

Darüber hinaus hatte Mr. Garratt in letzter Zeit selbst eine akute Phase durchgemacht, da sich Möglichkeiten aufgetan hatten, die ihn verwirrten und ablenkten. Er hatte die Chance genutzt, sein Geschäft zu verbessern, indem er eine Niederlassung in Guildford gründete, wo er vorschlug, während der Sommermonate zu leben und die Niederlassung in Petersfield mehr oder weniger sich selbst überlassen zu lassen. In Surrey war Land aufgetaucht; Es gab viel zu kaufen und zu verkaufen unter den Leuten, die darauf bedacht waren, die roten Backsteinhäuser zu bauen, über die Sir George Stringer gespottet hatte, und Mr. Garratt war der Gedanke gekommen, dass sich die Mode an die seine anpassen könnte profitieren. Außerdem hatte er Petersfield satt . Guildford lag näher an der Stadt; „Eine bessere Klasse von Menschen geht dorthin", sagte er mit der Wissensdurst, die Margaret irritierte. In letzter Zeit war es zur Regel geworden, dass er am Sonntagmorgen erschien, mit Mrs. Vincent und Hannah in die Kirche ging und mit ihnen zum Mittagessen zurückging, das nie variierte – kaltes Rindfleisch und gebackener Plumpudding, im Winter kalt Lamm-Früchte-Torte im Sommer, immer in Stille gegessen, als wäre der Sabbat eine Zeit der Buße – und danach wurde von ihm erwartet, dass er sich, das wusste er ganz genau, zu einem *Tête-à-Tête* in der besten Stube unterwarf. Aber während er sein Haus und sein Büro in Guildford fertig machte, fand er es oft möglich, den Nachmittagszug nach Haslemere zu nehmen , und in Haslemere mietete er einen kleinen Hundekarren mit einem dicken, grauen Pony und fuhr selbst nach Chidhurst , wo Er blieb zum Tee und fuhr in der frühen Sommerdämmerung wieder zurück. Die Frage, welche Haltung er an diesen Nachmittagen einnehmen sollte, die irgendwie einfacher waren als die Sonntagsbesuche, beschäftigte ihn im Kopf. Auf Anraten seiner Mutter, der die alte Mrs. James Barton aus Petersfield versichert hatte , dass sie letztendlich die Woodside Farm besitzen würde, hatte er Hannah zunächst aus ehelicher Sicht in Betracht gezogen. Mr. Garratt hatte den Eindruck gehabt, dass die Farm, wenn er bereit war, in den Ruhestand zu gehen, ein ausgezeichneter Rückzugsort für sein Alter sein würde und dass Hannah ihn in der Zwischenzeit zu einer fürsorglichen Ehefrau machen würde. Aber er war ein weitsichtiger junger Mann, der die Dinge in all ihren Belangen zu durchdenken verstand, und hatte sich deshalb lange Zeit absichtlich zurückgehalten, aus dem einfachen Grund, dass es keinen Anlass zur Eile gab. Er wusste, wie Hannah war, und war zu dem Schluss gekommen, dass sie es im Großen und Ganzen tun würde. Aber sie inspirierte ihn nicht zu irgendwelchen Gefühlsbekundungen, und es gab keinen Grund, warum er seine Zeit mit ihr verschwenden sollte, wenn er das Gefühl hatte, dass er zu Hause genauso angenehm und vielleicht gewinnbringender arbeiten könnte. Nur um sicherzustellen, dass die Dinge zufriedenstellend liefen, ging er schließlich zur Woodside Farm, und nicht aus dem besonderen Wunsch heraus, sie zu sehen.

Dann war zu seiner Überraschung Margaret aufgetaucht. Sie raubte ihm den Atem, und da er ein junger, intelligenter Mann war, erkannte er sofort, dass sie und ihr Vater ganz und gar einer anderen Klasse angehörten, als er es gewohnt war. Er fragte sich, wie sie dorthin gekommen war. Wie ihr Vater dorthin kam und was ihn dazu bewogen hatte, Frau Vincent zu heiraten und sich auf der Farm niederzulassen. „Irgendwo muss eine Schraube locker sein", dachte er; aber was würden ihm ein Dutzend Schrauben schon nützen, wenn er nur – denn das fiel ihm sofort ein – Margaret heiraten könnte? Der Gedanke berauschte ihn; sie war jung und schön; Sie ließ das Blut durch seine Adern tanzen, wie es seit seinem zweiundzwanzigsten Lebensjahr nicht mehr getan hatte, als er sich in die Tochter eines Zahnarztes verliebt hatte, der ihn als Zahlmeister eines Atlantikdampfers abgegeben hatte: und Diese junge Dame war in diesem Fall kein Problem gewesen. Mit einer Frau wie Margaret, sagte er sich, konnte man nicht wissen, was man tun und welche Höhen er in diesen demokratischen Tagen erreichen würde. Er blickte in Hannahs Gesicht; es war verblasst und etwas verwittert; es waren Zornesfalten darauf zu erkennen – mit der Zeit würden sie tiefer werden; Das harte Graublau ihrer Augen ließ ihn frösteln, ihr streng zurückgekämmtes Haar stößt ihn ab, ihr Verhalten deutete darauf hin, dass die Zeit sie zänkisch machen würde. Das Leben mit ihr würde ein sauberes, ordentliches Zuhause bedeuten, aber kaum einen fröhlichen und angenehmen Taubenschlag. Zum Glück hatte er sich in keiner Weise festgelegt; Er war lediglich äußerst höflich und freundlich gewesen und betrat die Bühne, die in der Klasse direkt unter der, die er als seine eigene betrachtete, als „Ausgehen" bekannt war – eine Art Auftakt zur Verlobung. Aber er hatte kein einziges Wort der Liebe gesagt; er hatte sie zwar angeschaut, aber eine Katze darf einen König anschauen. Das Schlimmste daran war, dass es ihm nie gelang, auf Margaret irgendeinen Eindruck zu machen; bestenfalls verhielt sie sich ihm gegenüber nur höflich; sie sprach so wenig wie möglich und verschwand im Allgemeinen bald nach seiner Ankunft; es gab Zeiten, in denen er ihr Verhalten als etwas verächtlich empfand; Dennoch beschloss er, sich nicht in eine andere Richtung zu begeben, bis er sich vergewissert hatte, dass sie unmöglich war. Er schaute in das Glas und kam zu dem Schluss, dass er keineswegs schlecht aussah; Die Locken seines Haares und die Schönheit seines Schnurrbartes waren für ihn die Stärken seines Aussehens.

„Sie ist noch ein bisschen jung", sagte er zu sich selbst, „und weiß noch nicht, was was ist. Ein Mädchen hat erst mit zweiundzwanzig viel zu bieten. Da hatte sie Zeit, sich zu Hause umzusehen, und darauf zu achten, dass darin vielleicht nicht immer Platz für sie ist. Außerdem weiß sie dann, wann es sich lohnt, einen Kerl zu haben, und gibt sich nicht so sehr auf, wie sie es zunächst tut. Ich frage mich, ob mein Kleid schön ist auf dem neuesten Stand? Sie hat ein scharfes Auge und war in London, und danach denken sie immer, sie wüssten ein gutes Geschäft." Er überlegte diesen Punkt sehr sorgfältig, mit dem Ergebnis, dass er beim nächsten Mal, als er nach Haslemere ging , triste Gamaschen über seinen keineswegs schlecht gemachten Schuhen trug; Ein weißes Taschentuch, fein und leicht nach weißer Rose duftend, zeigte sich aus seiner Brusttasche, und in seiner Hand trug er eine Gerte, denn er hatte beschlossen, dass er, statt zu fahren, zum Bauernhof reiten würde. Es sähe mutiger aus, dachte er, neben dem Moor, an der Kirche vorbei, die Straße entlang und die grüne Gasse hinunter zu traben und klappernd auf der Veranda anzukommen, als selbst in den hübschesten Fallen aufzutauchen. Bei „The Brown Bear" in Haslemere gab es eine anständige Stute zu mieten . Er schrieb an den Vermieter und war ziemlich aufgeregt über das imaginäre Bild von sich selbst und die Wirkung, die es auf Margaret haben würde.

XII

Mr. Vincent hatte dafür gesorgt, dass während seiner Abwesenheit seine zweihundert Jahresrente an Margaret gezahlt werden sollte. Er wusste, dass die fünfhundert Pfund als Erbe, von denen er gesprochen hatte, für seine Reisebedürfnisse mehr als ausreichen würden. Die Auszahlung des geringen Einkommens an Margaret war Mrs. Vincents Vorschlag gewesen. „Siehst du, ich werde es nicht wollen", sagte sie, „und es wäre besser für sie, es zu haben. Wenn dann während deiner Abwesenheit etwas passiert, wird es da sein, und wenn nicht, wird sie es aufbewahren, und wann." Wenn du zurückkommmst, machen wir etwas damit. Margaret erfuhr davon erst nach dem Weggang ihres Vaters.

„Du wirst dich ziemlich reich fühlen", sagte ihre Mutter.

„Warum, ja", antwortete Margaret, und in Wahrheit schien es, als läge ihr ein Vermögen zu Füßen. „Du und ich, wir gehen vielleicht auf Reisen, Mutterliebe."

Aber Frau Vincent schüttelte den Kopf. „Zu Hause geht es mir besser", antwortete sie; „Reisen ist nichts für alte Leute."

Dann fragte sich Margaret, nicht als ob sie den Gedanken in ihrem eigenen Kopf erzeugt hätte, sondern als ob er über die Hügel von Surrey aus der weit entfernten Stadt zu ihr geschlichen wäre, wie es sich anfühlen würde, alleine nach London zu gehen unter den Menschen dort, die Straßen zu sehen und das Rumpeln des Verkehrs zu hören, allein zu leben, wie Miss Hunstan , in weiß-blauen Zimmern in einer malerischen alten Straße mit einer grauhaarigen Frau, die sie bediente, und , vor allem, etwas draußen im Freien zu unternehmen. Sie hatte erkannt, dass es eine Hauptstraße durch die Welt gab, auf der sich die Menschen ihren Weg bahnten. Sie hatte in letzter Zeit viel darüber nachgedacht. Darüber hinaus hatte sie die Faszination des Theaters erfasst. Alle Dinge hatten einen Anfang, dachte sie; Die Schauspielerin, die in „King John" die Konstanze spielte, hatte einst einen Anfang gemacht, auch wenn ihre Töne aus einem Herzen zu kommen schienen, das nur kräftig fühlen musste, um sie hervorzubringen. Was für eine wunderbare Sache muss es sein, etwas zu machen oder zu tun, was in der Welt zählt! Wenn sie nur älter gewesen wäre oder es mit ihrem Vater besprochen hätte oder wenn eine seltsame und harte Notwendigkeit sie überkommen und vorwärts treiben würde, hatte sie das Gefühl, als könnten sich verborgene Fähigkeiten entwickeln und Kraft in sie strömen. Es war natürlich nur ein Traum, aber der Traum war eine Zuflucht vor Hannah und ein Rückzugsort, zu dem sie sich nach Belieben beeilen konnte; es war sogar besser als Bücher. Schließlich wurde nur das, was die Menschen gehört, gesehen und gedacht hatten, gesammelt und in Büchern festgehalten; aber wenn sie in die Welt hinausginge, könnte sie sie vielleicht aus erster Hand bekommen. „Ich möchte Dinge wissen", hatte sie an diesem Morgen in London zu ihrem Vater gesagt; „Ich möchte Dinge wissen und sie tun", rief sie sich eines Nachmittags im Wald und inmitten der Stille des kommenden Sommers in Chidhurst . Seit ihrem Vater weg war , fühlte sie sich unter den großen Ulmen ihrer Kathedrale der Natur sehr nahe. Die Geheimnisse und Unermesslichkeiten, die sie umgaben, schienen Geheimnisse über die Welt zu flüstern, die sie unbedingt verstehen wollte.

Fast sechs Wochen waren vergangen, seit ihr Vater gegangen war, und bis auf das Kommen und Gehen von Mr. Garratt stand das Leben auf der Woodside Farm praktisch still. „Wenn nur Sir George Stringer käme", sagte sie sich eines Nachmittags, „würde ich das Gefühl haben, es wäre der Beginn eines neuen Kapitels." Sie hatte es in den letzten ein oder zwei Tagen nicht gewagt, sich das Haus auf dem Hügel anzusehen, aber jetzt würde sie gehen, dachte sie – irgendetwas sagte ihr, dass es Neuigkeiten geben würde. „Ich werde in dieser Minute gehen", rief sie, „und wenn dann kein Zeichen da ist , werde ich eine ganze Woche warten."

Sie ging schnell durch ein Wäldchen und Unterholz, über einen Graben in die Felder, über die Felder und hinaus an der Kirche vorbei auf die Straße. Sie sah sofort, dass die Tore des Hauses offen standen und ihr Herz machte einen Satz. Er würde kommen, vielleicht war er schon gekommen und würde etwas über Tom Carringford wissen . Sie ging ein paar Schritte die Auffahrt hinauf, zwischen Lärchen und Tannen mit den kleinen Monatsrosen davor, und fragte sich, ob sie es wagen würde, zum Haus hinaufzugehen und nach ihm zu fragen – der alte Freund ihres Vaters würde es kaum übel nehmen . Dann lernte sie den Handwerker kennen, der sich um den Garten kümmerte. Sir George sei am Abend zuvor gekommen, sagte er ihr – sei für eine Woche gekommen, aber er war nicht da; Ich bin im Flieger davongefahren, höchstwahrscheinlich, um etwas von der Umgebung zu sehen.

Margaret ging mit einem Lächeln auf den Lippen aus dem Tor und sah sich Herrn Garratt auf seinem Pferd gegenüber. Er schlenderte vorsichtig vorbei und erwartete nicht im Geringsten, sie zu sehen, aber als er es tat, richtete er sich auf und versuchte, klug und unbesorgt zu wirken. Sie lachte und nickte ihm zu, weil sie so glücklich war und weil es ihr Spaß machte, Hannahs Schatz vorbeireiten zu sehen, der äußerst zufrieden mit sich selbst, seinen Gamaschen, seiner Gerte und seiner Melone war. Als er Margaret sah, zupfte er an seinem Schnurrbart und hob mit einer kleinen Geste seinen Hut.

„Warum, Mr. Garratt", sagte sie, „ich kannte Sie nicht!"

Er war von ihrem Benehmen entzückt; er betrachtete es als Hommage an sein verbessertes Aussehen; er hielt seine Zügel fest und schwankte ein wenig im Sattel, als ob sein Ross unruhig wäre.

„Reiten ist etwas lebhafter , Miss Vincent, als in einer Falle herumzutollen; natürlich ist es etwas anderes, wenn jemand neben Ihnen ist." Er versuchte, seinem Ton Bedeutung zu verleihen.

„Du solltest Hannah dazu bringen, dich im braunen Karren am Bahnhof abzuholen", sagte sie böse, „und dich zurückfahren."

„Ich bin mir nicht sicher, ob es ein Vergnügen wäre oder nicht, Miss Vincent." Sie ging an ihm vorbei, während er sprach, und blieb am Tor stehen, das auf das Feld führte.

„Das bin ich mir sicher", antwortete sie, während sie den Riegel öffnete. „Wir werden uns gleich treffen", und sie nickte ihm leicht abweisend zu. „Ich gehe diesen Weg."

Einen Augenblick später war er abgestiegen und stand neben ihr. „Ich kann die Stute über das Gras führen und gleichzeitig das Vergnügen haben, Sie zu begleiten", sagte er schnell. Sie standen einen Moment da und sahen sich an, und die Intoleranz, die sie immer für ihn empfand, kam zurück.

„Ich bin mir noch nicht sicher, ob ich nach Hause gehe", sagte sie, „oder ob ich schließlich auf diesem Weg zurückgehe."

„Jeder Weg reicht mir, ich habe es nicht eilig. Vielleicht unterhalten wir uns ein wenig über London und die Theater", fügte er plötzlich inspiriert hinzu. „Miss Barton ist ziemlich streng, wissen Sie."

„Hannah wurde in dem Glauben erzogen, das Theater sei ein böser Ort, also hat sie völlig recht, wenn sie nicht dorthin geht und Leute missbilligt, die das Theater tun – mein Vater hält das nicht für falsch."

„Ich auch nicht, Miss Vincent." Sie gingen inzwischen über das Feld, er führte die Stute, sie nahm den schmalen Fußweg; „Tatsächlich gefällt es mir sehr, auch wenn ich es Miss Barton nicht sagen möchte. Als ich vor einem Monat eine Woche wach war, bin ich viermal hingegangen." Er sah sie wissend an, als wollte er Vertrauen aufbauen. „Ich habe mir ‚The Lovers' Lesson' angesehen – ein wunderschönes Stück, Miss Vincent; es hat einem ein Gefühl gegeben" – Mr. An diesem Punkt senkte Garratt seine Stimme: „Was war wahre Liebe? Oh, ich sage, das nächste Feld hat einen Zauntritt; das wusste ich nicht. Ich werde die Stute übernehmen müssen." Er setzte seinen Fuß in den Steigbügel, sprang in den Sattel und ging mit der Miene eines Jägers hinüber, der über ein Tor mit fünf Gitterstäben spricht; Dann stieg er ab und wartete auf Margaret. „Erlauben Sie mir, Ihnen zu helfen", sagte er und drückte ihre Finger, als sie ausstieg.

„Bitte nicht", sagte sie hochmütig.

„Ich würde es wieder tun", sagte er, „um zu sehen, wie die Farbe so kommt; man weiß nicht, wie man sich fühlt."

„Ich möchte es nicht wissen. Seien Sie so freundlich, sich daran zu erinnern, dass Sie zu Hannah gekommen sind."

„Aber es ist nicht Hannah, die ich besuchen möchte."

Sie drehte sich schnell zu ihm um. „Es ist nur Hannah, die dich sehen möchte, verstehe das."

„Oh, ich sage, was für ein Hitzschlag! Schauen Sie, Miss Vincent, seien Sie nicht böse. Sie und ich sollten Freunde sein, wissen Sie; und ich meine es nicht böse."

Schließlich war er nur vulgär, dachte Margaret. „Ich bin mir sicher, dass du es nicht böse gemeint hast –", sagte sie, wenn auch nicht sehr gnädig.

Er meinte, es wäre ein guter Schachzug, sich wieder neutralen Themen zuzuwenden.

„Kennen Sie den Herrn, der das Haus neben der Kirche übernommen hat?" er hat gefragt. „Sie schienen sich für ihn zu interessieren."

„Er ist ein Freund meines Vaters", ließ sie sich herab, ihm mitzuteilen.

„Er muss ein toller Kerl sein – er ist auf jeden Fall ein ‚Sir'. Wissen Sie, ich habe den Eindruck, dass Sie und Ihr Vater auch ein toller Kerl sind. Sie und Miss Barton sind so unterschiedlich wie Kreide und Käse – das gibt es nicht Ich werde sie nicht ansehen, wenn du da bist.

Margaret ging wortlos weiter, aber er folgte ihr demütig; Mr. Garratt war es egal.

„Du bist eine ausgesprochene Schönheit, das finde ich. Ich sage es ! Da steht Hannah an der Veranda und schaut hinaus", denn zu diesem Zeitpunkt waren sie nur noch ein halbes Feld und die Länge des Gartens vom Haus entfernt. „Sie wird wild sein, wenn sie mich mit dir gehen sieht, weißt du. Nun denn", fügte er hinzu und berührte seine eigene Schulter mit der Gerte in seiner Hand, während sie ein Zeichen der Ungeduld machte, „sei nicht wieder unangenehm, Da ist ein liebes Mädchen. Lass uns über das Theater reden; das gefällt dir, weißt du, und wir haben nur noch fünf Minuten. Ich sage dir, was du hättest sehen sollen – „The School for Scandal" und Miss Hunstan drin."

„Oh, hast du sie gesehen!" rief Margaret und trat einen Schritt näher an ihn heran.

Hannah, die von der Veranda aus zusah, sah es. Ein tiefes Rosa breitete sich auf ihren Wangen und ihrer Nasenspitze aus. Jemand im besten Salon, der durch das kleine Gitterfenster schaute, sah es auch und zog Schlussfolgerungen.

„Oh, du willst etwas über sie wissen, oder?“ Sagte Mr. Garratt triumphierend. „Warum ist das so?“

„Ich traf sie im Haus einer Freundin, als ich mit meinem Vater in London war.“

„Hast du? Nun, das würde ich Hannah an deiner Stelle nicht sagen. Sie würde sie bitten, in der Kapelle ein Gebet für dich zu verrichten.“

„Erzählen Sie mir von Miss Hunstan – sie spielte Lady Teazle –“

Teazle gehört , oder? Nun ja, sie war einfach großartig. Sie hätten sehen sollen, wie sie ihren alten Mann ärgerte und wie sie ihren Kopf hielt, als der Bildschirm herunterfiel. Eine Freundin von mir war es.“ drüben in New York, als sie sich zum ersten Mal outete – das ist jetzt fünfzehn Jahre her; es kommt doch gut voran, nicht wahr?“

„Was hat sie zuerst gemacht?“

„Sie ging weiter und hielt die Schleppe einer Prinzessin hoch, aber sie tat es mit einer solchen Miene, dass die jungen Kerle immer hineingingen, nur um sie anzusehen. Dann ging Dawson Farley mit einer englischen Begleitung dorthin und entdeckte sie, nehme ich an.“ „Und gab ihr eine kleine Rolle. Sie war ungefähr in deinem Alter“, fügte Mr. Garratt bezeichnend hinzu. „Die Leute sagten, sie würden heiraten, und es wurde viel darüber geredet, aber es kam nicht zustande, und sie ging als Schauspielerin durch die Staaten und wurde ein Star, und er wurde hier ein Star. Jetzt.“ Sie ist auch hier und spielt Lady Teazle . Ich frage mich, ob sie Dawson Farley jemals sieht?

„Oh ja. Ich habe sie beide getroffen, als ich in London war; er sagte, sie seien alte Freunde.“

„Sie scheinen bei Ihrem Besuch viel erreicht zu haben, und ich glaube, er hat nur eine knappe Nacht gedauert?“ sagte er und eilte ihr nach, war aber dadurch behindert, dass er sein Pferd führen musste.

„Haben Sie Miss Hunstan in irgendetwas anderem gesehen?“ fragte Margaret, ohne auf seine Bemerkung zu achten.

„Ich habe sie einmal in einer gemischten Aufführung gesehen, bei der ich mich für eine Wohltätigkeitsorganisation engagierte – Schauspieler und Schauspielerinnen, die in kleinen Momenten angeben, wissen Sie.“

"Was hat Sie getan?"

„Sie hat ein Gedicht eines Amerikaners namens Field vorgetragen. Ich wage zu behaupten, dass Sie alles über ihn wissen, da er ein Liebhaber der Poesie ist?"

„Nein, ich habe noch nie von ihm gehört."

Mr. Garratt triumphierte. „Wirklich! Ich habe seine Gedichte gekauft und eines davon selbst bei einer Veranstaltung vorgetragen, die wir für die neue Kapelle in Midhurst organisiert haben –"

"Oh!"

„Vielleicht leihe ich dir das Buch", aber sie gab keine Antwort. „Ich interessiere mich lebhaft für die meisten Dinge", fuhr er schnell fort, denn er sah, dass ihr Gespräch zwangsläufig in einem Moment zu Ende sein musste, „und ich würde es sehr genießen, ein bisschen mehr Konversation mit Ihnen zu führen als ich." Ich denke, dass wir in vielen Dingen eine ähnliche Meinung vertreten. Miss Barton und ich vertreten eine andere Meinung. Um die Wahrheit zu sagen, ich bin kein großer Fan von Kapellenbesuchen und Psalmsingen. Ich glaube daran, ein bisschen zu sehen des Lebens, und London ist der Ort, an dem man es sehen kann. Ich sage" – er trat näher an sie heran – „Ich wünschte, wir wären zusammen dort, nicht wahr, nicht wahr?" und er gab ihr einen kleinen Schubs.

Sie blieb stehen und errötete vor Wut. „Nein, das tue ich nicht", antwortete sie, „und Sie werden mich nicht noch einmal anfassen, Mr. Garratt; ich mag keine Menschen, die zu vertraut sind." Sie rieb sich den Ellbogen, als wäre er gestochen worden, und ging weiter.

„Nun, Sie haben eine klarere Art zu sprechen als jede andere junge Dame, die ich jemals in meinem Leben getroffen habe", sagte er und holte sie ein, „aber ich werde Ihnen etwas sagen, bevor wir uns trennen – das gibt es nicht." Alles auf der Welt würde ich nicht für dich tun. Vielleicht denkst du, dass ich in meiner Art ein wenig frei bin, aber wir können nicht alle so hoch und mächtig sein wie du – wir sind nicht dafür gemacht, wissen Sie ."

Ohne ein Wort ging Margaret durch das Gartentor. Mr. Garratt musste still stehen und sein Pferd festhalten. „Hannah!" Margaret rief an. Er sah beunruhigt aus, als ob er glaubte, sie würde Geschichten erzählen. „Sie sollten besser kommen – Mr. Garratt ist hier."

Hannah kam schnell durch den Garten, ihr Gesicht war sehr rot und sein Ausdruck war alles andere als angenehm.

„Wie geht es Ihnen, Miss Barton?" rief Mr. Garratt freundlich. „Ich traf Miss Vincent auf dem Hügel und führte die Stute zum Vergnügen ihrer Gesellschaft über die Felder."

„War es ein Termin?" fragte sie scharf.

„Nicht auf ihrer Seite", sagte er in einem kleinen Scherz – „und nicht auf meiner", fügte er schnell hinzu, denn Margaret hatte aufgehört, und auf ihren Lippen schien eine Erklärung zu liegen; „Nur ein unerwartetes Vergnügen. Soll ich die Stute zum Stall bringen, Miss Barton?"

„Jim!" Rief Hannah mit lauter Stimme, und aus einem der Seitengebäude erschien ein Junge. „Kommen Sie und nehmen Sie Mr. Garratts Pferd – und geben Sie ihm Maisfutter", fügte sie hinzu, denn plötzlich wurde ihr klar, dass sie vor ihrem vermeintlichen Verehrer kein sehr liebenswürdiges Aussehen machte. „Margaret, du solltest besser ins Haus gehen; da ist jemand bei der Mutter, und sie will dich."

Margaret befand sich auf halbem Weg auf einem Seitenweg auf der linken Seite, aber sie drehte sich augenblicklich um, ging schnell den Garten hinauf und verschwand durch die Veranda.

„Was hatte sie vor?" Mr. Garratt fragte Hannah, als sie an der Eibenhecke entlanggingen, allerdings widerstrebend, aber sie war eine dominante Person und ließ sich nicht leicht ausbremsen. „Wirst du jemanden treffen?"

„Oh, sie wollte nur in den Wald da oben gehen – das macht sie sonntagmorgens, anstatt wie eine Christin in die Kirche zu gehen und mit ihrer Mutter nach Hause zu gehen", antwortete Hannah verärgert, denn wenn Margaret sich um ihren Gottesdienst gekümmert hätte Wenn Mr. Garratt seine Pflichten ordnungsgemäß erfüllt hätte, überlegte sie, wäre es für Mr. Garratt nicht nötig gewesen, neben Mrs. Vincent zurückzugehen. „Heutzutage, Herr Garratt, scheinen die Menschen nicht mehr so begeistert von dem Gedanken zu sein, in den Himmel zu kommen, wie sie es früher getan haben, und sie haben keine Angst vor der ewigen Strafe, wie sie sein sollten."

„Nun, Miss Barton, ihrer Meinung nach ist mit dem Sterben nichts gewonnen, und das Einzige, was sie tun können, ist, das Beste aus dem zu machen, was sie haben."

„Mr. Garratt, mir gefällt die Art und Weise nicht, wie Sie reden; es ist kein ehrfürchtiger Geist."

„Es soll nichts anderes sein, das versichere ich Ihnen, Miss Barton", antwortete er in einem entschuldigenden Ton und tippte mit der Gerte, die er immer noch in der Hand hielt, auf sein rechtes Bein. Sie hob den Blick und sah seine neue Melone und das weiße Taschentuch in seiner Brusttasche, und ihr Auftreten wurde sanfter.

„Wann denken Sie darüber nach, sich in Guildford niederzulassen, Mr. Garratt?" Sie fragte.

„Ich werde in weiteren sechs Wochen dort sein", antwortete er; „Sie streichen jetzt die Fensterrahmen. Ich hoffe, dass Sie und Frau Vincent eines Tages vorbeikommen", fügte er nach einer Pause hinzu. „Ich würde gerne Ihre Meinung über den Ort hören."

„Ich bin bereit, es dir zu geben", sagte sie zurückhaltend und wartete erwartungsvoll, aber er sagte nichts mehr. Er dachte wieder an Margaret.

„Weißt du irgendetwas über Vincents Leute – hat er außer diesem Bruder draußen in Australien noch welche?" er hat gefragt.

„Er hat nie darüber gesprochen – nicht einmal über den Bruder, bis letztes Jahr. Ich muss Ihnen ehrlich sagen, Mr. Garratt, dass ich ihn nie gemocht habe. Er ist ein Mann, der die Religion abgelehnt hat und sein Kind dazu erzogen hat Dasselbe."

„Wissen Sie, es kommt mir irgendwie vor, dass es sich um Kerle handelt", sagte Mr. Garratt vertraulich, „die etwas Schattiges getan haben; oder vielleicht hat er selbst etwas Schattiges getan, das lässt sich nie sagen. Es kann sein, dass er plötzlich Angst davor hatte." Er wurde herausgefunden und hat sich gänzlich zurückgezogen. Sie können sich nur auf sein Wort verlassen, dass er einen Bruder hat, nehme ich an?"

Hannah sah ihn bestürzt an. Diese Idee würde viele seltsame Gefühle und Instinkte abdecken, die sie in Bezug auf Herrn Vincent gefördert hatte. Dass er eine Art getarnter Krimineller sein könnte, schien durchaus denkbar, wenn sie sich an seine Ansichten erinnerte, und dass er seine Frau und seine Tochter verlassen würde, wäre eine natürliche Folge davon.

„Er hatte Briefe mit dem australischen Poststempel", sagte sie und erinnerte sich an diesen Beweis für die Wahrhaftigkeit ihres Stiefvaters.

„Sie könnten gemeistert werden", antwortete Mr. Garratt auf eine wissende Art und Weise, die Hannahs Bestürzung noch verstärkte.

„Es gibt jemanden, der weiß, dass er jetzt zu Mutter kommt. Ich habe nach Margaret gesucht und bin nicht geblieben, um seinen Namen zu hören."

„Wahrscheinlich ist es der Herr, der das Haus auf dem Hügel übernommen hat. Vielleicht gehen wir hin und sehen, wie er ist", sagte Mr. Garratt schnell und drehte sich zum Haus um, begeistert von dem Gedanken, einige mehr oder weniger gleichberechtigt zu treffen jemand , den er im Normalfall mit dem Respekt hätte behandeln müssen, der einem Vorgesetzten gebührt.

Aber Sir George Stringer war gewesen und gegangen. Er wollte gerade gehen, als Margaret zurückkam.

„Ich bin hergefahren, um deine Mutter zu besuchen und dich wiederzusehen", hatte er gesagt. „Sie hatten offensichtlich ein äußerst interessantes Gespräch, als Sie über das Feld kamen – ich hoffe, es wurde nicht unterbrochen", er sah sie neugierig an und sah, wie die Farbe in ihr Gesicht schoss.

„Es ist nur Mr. Garratt", erklärte Mrs. Vincent; „Er kommt oft aus Guildford vorbei, um uns zu sehen."

„Ich habe keinen Zweifel daran", antwortete Sir George. Margaret hatte keinen Mut, dem Fehler zu widersprechen, und Frau Vincent sah ihn nicht ein. „Du hättest mich schon früher gesehen", fuhr er fort, „aber meine Schwester ist in Folkestone krank geworden . Ich fürchte, ich kann jetzt nicht länger bleiben, aber ich werde in ein oder zwei Tagen wiederkommen."

Margaret ging verwirrt und beschämt mit ihm zum Tor, aber sie bemühte sich, die Sache in Ordnung zu bringen.

„Ich wusste nicht, dass du hier bist –"

„Entschuldigen Sie sich nicht", sagte er gutmütig. „Ich werde mindestens vierzehn Tage bleiben und du wirst mich sehr oft sehen. Bist du und deine Mutter allein hier?"

„Da ist Hannah –"

„Oh ja, die Frau mit dem scharfen Gesicht, die mich reingelassen hat, nehme ich an? Sie hat ein Auge auf dich. Ich habe sie im Garten gesehen, wie du mit großer Besorgnis und wenig Zustimmung auf dich zukamst." Die Fliege hatte in der Gasse statt an der Veranda gewartet. Er stieg ein, bevor er seine Hand ausstreckte.

„Sir George, ich möchte Ihnen sagen –", begann sie und hielt dann inne, weil es so schwierig war.

„Ich weiß", und er lachte erneut. „Übrigens, ich wage zu behaupten, dass Sie Carringford nächste Woche bei sich haben werden; er fährt nach Hindhead; er sagte, er solle Sie besuchen und mich unterwegs aufsuchen. Auf Wiedersehen", und gleich er hatte angefangen. Sie stand da und beobachtete ihn fast verzweifelt. Angenommen, er hätte Tom Carringford von Mr. Garratt erzählt! Oh, aber wenn er wiederkam – er sagte gerade, dass er oft kommen sollte – würde sie es erklären. Nur war es so schwer zu erklären, es erforderte so viel Mut, und warum sollte es Mr. Carringford wichtig sein ? Vielleicht wäre es auch besser, es in Ruhe zu lassen, und er würde Mr. Garratt vergessen; Außerdem würde Mr. Walford, der Geistliche, sicher Sir George besuchen, und wenn er zufällig Woodside Farm erwähnte, würde er ihm wahrscheinlich sagen, dass Mr. Garratt mit Hannah ausging – er war immer mit ihr in der Kirche Sonntag Morgen. Sie erinnerte sich freudig daran, dass Sir George sie dort zusammen sehen würde, und an einem kleinen Ort wie Chidhurst war alles bekannt und es wurde darüber gesprochen.

„Mein Gott! Wie schön ist sie", dachte Sir George, als er wegfuhr, „und wie schade, dass sie diesen beiden Frauen überlassen werden sollte!" Denn er und Mrs. Vincent hatten unangenehme zehn Minuten damit verbracht, nicht im Geringsten zu wissen, was sie einander sagen sollten, und er war natürlich zu dem Schluss gekommen, dass sie eine hübsche, aber ganz gewöhnliche Frau ihrer Klasse war. „Und dann der junge Handwerker mit dem krausen, lockigen Haar, das unter der Krempe seiner Melone hervorschaut, und dem Aussehen eines Bollwerks. Vincent sollte erschossen werden, weil er sie ihm überlassen hat." Es ging ihn natürlich nichts an, aber es ärgerte ihn so sehr, dass er das Gefühl hatte, er könnte sich nicht dazu durchringen, der Farm noch einmal einen Besuch abzustatten.

XIII

Mr. Garratt mietete die Stute, auf der er jeden Monat einen so erfolgreichen Auftritt hatte, und beschloss, seine langen Ausritte durch die wunderschöne Landschaft von Surrey zu genießen. Er überlegte sich die Sache gut und kam zu dem Schluss, dass es besser wäre, den Anschein zu bewahren, dass er Hanna seine Aufmerksamkeit schenkte, damit er den Vogel nicht in der Hand verlor, bevor er sicher war, den Vogel im Busch zu fangen. Aber es fiel ihm schwer, denn ihre Stimme machte ihn nervös, und ihre Unterhaltung, die sich immer um evangelische Themen drehte und ihren Stiefvater und Margaret anprangerte, irritierte ihn, bis es Momente gab, in denen er sie hätte abschütteln können . Er war sich des Charmes des Anwesens, das eines Tages ihr gehören würde, vollkommen bewusst und erkannte deutlich ihre sparsamen Qualitäten; aber das war nicht alles, was ein Mann wollte, sagte er sich. Er wollte außerdem eine Frau, die er lieben und anschauen konnte und auf die er stolz sein konnte und um deren Besitz andere Männer ihn beneiden würden.

„Wenn Margaret nur ein wenig gesunden Menschenverstand zeigen würde", dachte er, „würde sie vielleicht zwei- oder dreimal in der Woche neben mir reiten. Sie würde aus Gewohnheit umwerfend aussehen, und ich hätte nichts dagegen, das auszuhalten – und der Nörgler, Auch. Die Leute würden ein bisschen aufhorchen, wenn sie uns eines Tages zusammen durch Guildford traben sehen würden; was Hannah betrifft, sie ist nicht in der Lage, ihre Stiefel zu lecken." Selbst in weltlicher Hinsicht war er zu dem Schluss gekommen, dass Margaret besser zu ihm passen würde. „Sie würde eins hochziehen", dachte er, „denn ich bin sicher, sie ist großartig, auch wenn sie es vielleicht selbst nicht weiß, während die anderen eins für den Rest seines Lebens dort behalten würden, wo es ist." In seiner Aufregung berührte er die Stute und galoppierte an der Kirche vorbei in Richtung der grünen Gasse.

Sir George Stringer, der sich hinter dem Grün seines Gartens versteckte, sah ihn vorbeigehen. „Dieser junge Kerl hat es schon wieder auf Vincents Mädchen abgesehen", sagte er sich. „Ich würde sie lieber selbst heiraten, als ihn sie haben zu lassen – nicht, dass sie einen alten Grizzlybären sehen würde, der fünf Jahre älter als ihr Vater ist. Ich werde Hilda Lakeman davon erzählen; vielleicht wird sie das Mädchen dort fragen und das bekommen Unsinn von ihr. Am nächsten Tag ging er in die Stadt und legte Wert darauf, am Embankment zu Mittag zu essen und anschließend eine Stunde in dem nach Blumen duftenden Raum zu sitzen; Aber Mrs. Lakeman war nicht so bereit, in dieser Angelegenheit zu helfen, wie er es sich vorgestellt hatte.

„Geralds Familie hat eine schöne Sache gemacht", sagte sie mit verächtlicher Belustigung. „Ich würde alles für ihn tun, lieber alter Junge; aber wenn sein

Mädchen in diesen jungen Mann verliebt ist, was hätte es dann für einen Sinn, sie in die Stadt zu bringen? Ich konnte die Verantwortung dafür nicht übernehmen, ich konnte nicht." in der Tat, alter Freund.

„Scheinte die kleine Margaret ihren Handwerker zu mögen?" fragte Lena, setzte sich auf einen niedrigen Hocker neben ihrer Mutter und sah zu Sir George auf.

„Nun, ich sah sie näher zusammenrücken, als sie das Feld überquerten, und außer Sichtweite hinter der Hecke herumlungern, bevor sie in den Garten kamen, und sie errötete, als sie von ihm sprach."

„Liebe kleine Margarete", schnurrte Lena, „warum sollte sie ihn nicht heiraten und glücklich sein? Das wäre weitaus besser, als sich einzumischen. Ich muss Tom davon erzählen, er wird so amüsiert sein."

„Ich wünschte, Tom würde sie heiraten", sagte Sir George inbrünstig.

„Er kommt heute; ich werde ihm sagen, was Sie sagen."

„Dann wirst du darüber nachdenken. Ich denke, ich muss ihn nach Chidhurst einladen ."

„Ich denke, Sie sollten uns besser einladen", sagte Mrs. Lakeman . „Ich möchte Frau Gerald sehen."

„ Natürlich werde ich das tun. Du musst für ein Wochenende kommen."

„Später, bevor wir im August nach Schottland fahren", antwortete Mrs. Lakeman . „Tom geht mit uns", fügte sie hinzu und blickte Lena aus dem Augenwinkel an.

Lena stand auf und schlenderte zu den Vorhängen. „Er kommt um vier", sagte sie leise. „Ich denke, ich werde gehen und auf ihn warten."

Dann zeigte Mrs. Lakeman ihre dramatischste Art, zurückhaltend, aber voller Gefühl. „George Stringer", sagte sie mit dicker, rauer Stimme, „ich habe Gerald Vincent einst geliebt und würde alles auf der Welt für ihn tun, aber ich kann das Glück meines eigenen Kindes nicht hergeben – nicht einmal an sein Mädchen." Du wirst dich nicht einmischen, oder, alter Freund? Du wirst Margaret Vincent ihm nicht in den Weg stellen?"

„Ich verstehe nicht", sagte er langsam. "Wie meinst du das?"

Sie streckte ihm die Hände entgegen.

„Möge Gott mir verzeihen, dass ich das Geheimnis meines Kindes verraten habe" – es gelang ihr, ihren Worten einen herzlichen Ton zu verleihen, und sie war sehr erfreut darüber – „aber ich denke, denn expliziter kann ich sie nicht verraten – denke ich." Sie liebt Tom.

„Er hat keinen Antrag gemacht?"

„Noch nicht. Aber er ist ihr ergeben. Er sieht sie jeden Tag seines Lebens, tut alles, was wir tun, geht überall hin, wohin wir gehen. Er kann nicht ohne sie leben", sagte sie mit einem kleinen, schiefen Lächeln; „Es ist ihm noch nicht in den Sinn gekommen, dass das Ende das einzige für zwei Kinder sein muss, die sich lieben – aber das wird es."

Sir George sah sie an und zögerte. „Hmpf! Ihm geht es sehr gut?"

„Ziemlich wohlhabend", antwortete sie mit einem Glanz in ihren blauen Augen. „Das spielt überhaupt keine Rolle", fuhr sie beiläufig fort. „Aber ich kann nicht mit dem Glück meines Kindes spielen, George, und ich liebe den Jungen und möchte ihn für mich haben."

„In Ordnung, meine Liebe, in Ordnung", sagte er und da er sah, dass es von ihm erwartet wurde, nahm er beide Hände in seine. „Es ist immer besser, junge Menschen nicht zu stören." Und so war Mrs. Lakeman zufrieden. Aber Sir George ging mit einem unruhigen Gefühl im Hinterkopf davon. „Ich frage mich, ob Hilda Lakeman gelogen hat", sagte er sich. „Ich verstehe sie nie und kann beim besten Willen nie ganz an sie glauben. Sie ist knifflig – knifflig."

Er sah Herrn Garratt am Bahnhof Haslemere , der auf den Guildford-Zug wartete. „Am liebsten würde ich ihm auf den Kopf schlagen", dachte er, aber dieser Wunsch änderte natürlich überhaupt nichts.

Unterdessen hatte sich die Situation auf der Woodside Farm nicht verbessert. In Hannas jungfräulichem Herzen tobte eine heftige Eifersucht; Es fiel ihr sogar schwer, die Finger von Margaret zu lassen. „Ich würde dir am liebsten eine Ohrfeige geben und dich in deinem Zimmer einsperren", bemerkte sie gehässig, als sie sich nicht mehr beherrschen konnte.

„Hannah, aus Scham!" sagte Frau Vincent, aber selbst ihre Bemühungen, den Frieden zu wahren, schienen einigermaßen vergeblich.

„Schade, dass du nicht mit deinem Vater nach Australien gegangen bist", fuhr Hannah fort. „Du bist hier nur im Weg."

„Oh, wenn er mich nur mitgenommen hätte!" Margaret antwortete inbrünstig.

„Vielleicht wollte er dich nicht. Wir haben nur sein Wort dafür, dass es diesen Bruder in Australien gibt – und was ist das wert, würde ich gerne wissen?"

Mrs. Vincent blickte schnell von ihrem Platz auf der Veranda auf. „Ich möchte, dass Sie mit Respekt über den Mann sprechen, der mein Ehemann ist", sagte sie sanft.

„Und es ist eine Schande für dich, Mutter, dass er das ist. Er hat deinen Glauben untergraben und dich das Kind deines ersten Mannes vergessen lassen."

„Hannah, du wirst schweigen", antwortete Mrs. Vincent mit etwas ihrer alten Würde. „Wir sind jeder seiner eigenen Denkweise treu geblieben und keiner hat sich in den anderen eingemischt. Und ich habe deinen Vater nie vergessen, auch nicht, was ihm gebührte; aber man muss das Beste aus dem Leben machen, und ich war jung." Frau, als er starb.

Etwas in ihrer Stimme berührte Hannah. „Das weiß ich, Mutter", sagte sie, „und ich habe versucht, eine gute Tochter für dich zu sein, und wenn ich manchmal dachte, ich hätte nicht meinen Anteil an dem bekommen, was du gefühlt hast, warum ist es dann nur natürlich, dass ich sollte sich beschweren. Was zwischen uns gekommen ist und zwischen mich und das, was mir zusteht, zu kommen versucht, ist die Kunstfertigkeit, die kein Prinzip hat, auf dem man aufbauen kann.

„Wenn ich nur entkommen könnte! Wenn Mrs. Lakeman mich bitten würde, bei ihr zu bleiben, oder wenn ich nur wie Miss Hunstan wäre und allein handeln und leben könnte, bis Vater zurückkommt", sagte Margaret zu sich selbst, bis sie auf die Idee kam nahm sie immer tiefer in den Griff.

Warum sollte sie nicht? Alle Dinge haben einen Anfang, alle Reisen einen Ausgangspunkt. Mr. Garratt hatte ihr erzählt, wie Miss Hunstan damit begonnen hatte, die Schleppe einer Prinzessin hochzuhalten, und wie sie Schritt für Schritt zu ihrer jetzigen Position gelangt war. Sie wünschte, sie könnte Miss Hunstan sehen . Sie hatten sich nur einmal und für ein paar Minuten getroffen, aber sie hatte Margaret gesagt, dass sie sie gerne wiedersehen würde, und wie Tom gesagt hatte, waren manche Menschen nie Fremde. Sie sehnte sich danach, nach London zu fahren und sie um Rat zu fragen, und sie glaubte nicht, dass ihr Vater wütend sein oder etwas dagegen haben würde, wenn er wüsste, was auf der Woodside Farm vor sich ging. Er sah keinen Schaden im Theater, und sie war nicht kultiviert genug, um die Schwierigkeiten zu verstehen, die ein Mädchen mit sich bringt, das noch keine zwanzig Jahre alt ist und mit der vagen Vorstellung, sie könne „weitergehen", nach London geht. Ohne das unglückliche Treffen mit Mr. Garratt hätte sie vielleicht Sir George Stringer konsultiert. Sie hatte gehofft, dass er wiederkommen würde, aber Tag für Tag verging, ohne dass ein Zeichen von ihm zu sehen war. Ein halbes Dutzend Mal ging sie auf sein Haus zu und fragte sich, ob sie es wagen würde, zur Tür zu gehen und mutig nach ihm zu fragen, und ein halbes Dutzend Mal verließ sie ihr Mut.

„Wenn er morgen nicht kommt, werde ich mich zwingen, zu ihm zu gehen“, sagte Margaret, als fast vierzehn Tage vergangen waren und er nicht erschienen war; aber wieder zögerte sie. Tom Carringford könnte dort sein, und sie hatte Angst, ihn zu treffen, weil er befürchtete, er hätte von Mr. Garratt gehört und wäre anders geworden. Dann traf eine Nachricht von Sir George ein. Er war auf dem Weg zurück nach London, begann gerade mit dem Schreiben und bedauerte, dass es ihm nicht gelungen war, wieder auf die Farm zu kommen; er hoffte, dies später zu tun. Und so verschwand jede Hoffnung in diese Richtung. Eines Tages sprach sie mit ihrer Mutter, aber es hatte nichts gebracht.

„Du könntest nicht alleine nach London gehen, Margey “, sagte Mrs. Vincent. „Ich war in meinem Herzen nie so streng wie James Barton oder Hannah, aber ich möchte nicht, dass du ohne die Zustimmung deines Vaters einen solchen Schritt in die Welt wagst.“

„Aber, liebe Mutter, jeder hat ein Leben zu leben, und was nützt es mir hier? Hannah kümmert sich um die ganze Landwirtschaft, und du willst nichts von mir. Ich lese nur und denke nach und warte, und ich Ich weiß nicht wofür, es sei denn, es ist die Rückkehr des Vaters.“

„Es ist ein Gefühl, das uns alle erreicht“, antwortete Frau Vincent. „Es ist das Flattern des Vogels, der versucht, sein Nest zu verlassen. Warte lieber, bis dein Vater kommt und dich auf den Weg bringt.“ Dann schloss Mrs. Vincent ihre Lippen – ihre schönen, geschwungenen Lippen – und sagte nichts mehr. Alle ihre Gedanken waren bei dem Mann in Australien, dem Mann, der jünger war als sie selbst, an dem sich ihr Herz festklammerte, und alle ihre Stunden verbrachte sie in einem Traum neben ihm, bis sie keine Energie mehr für das eigentliche Leben um sie herum hatte, sondern sie verstreichen ließ von unbeachtet.

XIV

Schließlich, am Nachmittag eines Tages, an dem Hannah unerträglicher als sonst war, beschloss Margaret, an Miss Hunstan zu schreiben und zu fragen, ob sie sie wirklich besuchen könnte, wenn sie nach London ginge. Das war in ihrem eigenen Zimmer über der Veranda – einem kleinen Zimmer mit einem vergitterten Fenster und einer Sitzgelegenheit davor und einem altmodischen Schrank, der in die Wand eingelassen war.

„Ich werde sofort schreiben", rief sie, „in dieser Minute." Es beruhigte sie schon, die Adresse auf dem Umschlag zu sehen, denn sie schrieb sie zuerst. Als der Brief zu Ende war, hatte sie das Gefühl, einen Schritt in Richtung Freiheit getan zu haben: Sie stützte ihre Ellbogen auf den Tisch und versuchte, ihr Gesicht in ihre Hände gestützt, sich vorzustellen, wie Freiheit sein würde und was daraus entstehen könnte . Und dann hörte sie in der Ferne schwach, wie in einem Traum, das Geräusch von Pferdehufen. Sie kamen auf der Straße immer näher. Sie stand auf und schaute hinaus, aber es war nicht möglich, den Reiter zu sehen, denn im Sommer waren die Hecken dicht und grün. Es war jetzt Juni und das Geißblatt und die Reisefreude wuchsen.

„Mr. Garratt schon wieder, nehme ich an", sagte sie sich verzweifelt. Das Geräusch der Hufe kam näher; Sie waren durch das Tor hereingekommen, am Ententeich, den Nebengebäuden und den Heuhaufen vorbei und um die Ecke des Gartens gegangen. Sie blieben an der Veranda stehen, und sie hörte den Jungen rufen: „Ich komme, Sir" und rannte, um das Pferd zu holen. „Er reitet im Allgemeinen selbst zum Stall", dachte sie; aber sie war zu dem Entschluss gekommen, dass es Mr. Garratt war, und hatte beschlossen, den ganzen Nachmittag in ihrem Zimmer zu bleiben. Es klopfte an der Haustür, obwohl diese weit offen stand, und da zuckte sie zusammen, denn Mr. Garratt klopfte nie; Er ging einfach hinein, als hätte er das Gefühl, dass er eines Tages der Herr sein würde. Towsey kam aus der Küche und schlurfte durch das Wohnzimmer zur Veranda.

„Ist Frau Vincent zu Hause?" Dann gab es überhaupt keinen Zweifel mehr.

„Es ist Mr. Carringford ", sagte Margaret zu sich selbst und ihr Herz machte einen Sprung vor Glück.

„Und ist Miss Vincent zu Hause?" sie hörte ihn weiter fragen, als Towsey ihn in den besten Salon führte. „Ja! Ja! Sie war zu Hause", dachte sie und tanzte einen Fächer-Fächer durch ihr Zimmer; aber sie hielt plötzlich inne – angenommen, er hätte von Mr. Garratt gehört? Oh, was für eine gute Sache, dass Sir George gegangen war, denn im Moment wusste Tom es vielleicht noch nicht. Sie blieb vor ihrem Glas stehen, nahm kurz darauf ihr Haar herunter und lächelte, als sie das Glitzern von Gold darin sah, und drehte es zu einem hübschen Knoten zusammen. „Und mein Spitzenhalsband", sagte sie, steckte es sich um den Hals und befestigte es mit einer kleinen herzförmigen Brosche, die ihre Mutter ihr zum Geburtstag geschenkt hatte; „Und meine besten Schuhe, denn diese sind an den Zehen schäbig." Dann war sie bereit.

Am oberen Ende der Treppe blieb sie einen Moment stehen, um einen Blick in das Zimmer ihrer Mutter zu werfen, dessen Tür offen stand. Darin befanden sich ein großer, dürftiger Kleiderschrank und ein altmodisches Bett mit einem hohen Paravent an einer Seite – die weiter von der Tür entfernt war. Sie legte ihre Hand an ihre Kehle, denn so etwas wie ein Schluchzen überkam sie – und doch war sie so glücklich. Vor der Tür ihrer Mutter, noch näher an der Treppe, gab es ein kleines Zimmer, das als Abstellraum und Hängeschrank diente: Das beste Kleid ihrer Mutter und ein langer Umhang, den sie im Winter trug, sowie viele Dinge, die sie nicht oft benutzte, wurden verstaut dort oder an Haken aufgehängt. Sie blickte sie an, als wollte sie etwas in ihrer Erinnerung markieren, oder weil sie vielleicht unbewusst wusste, dass ein Tag noch kommen würde. Als sie die alte, polierte Treppe hinunterging, hörte sie, wie Hannah sich zügig in der Küche bewegte.

„Sie bereitet ein paar Scones für den Fall vor, dass er zum Tee bleibt", dachte Margaret und ging sittsam in den besten Salon. Ihre Mutter saß in dem mit Chintz bedeckten Sessel am Fenster, und Tom saß ihr gegenüber am Schreibtisch. Er sah groß und stark aus, als er aufsprang und auf sie zuging, um sie zu begrüßen.

"Wie geht es dir?" er sagte. „Mr. Vincent hat mir gesagt, dass ich vielleicht kommen würde, wissen Sie, und hier bin ich – ich habe gehört, dass er gegangen ist." Seine Stimme war recht herzlich, aber im ersten Moment wusste Margaret, dass er anders war – anders als an dem Morgen, als er sich im Langham verabschiedete, von einer Reise nach Chidhurst sprach und voraussagte, dass sie noch einmal durch London fahren würden zusammen. Er war etwas distanzierter, hatte sie das Gefühl, als würde er weniger an sie denken, als würde er sie weniger mögen, als hätte er von Mr. Garratt gehört und sie verachtet. Es ließ sie kalt; Sie hatte nach einer einfachen Begrüßung nichts zu sagen, und auch Mrs. Vincent schwieg, da sie dachte, dass Mr. Carringford jetzt, da Margaret gekommen war , ganz natürlich mit ihr reden würde. Dann zuckte Tom zusammen …

„Wann bekommen Sie einen Brief von Herrn Vincent?"

„Wir erwarten es jetzt jeden Tag", antwortete Frau Vincent und wandte sich an Margaret. „Mr. Carringford ist von Hindhead herübergeritten", sagte sie,

„und ich habe ihm für die Rosen gedankt und ihm gesagt, dass ich mich nicht an den Tag erinnern kann, an dem mir vorher welche geschickt wurden."

„Miss Vincent und ich haben zusammen eine Expedition gemacht –"

„Oh ja, wir haben es schon oft gemeinsam besprochen."

Margaret wünschte, ihre Mutter hätte das nicht gesagt; es ließ ihr Gesicht rot werden; aber zum Glück sah Tom sie nicht an, und dann fügte Frau Vincent einfach in der halb ländlichen Art hinzu, in die ihre Rede seit der Abreise ihres Mannes aus irgendeinem seltsamen Grund zurückgefallen war: „Sie werden nach Ihrer Fahrt müde sein, Mr. Carringford , Sie müssen für eine Tasse Tee bleiben.

„Das würde ich gern tun, wenn ich darf."

„Und während es fertig wird, könnte Margaret Ihnen den Garten zeigen, wenn Sie ihn sehen möchten." Sie sagte es mit der einheimischen Würde, die immer beeindruckend war. Es hatte seine Wirkung auf Tom.

„Ich würde es sehr gerne sehen", sagte er und fünf Minuten später gingen er und Margaret den grünen Weg des holländischen Gartens entlang. Fast ohne es zu wissen, führte sie ihn durch das Gartentor in den Wald und über eine grüne Ecke, durch ein Gewirr von Unterholz , hinauf zu den großen Ulmen und Buchen. Unterwegs hatten sie kaum gesprochen; sie fühlten sich eingeengt und unbehaglich; Aber als sie oben ankamen, schien sich alles in ihren Gedanken zu ordnen, und sie sahen sich einen Moment lang an und lachten, als fänden sie es schön, wieder zusammen zu sein. Dann schüttelte Tom seine Unbeholfenheit ab; Das jungenhafte Glück war wieder in seinem Gesicht und sie war fast zufrieden. „Ich sage, was für ein Wald!" er rief aus.

„Es gehört Vater und mir; wir nennen es unsere Kathedrale."

"Gut gut!" er antwortete. „Wann kommst du wieder nach London?"

Sie faltete ihre Hände und sah ihn an. „Ich weiß es nicht, aber ich möchte unbedingt noch einmal gehen. Glaubst du, ich könnte alleine gehen?"

„Naja, nein! Aber vielleicht kommst du ja hoch und bleibst bei den Lakemans . Wenn du das tust, musst du dich beeilen, denn sie reisen Ende Juli nach Schottland. Nur noch einen Monat, weißt du. Übrigens – Übrigens glaube ich eher, dass du sie zuerst hier sehen wirst. Stringer kann erst Mitte August wieder weg, außer am Wochenende, und dann muss er nach Folkestone ; er hat dort eine Schwester – krank. Aber die Lakemans erzählte mir vor ein oder zwei Tagen, dass sie für einen Samstag bis Montag hierher kommen würden; er hatte ihnen das Haus angeboten.

"Wann?"

„Ich weiß nicht wann, aber ich erwarte ziemlich bald. Farley kommt auch; er hat ein Theater übernommen und wird diesen Herbst ein legendäres Stück aufführen, ‚Prince of – Something‘ heißt es.“

„Wird eine Prinzessin darin sein?“

„Das erwarte ich. Warum?“

„Als Miss Hunstan als erste herauskam, betrat sie die Bühne und hielt eine Prinzessinnenschleppe hoch.“

„Im Allgemeinen fangen sie so an, wissen Sie. Stringer hat übrigens gesagt, dass Sie mit einem Freund über die Felder gelaufen sind – war das jemand Besonderes?“

„Es war Mr. Garratt.“

„Wer ist Herr Garratt?“

„Er war früher Hausmakler in Petersfield . Jetzt ist er in Guildford. Er hat dort gerade ein Haus übernommen.“

„Ein verheirateter Herr?“

„Nein“, lachte sie; „Deshalb kommt er. Er kommt nicht wegen mir“, fügte sie hastig hinzu, aber er verstand sie nicht.

„Irgendein Erfolg?“ fragte er schnell: „Natürlich nicht.“

„Noch nicht; Hannah wird ihn nicht ermutigen.“

Er verwechselte ihren Ton völlig und ging zum Rand der Krone und blickte hinaus auf die Aussicht.

„Das sind ziemlich harte Zeilen“, sagte er; „Aber es macht natürlich nichts, wenn du es wieder gut machst. Ich sage, es ist großartig hier oben“, fuhr er fort; „Bringen Sie Mr. – wie heißt er? – Garratt jemals hierher?“

„Nein“, antwortete sie schnell.

„Na, du hast ihn über das Feld gebracht?“

„Ich habe ihn zufällig getroffen und Hannah war sehr wütend …“, begann sie, hielt aber völlig verwirrt inne.

„Sie scheinen ziemliche Angst vor Hannah zu haben“, sagte er, denn es kam ihm einfach nie in den Sinn, dass es zwischen Mr. Garratt und Hannah überhaupt um Liebesspiel gehen sollte. Margaret war so ein nettes Mädchen, dachte er; Es war schade, dass sie flirtete, denn vielleicht war es doch nur ein

Flirt mit einem örtlichen Immobilienmakler; Es stellte sie auf eine ganz andere Ebene als das Mädchen, das er in London gekannt hatte. Und so war das Gespräch zwischen ihnen wieder nicht ganz einfach, da jeder ein wenig ungehalten über den anderen war. „Wirst du den ganzen Sommer hier sein?“ fragte er, als sie in den Garten zurückkehrten.

„Das nehme ich an“, antwortete sie, „es sei denn, ich gehe nach London. Das möchte ich mehr als alles andere auf der Welt tun.“

„Eine romantische Flucht mit dem Gentleman, über den wir gesprochen haben?“

„Oh, wie kannst du! Er bedeutet mir nichts; er weiß das – es ist Hannah.“

Sie sah geradezu wunderschön aus, als ihr Gesicht rot wurde, dachte er und wünschte Mr. Garratt auf dem Meeresgrund.

„Wann kommt dein Vater zurück?“ fragte er und sein Ton war zurückhaltend.

„Wir wissen es erst, wenn wir seinen Brief bekommen“, sagte sie ungeduldig; Bei diesem Interview stimmte etwas nicht, und es schien unmöglich, es wieder in Ordnung zu bringen.

„Sie müssen es den Lakemans sagen , wenn sie auftauchen; dann werde ich es hören.“

Als sie zurückkamen, war der Tee fertig – ein großzügiger Tee, der wie üblich im Wohnzimmer bereitgestellt wurde. Tom nahm seinen Platz neben Frau Vincent ein und redete fröhlich mit ihr, während sein Blick mit der Befriedigung eines Schuljungen über den Tisch wanderte. Margaret erinnerte sich, wie er davon gesprochen hatte, ins Unterhaus einzuziehen; Aber er sah überhaupt nicht wie ein Politiker aus, dachte sie, er war so herrlich jung, und er und sie hatten sich in London so gut verstanden. Aber jetzt schien er an Händen und Füßen an die Lakemans gebunden zu sein , und er dachte, dass sie sich um diesen schrecklichen Mr. Garratt kümmerte.

„Ich mag großen Tee und Marmelade“, sagte er. „Kommen Sie jemals nach London, Frau Vincent?“

„Nein“, antwortete sie; „Aber manchmal habe ich gedacht, dass ich gerne mit Margaret gehen würde, während ihr Vater weg ist.“

„Hast du das gedacht, liebe Mutter?“ fragte Margaret überrascht.

„Komm besser und bleib bei mir. Ich könnte euch beide aufnehmen.“

Hannah schenkte den Tee ein, ergriff die Teekanne mit fester Hand und stellte sie entschlossen auf das Tablett, als die Tassen gefüllt waren. „Mutter geht es besser, wo sie ist“, sagte sie, ohne aufzusehen. „ Towsey , es steht kein Waschbecken auf dem Tisch. Ich bin damit einverstanden, zu Hause zu bleiben, Mr. Carringford , obwohl ich manchmal gedacht habe, dass ich zu den Mai-Treffen gerne selbst hinaufgehen würde."

„Mai-Treffen? Natürlich – ich weiß. Ich dachte zuerst, Sie meinten Rennen – aber Sie denken an Exeter Hall? Ich fürchte, Mr. und Miss Vincent sind nicht dorthin gegangen, als sie in der Stadt waren."

„Ich fürchte nicht, Mr. Carringford ."

„Mein Gott, was für ein Oger!" er dachte. „Aber sie hatten ziemlich viel Spaß", sagte er laut.

„Margaret hat mir so oft davon erzählt", sagte Frau Vincent, und Tom drehte sich zu ihr um, während sie sprach, und erkannte plötzlich, dass diese Mutter von Margaret, die alt und grau geworden war, wunderschön war. Er sah sich im Wohnzimmer um; sein Blick blieb an den schwarzen Balken, dem großen Kamin und dem rot gefliesten Boden hängen; Es ergibt ein friedliches Bild, dachte er, trotz des Menschenfressers.

Hunstan erzählt ?" er hat gefragt. „Es war ziemliches Glück, sie zu treffen."

„Sie hat mir alles über sie erzählt", antwortete Frau Vincent, „und wie Sie in ihre Zimmer gegangen sind und die Blumen in die Töpfe gestellt haben. Das und das, was mein Mann mir erzählt hat, ließ mich hoffen, dass Sie eines Tages kommen würden." und wir sehen uns hier."

„Danke", sagte er schlicht.

„Wer ist Miss Hunstan ?" fragte Hannah.

Tom antwortete strahlend: „Na, Louise Hunstan , die Schauspielerin, wissen Sie!"

„Ich wusste es nicht, Mr. Carringford . Ich halte nichts von Theatern oder ähnlichen Orten, und ich war überrascht, dass Mr. Vincent Margaret in eines mitnahm. Ich kann mir nicht vorstellen, dass es den Leuten dadurch besser geht …" Sie Er blieb stehen, denn auf dem Weg draußen waren Schritte zu hören, und einen Moment später kam Mr. Garratt herein, mit der Miene, als sei er ganz zu Hause.

„Wie geht es euch allen?" er sagte. Er trug seine beste Kleidung und die Gamaschen über seinen Schuhen. Das Taschentuch in seiner Brusttasche roch stärker als sonst. Er nahm es heraus, schüttelte es und stellte es wieder zurück, während ein Hauch weißer Rose über den Tisch wehte. Sein Haar war an den Spitzen fest gelockt; Er fuhr mit den Fingern hindurch, während er seine Melone abnahm.

„Wir haben Sie nicht erwartet, Mr. Garratt", sagte Hannah mit plötzlicher Freundlichkeit und machte ihm Platz neben sich.

„Ich wusste nicht, dass du Gesellschaft hast", antwortete er unbeschwert. „Ich hoffe, ich störe nicht? Frau Vincent, wie geht es Ihnen? Miss Margaret, Ihre bescheidene Dienerin", und er setzte sich widerstrebend neben Hannah.

„Das ist Mr. Carringford , ein Freund meines Mannes", sagte Mrs. Vincent ihrem Besucher.

"Wie geht es dir ?" Tom blickte auf und nickte.

"Wie geht es dir ?" Mr. Garratt nickte zurück und versuchte es locker zu machen. „Zuerst dachte ich, es wäre Sir George Stringer, bis mir einfiel, dass er ein Mann mittleren Alters war."

„Wir haben Sie heute nicht erwartet, Mr. Garratt", bemerkte Hannah und schenkte sich seinen Tee ein.

„Ich habe Miss Vincent gesagt, dass ich kommen soll." Er sah zu Margaret hinüber, entschlossen, vor dem Fremden anzugeben.

„Ich kann mich nicht erinnern, dass du …", begann Margaret.

„Oh, komm schon, du wusstest, dass ich dir das Gedichtbuch bringen wollte, von dem ich dir erzählt habe. Du sollst es haben, wenn du brav bist."

„Geben Sie es lieber Hannah, Mr. Garratt. Sie wird es mehr zu schätzen wissen als ich. Ich hatte keine Ahnung, dass Sie es mitbringen wollten."

Tom blickte auf und fragte sich, was das alles zu bedeuten hatte.

„Nun, aber was habe ich neulich Abend gesagt?"

„Ich weiß es nicht", antwortete Margaret kalt. „Ich erinnere mich nie an die Dinge, die du sagst."

Aber Mr. Garratt ließ sich nicht brüskieren. „Oh, kommen Sie jetzt, geben Sie nicht noch einmal an", lachte er und wandte sich an Tom. „Miss Vincent ist eine schwierige junge Dame, das versichere ich Ihnen", sagte er mit einer Miene, als würde er sie durchaus verstehen. „Aber vielleicht hast du das auch herausgefunden."

„Wie hätte ich das herausfinden sollen?" fragte Tom steif.

„Nun, sehen Sie, ich habe ein paar Dinge gehört – keine Eifersucht – das ist nur ein Witz", begann Margaret; „Du bist eine von Miss Vincents Londoner

Freundinnen, glaube ich? Du warst es, die ihr die Rosen gegeben hat, die sie mitgebracht hat. Du siehst, ich weiß alles darüber." Er lachte zufrieden und versetzte Hannah aus purer Leichtigkeit und um alle im Schlepptau zu halten, wie er es für sich selbst nannte, einen Tritt unter dem Tisch.

„Wir haben auf jeden Fall ein paar Rosen in Covent Garden gekauft", sagte Tom und stand auf, um zu gehen. Er könnte diesen Kerl nicht mehr ertragen, dachte er.

„Ich habe Ihnen nichts davon erzählt, Mr. Garratt", sagte Margaret empört. „Oh, gehen Sie nicht, Mr. Carringford ."

„Ich weiß, dass Sie es mir nicht gesagt haben", sagte Mr. Garratt mit einem Augenzwinkern. „Es war Miss Barton, die mir diese kleine Information gegeben hat – Sie haben sie für sich behalten." Tom hatte gezögert, aber das entschied ihn. Mr. Garratt war nicht der Typ Mensch, mit dem er sich messen konnte.

„Nun, auf Wiedersehen, Frau Vincent", sagte er und schüttelte ihr und dann Margaret und Hannah die Hand. Er nickte Mr. Garratt zu und ging zur Tür.

„Aber Sie müssen warten, bis Ihr Pferd vorbeigebracht ist", sagte Frau Vincent. „Hannah, sagst du es Sandy oder Jim?"

„Es ist fertig", meldete sich Herr Garratt freiwillig. „Als ich gerade in den Stall ging, habe ich mich gefragt, wem das wohl gehört. Wenn du willst, bringe ich dich dorthin", fügte er gnädig zu Tom hinzu.

„Bitte machen Sie sich keine Sorgen", antwortete Tom beiläufig.

"Überhaupt keine Probleme." Mr. Garratt ging voran, als wäre er der Herr des Hauses, während Margaret sich um sie kümmerte und sich fühlte, als würde sie gefoltert.

„Möchten Sie mitfahren?" fragte Mr. Garratt, als sie weitergingen.

„Das nehme ich an", sagte Tom distanziert.

„Ich würde Ihnen gerne die anständige kleine Stute zeigen, die ich reite. Ich denke, manchmal werde ich einen Kerl für Margaret dazu bringen. Wir beide lieben das Land und sind gern unterwegs." Er nannte sie absichtlich und mit einem Hauch von Gewohnheit Margaret – denn es wäre besser, sagte er sich, diesen Johnnie so schnell wie möglich abzuwürgen.

„Würde es ihr gefallen?"

„Eher! Vertrau ihr", mit einem wissenden Augenzwinkern.

"Tier!" dachte Tom, als er aufstieg. „Guten Abend", sagte er laut zu Mr. Garratt und lief in flottem Trab davon, während er sich fragte, wie Margaret ihn ausstehen konnte.

„Er weiß auch, wie er sich auftrumpfen kann", sagte sich Mr. Garratt und schaute ihm nach. „Ich bin ziemlich überrascht, dass er mir keinen Tipp gegeben hat, als er gerade dabei war. Ich würde diese Kerle am liebsten ausschalten und ihnen zeigen , wie sie vorgehen sollen; aber wir machen es", fügte er hinzu. Er denkt nicht an sich selbst, sondern an seine Klasse – „und sobald wir die Oberhand haben, werden wir sie behalten und sie sehen lassen , dass wir genauso gut sein können wie alle anderen." Er ging langsam zurück zum Haus und dachte an Margaret. Er kam ihr entgegen und wusste, wie er die Beherrschung bewahren konnte – und der Mann, der wartete, gewann. Er mochte sie, aber sein Gefühl war eher gereizt als leidenschaftlich, und er hatte das Gefühl, dass es eine größere Befriedigung seiner Eitelkeit wäre, sie zu unterwerfen, als alles andere, was er sich vorstellen konnte. „Und sie ist so eine Schönheit!" – darauf kam er immer wieder zurück. „Es besteht zwar eine Chance auf sie, aber ich würde lieber erschossen werden, als diese mürrische alte Henne zu küssen, Hannah. Ich werde Margaret haben, wenn ich dafür sterbe. Ich wünschte, ich hätte darüber nachgedacht und versucht herauszufinden, ob dieser Kerl Ich wusste nichts über Vincents Verwandte. Ich gehe davon aus, dass er etwas im Schilde geführt hat, aber das ist mir egal – dem Mädchen geht es dadurch nicht schlechter.

Während seiner Abwesenheit war der Sturm im Wohnzimmer ausgebrochen, aber glücklicherweise mussten die Umstände nur kurze Zeit andauern.

„Ich würde gerne wissen, was Sie jetzt mit Ihrer List und Täuschung über sich denken?" Hannah hatte Margaret gefragt.

„Ich werde nicht zulassen, dass Sie auf diese Weise mit Ihrer Schwester sprechen", begann Frau Vincent; aber ihre Einwände waren in letzter Zeit wirkungslos geworden.

„Mr. Garratt hat Ihnen gesagt, dass er kommt, obwohl niemand sonst im Haus davon wusste?" Hannah fuhr fort. „Du hast gut dafür gesorgt, dass sie es nicht tun."

„Wenn er mir gesagt hätte, dass ich es vergessen hätte", antwortete Margaret verächtlich.

„Sie können sich darauf verlassen, dass Sie alles vergessen – wenn es Ihnen passt. Was für Gedichte hat er Ihnen mitgebracht, würde ich gerne wissen?"

„Ich wusste nicht, dass er es mitbringen wollte. Er sagte neulich etwas über Eugene Fields Gedichte und dass er eines bei einem Kapellenfest rezitiert hatte."

Die Erwähnung der Kapelle besänftigte Hannah ein wenig, ohne ihre Eifersucht zu zügeln. „Nun, es muss etwas getan werden", sagte sie. „Ich werde Ihr Verhalten nicht dulden, und das werden Sie herausfinden." Zu diesem Zeitpunkt trat Mr. Garratt ein wenig unruhig ein, als sei ihm bewusst, dass die Dinge nicht reibungslos liefen. Margaret blickte auf und sprach schnell mit ihm.

„Mr. Garratt, ich möchte Ihnen sagen, dass ich, wenn Sie mir ein Gedichtbuch mitgebracht hätten, es lieber nicht haben würde."

„Warum, was ist jetzt los?"

„Nichts ist in Ordnung", sagte sie mit einer, wie Mr. Garratt es nannte, hochmütigen Miene.

„Nun, schauen Sie mal –", aber sie hatte sich abgewandt.

„Mutter, sollen wir in den Garten gehen?" Sie fragte.

„Heute Abend ist es etwas kühl", antwortete Frau Vincent.

„Du hast in letzter Zeit die Kälte gespürt", sagte Hannah unbehaglich. Man muss ihr zugutehalten, dass sie stets auf die Gesundheit ihrer Mutter bedacht war.

„Ich habe gelernt, meine Jahre zu spüren."

„Lass uns in den besten Salon gehen, Liebling", sagte Margaret zärtlich. „Vielleicht spiele ich eine Weile mit dir. Das gefällt dir immer", und sie legte ihre Arme um die Schultern ihrer Mutter.

Mr. Garratt machte einen schnellen Schritt nach vorne. „Ich würde Sie auch gerne spielen hören, Miss Margaret, wenn es keine Einwände gibt. Ich bin ein Musikliebhaber, wie ich Ihnen gesagt habe." Er stand an der Tür des besten Salons und wartete.

Margaret drehte sich um und sah ihn an. „Bleib bei Hannah. Ich möchte meine Mutter für mich allein haben", sagte sie.
„Nun, das ist eine schöne Handvoll!" bemerkte Mr. Garratt, als sie die Tür schloss und mit einem Klicken die Klinke drehte.
„Du solltest mit ihr im selben Haus wohnen", sagte Hannah, „dann wüsstest du es."
„Sie hätte es auf jeden Fall ein wenig offen lassen können; dann hätten wir sie hören sollen."
„Bist du so besorgt?" fragte Hannah mit sarkastischer Stimme.
„Nun, sehen Sie, es macht es ein bisschen lebhaft."

„Als ich neulich in Petersfield war, fragte mich deine Mutter, ob ich dafür sorgen würde, dass das Gras auf dem Grab deiner Tante Amelia geschnitten wurde. Ich brachte die kleine Schere mit und dachte, du könntest vielleicht das nächste Mal vorbeikommen und es tun. "

„Verdammt, das Grab meiner Tante Amelia!" sagte er zwischen seinen Zähnen.

„Mr. Garratt, Sie vergessen sich selbst!" sie weinte erstaunt.

„Sie ist genug, um irgendjemanden zu machen „Vergiss alles", sagte er und nickte in Richtung des besten Salons.

„Du schenkst ihr viel zu viel Aufmerksamkeit."

„Sie erwidert das Kompliment jedenfalls nicht."

„Und ich für meinen Teil", sagte Hannah empört, „ich verstehe nicht, warum du hierher gekommen bist."

Daraufhin sah Mr. Garratt sie direkt an. „Sehen Sie mal, Hannah", sagte er, „sie hat genug Wutanfälle; fangen Sie nicht an, denn zwei von Ihnen in einem Haus wären etwas mehr als nötig."

Sie setzte sich wortlos hin und schloss fest ihre Lippen. Ihre Nasenspitze nahm ein tieferes Rosa an. Ihre Augenlider flatterten eine Minute lang schnell auf und ab. Sie sah verlassen aus – sogar ein wenig tragisch. Mr. Garratt, dessen Herz sich Margaret zuwandte, war hartnäckig und entschlossen, sich nicht vereiteln zu lassen, empfand jedoch einen Anflug von Mitleid mit der Frau vor ihm; vielleicht unbewusst erkannte er die Grenzen und Unmöglichkeiten ihres Lebens.

„Da, komm mit", sagte er halb freundlich. „Komm mit, Hannah." Der Klang ihres Vornamens beruhigte sie erheblich. „Lass uns einen kleinen Spaziergang machen; aber ich werde nicht am Grab von irgendjemandem herumhängen. Es wird schon schlimm genug sein, wenn ich zu meinem eigenen komme."

XV

Die Briefe von Herrn Vincent waren nicht zufriedenstellend. Seinem Bruder ging es nicht besser, aber das Ende würde wahrscheinlich nicht unmittelbar eintreten. Ein Spezialist aus Melbourne hatte sogar gesagt, dass er vielleicht noch ein Jahr weitermachen würde. Mrs. Vincents Herz sank, als sie es las. Sie war eine seltsame Frau mit einer weiten Weltanschauung und wusste genau, dass die Zeit, die sie hart getroffen hatte, die Jahre ihres Mannes gemildert hatte; Es gab Tage, an denen er fast noch wie ein junger Mann aussah, und insgeheim machte sie sich Sorgen über ihr Alter. Sie wusste auch, obwohl ihm noch nie ein solcher Gedanke in den Sinn gekommen war, dass es ein wenig hart für ihn war, an eine Frau gebunden zu sein, die älter war als er selbst und unfähig, ihm die Kameradschaft zu geben, die er unmerklich brauchte. Sie hatte sich in letzter Zeit nicht gut gefühlt und fand einen vagen Trost in der Möglichkeit, auf die dies hindeutete. Aber sie wollte ihn wiedersehen, wenn auch nur für kurze Zeit, dann konnte sie zufrieden sein. Die Menschen um sie herum ahnten nichts von alledem; ihnen kam es nur so vor, als wäre sie stiller und verträumter geworden als zuvor.

Margaret hörte voller Verzweiflung von der wahrscheinlich längeren Abwesenheit ihres Vaters. Es muss etwas passieren, dachte sie; Sie selbst muss aus dem Weg gehen, sonst muss sich Mr. Garratt mit Hannah verloben. Denn es hatte sich keineswegs verbessert. Es war eine Art Kampf im Gange. Auf Margarets Seite bestand die Aufgabe darin, ihm aus dem Blickfeld zu bleiben, und auf seiner Seite, einige Minuten ununterbrochen allein mit ihr zu sprechen; aber bisher hatte keiner von ihnen Erfolg gehabt, und seine Haltung gegenüber Hannah blieb die gleiche, die sie immer gewesen war. Ein- oder zweimal kam Margaret auf die Idee, mutig ein Interview zu suchen und ihm dann zu sagen, dass seine Aufmerksamkeiten sie einfach nur unglücklich machten, oder sich sogar seiner Gnade zu überlassen; Aber etwas an seinem Verhalten deutete darauf hin, dass Mr. Garratt bereits alles wusste, außer der Unmöglichkeit seines eigenen Erfolgs. Inzwischen trafen die fünfzig Pfund, die ihr Vater vierteljährlich erhalten hatte, zum zweiten Mal ein.

„Bist du sicher, dass du willst, dass ich es bekomme, Mutter?" Sie fragte.

„Ja, Margey . Ich habe deinem Vater gesagt, dass ich es mir gewünscht habe."

„Ich habe das Gefühl, als ob ich im Reichtum schwelge", sagte sie. Das war einen Monat nach Tom Carringfords Besuch – einen ganzen Monat, und es hatte kein weiteres Zeichen von ihm gegeben – und am letzten Samstag im Juli. Das Mittagessen war gerade vorbei und Hannah ging zwischen Wohnzimmer und Küche hin und her , während Margaret mit Mrs. Vincent auf der Veranda saß. „Mutter", flüsterte sie, „ich habe in letzter Zeit darüber nachgedacht, dass ich Miss Hunstan noch einmal schreiben würde ."

„Die Schauspielschauspielerin?" flüsterte Mrs. Vincent zurück, damit Hannah es nicht mitbekam.

„Ja, die Schauspielerin", sagte Margaret mit einem Lachen in den Augen. „Sie ist gut und süß – Mr. Carringfords Mutter liebte sie. In dem Brief, den sie mir schickte, sagte sie noch einmal, dass ich sie besuchen sollte, wenn ich in London wäre. Ich möchte bald gehen. Ich fürchte, sie wird es sein ins Ausland, wenn ich es nicht tue; denn sie wollte im August nach Deutschland reisen.

„Aber du kannst nicht gehen, bis dein Vater zurückkommt."

„Ich kann nicht hier bleiben, es sei denn, es passiert etwas, das die Dinge bessert. Oh, Mutter", sagte sie nach einer Pause inbrünstig, „ich hasse Mr. Garratt so sehr."

Hannah hörte die letzten Worte und blieb stehen.

„Schade, dass du es ihm nicht sagst", sagte sie, „anstatt immer zu versuchen, ihn an dich zu ziehen. Du schämst dich für deine Kühnheit."

„Er kam zuerst wegen Hannah, Margey , meine Liebe, und ist genauso gut wie ihr versprochener Ehemann", drängte Frau Vincent.

„Aber er hat nicht gesprochen –"

„Und das wird auch nie der Fall sein, wenn du es verhindern kannst", antwortete Hannah schnell. „Außerdem bin ich der Meinung, dass er nicht mit einem Ungläubigen verwandt sein möchte – und vielleicht mit etwas Schlimmerem. Das ist genau das, was er mit dem australischen Geschäft erwartet hat."

"Wie meinst du das?" Frau Vincent blickte entsetzt auf.

„Ich meine, wir wissen nichts über – Vater", antwortete Hannah und zögerte, bevor sie das letzte Wort sagte. „Wir haben niemanden gesehen, der zu ihm gehörte; wir haben nur sein Wort dafür, dass er diesen Bruder hat; denn soweit wir das Gegenteil wissen, könnte er eine andere Frau geheiratet haben, bevor er hierher kam, und zu ihr zurückgekehrt sein." . Es gibt nichts, was ihn daran festhält, was richtig ist, oder ihm hilft, zwischen richtig und falsch zu wählen. Ich für meinen Teil hoffe nur, dass ich aus der Situation heraus bin, bevor er wieder dort hineinkommt – falls er jemals untergehen sollte Ich werde wieder Fuß hineinsetzen – denn ich hasse den Boden, den er betritt, und auch den Boden, den Margaret betritt –, also habe ich es jetzt gesagt. Ich glaube, dass der Herr sie beide eines Tages entsprechend ihrer Verdienste versorgen wird. "

Frau Vincent erhob sich von ihrem Stuhl und stellte sich mit dem Rücken zum Kamin. Ihr Gesicht sah eingefallen und eingefallen aus, ihre Lippen waren fast starr, aber ihre Stimme klang klar und leise. Es traf Hannah wie eine Peitsche.

„Du bist eine bösartige Frau, Hannah", sagte sie, „und ich schäme mich für dich. Ich weiß alles über ihn, und das ist genug. Ich habe meinen Mund gehalten, weil du ihn und seine Angelegenheiten nie so behandelt hast, wie du solltest." gehen Sie nichts an. Aber Sie sollten sich Ihrer Gedanken schämen; und was die Religion betrifft, sind Sie es, die sie wollen, nicht er. Es geht darum, ein gutes Leben zu führen, die Wahrheit zu sagen und gut zu denken andere, die Religion machen und in den Himmel kommen – das ist meine Überzeugung. Diejenigen, die anders handeln, sind so gut wie Gott zu leugnen. Ich habe es schon vor langer Zeit zu deinen Großeltern gesagt, und ich sage es dir heute noch einmal." Frau Vincents Diktion war nicht immer ganz korrekt, aber ihre Bedeutung war klar genug.

„Und ich weiß auch alles über Vater", sagte Margaret sanft – denn irgendwie tat ihr Hannah leid – „und ich kann mir nicht vorstellen, warum du ihn hassen solltest – oder warum du mich hassen solltest." Sie ging einen Schritt hinaus in den Garten, und als sie mit erhobenem Kopf dastand und zu den hohen Wäldern dahinter blickte, spürte Hannah unmerklich, dass es einen Unterschied zwischen ihnen gab, gegen den es hoffnungslos anzukämpfen war – nicht nur einen Unterschied im Aussehen , aber ein Klassenunterschied. Es war eines der Dinge, die sie am meisten verärgerte.

„Ich weiß", sagte sie, „dass es ein schlechter Tag für mich war, als er zum ersten Mal durch das Dorf Chidhurst zur Woodside Farm ging."

„Mutter", sagte Margaret und drehte sich um, „ jemand ist zum Haus neben der Kirche gekommen. Ich bin heute Morgen daran vorbeigekommen und habe gesehen, wie das Gepäck hereinkam. Mr. Carringford sagte, dass Sir George es von Samstag bis Samstag leihen würde Montag an einige Freunde des Vaters . Vielleicht sind sie gekommen."

„Mehr von seinen schönen Federn", sagte Hannah verächtlich. „Es ist schade, dass er so lange zurückgelassen wurde."

„Hannah, sei still", sagte Mrs. Vincent streng. „Gehen Sie an Ihre Arbeit und kommen Sie nicht wieder zu mir, bis Sie Respekt vor denen gelernt haben, die besser sind als Sie selbst." Es war fast ein Befehl, aber Mrs. Vincent war wieder zu ihrem alten Selbst zurückgekehrt – dem Selbst vergangener Jahre.

Glücklicherweise erschien Towsey am Tatort.

„Sandy möchte wissen, ob er morgen hier sein wird, um Mr. Garratts Pferd zu holen. Sie haben etwas darüber gesagt, dass er nicht kommt."

Hannah eilte hinaus, um mit dem alten Kuhhirten zu sprechen, der normalerweise am Sonntagmorgen auf Mr. Garratts Stute wartete, bevor er zur Kirche ging.

„Mr. Garratt wird morgen nicht früher da sein", sagte sie. „Er fährt eine Falle aus Guildford, und er wird alles, was er kann, brauchen, um bis zum Abendessen hierher zu kommen. Wenn du nach der Kirche hochkommst, Sandy, reicht das." Dies war eine Vereinbarung, die Mr. Garratt bei seinem letzten Besuch getroffen hatte, ziemlich zu Hannahs Überraschung. Es wäre besser als der Zug, hatte er erklärt; aber es war ein weiter Weg, und es wäre ihm unmöglich, vor Mittag anzukommen.

XVI

Margaret hatte richtig geraten. Mrs. Lakeman und Lena sowie Dawson Farley, der wie üblich bei ihnen war, waren von Samstag bis Montag im Haus von Sir George Stringer, während Sir George selbst mit seiner Schwester in Folkestone war. Dawson Farley freute sich über die Abwesenheit ihres Gastgebers, denn er hatte ein Gespräch mit Mrs. Lakeman gewollt , und dieser Besuch versprach ihm eine gute Gelegenheit zu bieten. Als sie nach dem Mittagessen zusammen saßen, überlegte er in sich selbst, wie er damit beginnen sollte. Lena war davongeschlüpft und zappelte durch das Grün.

„Wir gehen gleich rüber zur Farm", sagte Mrs. Lakeman . „Ich möchte sehen, wie die Frau mit dem vornehmen Aussehen aussieht", fügte sie mit dem für sie typischen schiefen Lächeln hinzu. „Gerald hat es sehr gut gemeistert, aber ich gehe davon aus, dass er schrecklich gelangweilt ist."

„Warum hat er sie geheiratet?"

Mrs. Lakeman zuckte mit den Schultern. „Armer Kerl, es war ihm egal, was aus ihm wurde; aber es war nicht meine Schuld – auf mein Wort, das war es nicht, Dawson. Mein Vater hat einen schrecklichen Krach gemacht." Mrs. Lakeman war immer ein wenig umgangssprachlich.

Dawson Farley sah sie an und nickte geistesabwesend. Er verstand zwar alles, was sie sagen wollte, aber er war mit seinen eigenen Gedanken beschäftigt. Sie war eine neugierige Frau, dachte er, eine neugierige, fähige Frau, die ihn nie langweilte und wusste, wie man Dinge bewundernswert macht. Ihm war oft in den Sinn gekommen, dass es eine ausgezeichnete Sache wäre, sie zu heiraten. Das Schlimmste war, dass er Lena einfach nicht ausstehen konnte. Sie war so wie eine Schlange mit ihrem Drehen und Winden und den bösartigen Dingen, die sie mit einer Miene der Bewusstlosigkeit sagte. Die Mutter hingegen war eine ausgezeichnete Kritikerin und Begleiterin und erfüllte ihre Ziele vortrefflich. Er war natürlich nicht in sie verliebt – dafür war sie zu alt – und das war auch gut so, denn in seine Frau verliebt zu sein war ein Zustand, der natürlich nicht lange anhielt. Zum Glück war sie keine eifersüchtige Frau und würde es ihm daher wahrscheinlich nicht übel nehmen, wenn er sich entschließen würde, mit seiner Hauptdarstellerin zu flirten. im Gegenteil, wenn er ihr alles darüber erzählte, war er sicher, dass es sie amüsieren würde, und sie hatte ein so ausgezeichnetes Gespür für selbstgemachte dramatische Effekte, dass selbst der schlimmsten häuslichen Krise eine Versöhnung folgen würde, und sei es nur für die des Kontrasts halber. Sie war ein bisschen unwirklich, aber was spielte das schon für eine

Rolle? Die Tragödien des Lebens waren mit der Realität verbunden, aber die Fantasien boten auch etwas Komisches.

Das Schlimmste daran war für seinen eigenen Frieden, dass im Hintergrund seines Lebens immer Louise Hunstan stand . Er war einmal in sie verliebt gewesen; aber er war froh, dass daraus nichts geworden war, denn in seinem eigenen Beruf hätte er eine Frau nicht ertragen können : Wenn sie Erfolg gehabt hätte, hätte er sie gehasst; Wäre sie eine Versagerin gewesen, hätte er sie verachtet. Er hatte Louise entdeckt, das war das Schwierige daran; Sie hatte die Schleppe der Prinzessin losgelassen, um in seine Gesellschaft einzutreten und dankbar kleine Rollen zu spielen. Sie hatten sich ineinander verliebt, und das gemeinsame Glück und die Liebe inspirierten sie, bis sie fast unvorbereitet einen guten Ruf erlangte. Wenn sie es nur auf seinen Rat hin geschafft hätte, wenn er es als sein Geschenk an sie hätte betrachten können, hätte er ihr leichter vergeben und sie dadurch sogar lieben können. Aber sie hatte, oft entgegen seinem Rat, den Durchbruch geschafft und sich einen Namen gemacht. In ihrem Herzen hatte sie es ihm zu Füßen gelegt und sich darüber gefreut, weil sie dachte, es würde ihn stolz auf sie machen, aber es weckte eine jämmerliche Eifersucht und trieb sie auseinander. Er gab ihr zu verstehen, dass er nicht ganz an ihren Erfolg glaubte; dass es ein Zufall war, aufgrund der Gutmütigkeit der Kritiker und der Dummheit des Publikums, und dass es mit ihrer Jugend oder ihrer Frische verschwinden würde. Zuerst glaubte sie ihm, aber nach und nach durchschaute sie ihn. Eine Zeit lang lag ihr trotzdem etwas an ihm, wenn auch in einem Anflug von Bitterkeit und Enttäuschung. Dann scheiterte ihre Verlobung und er kehrte allein nach England zurück, während sie fünf Jahre harter Arbeit in den Staaten blieb. Am Ende kehrte sie nach England zurück. Damals traf Toms Mutter sie, nahm sie bei der Hand und half ihr, bis sie eine feste Anstellung gefunden hatte. Hier waren sie und Farley bis zu einem gewissen Grad Freunde geworden, aber er konnte die Verärgerung über ihren Erfolg nicht ertragen; er empfand sogar insgeheim Freude an ihren gelegentlichen Misserfolgen; und ein Treffen zwischen ihnen brachte eine Peinlichkeit mit sich, die keiner beiseite legen konnte.

Schließlich, dachte er, würde Mrs. Lakeman viel besser zu ihm passen. Ihm gefielen ihr anpassungsfähiges Auftreten und ihr schnelles Interesse an seinen Angelegenheiten. Sie kannten sich erst seit einem Jahr, aber sie war seine engste Freundin, seine Freundin und Gefährtin geworden; ihre Gesellschaft stimulierte ihn; er wollte es immer mehr. Warum sollte er es nicht ganz haben? Nur das Mädchen stand im Weg; aber wahrscheinlich würde sie heiraten; Sie hatte eine merkwürdige Faszination für manche Menschen und sie hatte Geld.

„ Kommt Carringford ?" er hat gefragt. „Ich dachte, du hättest ihn eingeladen."

„Er speist und schläft morgen hier mit einem alten Freund – sie wohnen zusammen in Frencham . Ich wollte ihn nicht die ganze Zeit hier haben“, sagte sie bedeutungsvoll. „An den beiden Tagen in der Stadt hat er ganz schön von Gerald Vincents Mädchen geschwärmt.“

„Ich dachte, Stringer hätte herausgefunden, dass ein ‚junger Grenzgänger‘ im Weg war?“

„Ein schreckliches Glück, nicht wahr?“ Sagte Mrs. Lakeman triumphierend und für einen Moment unvorbereitet. „Aber Tom kam hinterher und sah ihn auch – und war ziemlich erstickt. Es ist außergewöhnlich, wie völlig die Vincents kaputt gegangen sind.“

Aber Farley interessierte sich nicht für die Vincents . „ Carringford hängt viel zu sehr an Lena, es sei denn, daraus wird etwas“, sagte er. „Ich an deiner Stelle würde es ihm sagen.“

„Er kommt am zehnten zu uns nach Schottland. Dort werden sie Chancen haben“, antwortete sie nachlässig. „Lass uns gehen und nach ihr suchen.“

Währenddessen saß Lena auf einem Grab auf dem Kirchhof, die Ellbogen auf den Knien, das Kinn in den Händen, und blickte auf die Hügel von Surrey hinaus, und auch sie dachte an Tom Carringford und Margaret. Sie war von dem Moment an unruhig gewesen, als sie sich am Ufer begegnet waren. Sie hatte Margarets Schönheit gesehen und Toms Anerkennung dafür, und sie waren sich irgendwie ähnlich – gut gewachsen und gesund, ein Junge und ein Mädchen, die zueinander passten. Sie war selbst nicht heftig in Tom verliebt, aber sie konnte es einfach nicht ertragen, dass er ihr entkommen sollte, und unter dem einen oder anderen Vorwand zog sie ihn ständig an ihre Seite. Das war ganz einfach, denn sie kannten sich seit ihrer Geburt, und Mrs. Lakeman hatte ihm bei dem Haus in der Stratton Street geholfen, als er allein darin zurückblieb. Seit dem Tod seines Vaters und der Heirat seiner Schwester war sie eine nahe Verwandte. Er wusste, dass Lena ihn mochte, aber es kam ihm nie in den Sinn, dass ihre Gefühle mehr waren – sie wand sich immer und schaute den Leuten in die Augen und nannte sie „lieb“; Wenn es ihm in den Sinn gekommen wäre, hätte er wahrscheinlich sofort einen Antrag gemacht, denn es gab keinen besonderen Grund, warum er sie nicht heiraten sollte, außer dass sie ein wenig zu anhänglich war und zu gern abgedunkelte Räume und schlaffe Kleidung hatte. Er mochte frische Luft und eine Geradlinigkeit, die er verstehen konnte: Tom Carringford besaß viele lobenswerte Grundeigenschaften .

„Er wird bei uns in Schottland ganz glücklich sein“, sagte sich Lena. „Wir werden den ganzen Tag an den Bächen sitzen oder im Wald spazieren gehen; er wird spüren, dass wir zueinander gehören und mir sagen, dass er mich liebt" – denn selbst in ihren geheimen Gedanken war sie süßlich – „Ich denke, das müssen wir sein." Ich habe diesen Herbst geheiratet, dann ist Mutter frei. Ich frage mich, ob Mutter Dawson Farley heiraten wird. Lena war scharfsinnig genug und war sich der vagen Absichten des Schauspielers durchaus bewusst, so wenig er sich das auch nur vorstellen konnte. Sie blickte zum Wald – der Krone – in der Nähe auf und dann zu den Feldern, die zur Farm führten. Das muss Margarets Wald sein, dachte sie, denn Tom, der die Offenheit schlechthin verkörperte, hatte den Lakemans von seinem Besuch in Chidhurst und seinem Spaziergang mit Margaret erzählt.

Lena wäre über die Felder zur Farm gegangen, aber Mrs. Lakeman , die immer ein Auge für die Wirkung hatte, wollte nichts davon hören.

„Wir werden Frau Gerald Vincent einen offiziellen Besuch abstatten", sagte sie, „in unseren besten Kleidern und neuen Handschuhen und ordnungsgemäß vor die Tür fahren."

Sie hatten für die zwei Tage, die sie bleiben wollten, eine offene Fliegermiete gemietet. Nichts konnte es imposanter machen – es war nur ein klappriger Landau, und das war alles, und der Fahrer war ein gewöhnlicher Landflieger. Zufällig – obwohl das nichts mit den Lakemans zu tun hatte – war es derselbe Mann, der vor zwanzig Jahren die älteren Bartons auf die Woodside Farm mitgenommen hatte, als sie mit der Witwe über ihre zweite Ehe sprechen wollten. Er dachte heute daran, als er die grüne Gasse hinunterging und am Hoftor ankam, denn später hatte er erfahren, worum es bei ihrem Auftrag ging.

Mrs. Lakeman saß mit Lena an ihrer Seite auf dem Vordersitz, Dawson Farley ihnen gegenüber. „Ich glaube nie daran, diese Leute nachlässig zu behandeln", bemerkte sie, während sie mit ihrem Spitzentaschentuch herumfummelte – es duftete nach Veilchen – und ihren Spitzenschirm zurückhielt, als sie durch die Tore fuhren. Dann erschrak sie fast. „Was für ein schöner Ort!" rief sie aus. „Sehen Sie sich diese Veranda und diese alten Fenster an. Gerald ist doch nicht so ein Idiot! Und ein holländischer Garten auch – ich könnte hier selbst leben und sterben!"

„Das glaube ich nicht", sagte Mr. Farley zynisch.

„Es ist genau das, was ich mir vorgestellt habe", gurrte Lena. „Ich war mir sicher, dass Margaret inmitten von Blumen lebte."

Sie waren an der Veranda stehengeblieben. Die Haustür stand offen, aber keine Menschenseele war zu sehen.

„Sie müssen runtergehen und klingeln, Dawson", sagte Mrs. Lakeman ein wenig verwirrt, als hätte sie damit gerechnet, dass die Bewohner des Hauses herausrennen und sie begrüßen würden. Dann erschien plötzlich Towsey . Margarets Hinweis hatte offensichtlich Wirkung gezeigt, denn sie trug das schwarze Kleid, das sie normalerweise sonntags trug, und eine weiße Schürze, die hinter ihrer großzügigen Taille endete. Über der Veranda, vom Fensterplatz ihres eigenen Zimmers aus, hörte Margaret, während sie zuhörte und zusah, wie Mrs. Lakeman mit klarer Stimme, die immer einen Hauch von Spott mit sich zu tragen schien, fragte: „Ist Mrs. Gerald Vincent zu Hause?" "

„Sie sollen reinkommen", sagte Towsey schroff.

Mrs. Lakeman ging ins Wohnzimmer, gefolgt von Lena und Mr. Farley. Sie blickte auf den großen Kamin voller Holzscheite und Farn, auf den altmodischen Stuhl auf beiden Seiten, auf den Eichentisch in der Mitte und die Truhe an der Wand, dann zurück auf die Veranda und die herrliche Aussicht dahinter. Drinnen war alles dunkel und kühl und still; Ohne sie war der Sommer am höchsten und die Natur veranstaltete Karneval. Sie war leicht zu beeinflussen und erlag schnell Einflüssen. Sie war entzückt. „Ich nenne das die Vollkommenheit von Frieden und Einfachheit", rief sie, während sie in einer wartenden Gruppe standen.

Eine Tür auf der linken Seite öffnete sich, eine große Gestalt erschien und zögerte. Mrs. Lakeman ging bewegt voran, genau wie sie es bei Gerald getan hatte, aber dieses Mal war in ihrem Auftreten eine Spur feiner Gönnerschaft zu erkennen. „Es muss Mrs. Vincent sein – die Frau des lieben Gerald", sagte sie.

Frau Vincent blickte ihren Besucher mit ruhiger Verwunderung an.

„Ja", sagte sie schlicht. „Ich nehme an, du bist ein Freund von ihm? Margaret dachte, du könntest kommen."

„Ich bin Hilda Lakeman . Sie haben natürlich von mir gehört." Mrs. Lakemans Lippen verzogen sich zu ihrem seltsamen Lächeln. „Sie können sich vorstellen, dass ich Sie sehen wollte. Ich habe mir vorgenommen, sofort zu kommen. Wir bleiben bis Montag bei Sir George Stringer."

„Vielleicht kommen Sie rein", sagte Frau Vincent etwas unbeholfen. Mrs. Lakeman folgte ihr in das beste Wohnzimmer und sah sich überrascht um. Das Zimmer war auf seine Art perfekt. Sie hatte sich etwas Trostloseres vorgestellt.

„Die Bücher des lieben Gerald", sagte sie leise zu sich selbst und warf einen Blick auf die gut gefüllten Regale – „und seinen Schreibtisch und seinen Lesesessel", fügte sie voller Erregung hinzu. „Das Klavier, nehme ich an, gehört Margaret?" fragte sie mit der Miene, als wüsste sie, wie man alles einordnet und bewertet; Denn bei näherer Betrachtung war sie zu dem

Schluss gekommen, dass Mrs. Vincent schließlich die einfache Bäuerin war, die sie sich vorgestellt hatte. Sie war groß und hatte in der Ferne einen Hauch von Vornehmheit, das stimmte; aber Mrs. Lakeman empfand es als eine Fälschung – als eine zufällige Gabe verschwenderischer Natur. Ihre Augen und ihr Mund waren immer noch schön, aber ihr Haar war grau, ihr Hals war braun und eingezogen, ihre Schultern waren ein wenig gebeugt. „Sie ist eine ziemlich alte Frau", dachte Mrs. Lakeman triumphierend, als sie durch den Raum ging, dem Rascheln ihres eigenen Kleides lauschte und den Stoff bemerkte, den man ungeschickt angefertigt hatte – so wie ihn eine Haushälterin getragen haben könnte Frau Vincent stand da und wartete ab, was ihre Besucher als nächstes tun würden. „Ich frage mich, was sie von ihrer Aussicht hält, Lady Eastleigh zu sein?" dachte Mrs. Lakeman und sagte dann mit höflicher, aber äußerster Förmlichkeit und dem für sie typischen schnellen Verhaltenswechsel: „Das ist meine Tochter, Mrs. Vincent – sie hat sich darauf gefreut, Sie und mich zu sehen." Ich habe es gewagt, unseren alten Freund, Mr. Dawson Farley, mitzubringen. Ich bin sicher, es bedarf keiner Entschuldigung, Ihnen eine so berühmte Person vorzustellen –"

Sie blieb stehen, denn Hannah war eingetreten und stand halb demütig, halb trotzig an der Tür. Hannah hatte sich bestens gekleidet, aber das blaue Alpaka-Kleid, die schwarze Alpaka-Schürze und die weiße Musselin-Krawatte um ihren Hals verstärkten nur ihr Unbehagen. Ihr Haar war weit zurückgekämmt, und aus dem spärlichen Knoten, zu dem es oben zusammengebunden war, kamen zwei Haarnadeln aus Horn hervor.

„Das ist Hannah", erklärte Frau Vincent, „meine Tochter von meinem ersten Mann."

"Wie geht es dir?" Sagte Mrs. Lakeman mit einem seltsamen Lächeln und sah sie unverschämt an. „Wir freuen uns, Sie zu sehen."

"Wie geht es dir?" Hannah antwortete grimmig. „Margaret dachte, du würdest kommen. Willst du dich nicht setzen?" Sie zeigte den Besuchern Sitzplätze mit einer Miene der Minderwertigkeit und einem Bewusstsein dafür, was für Mrs. Lakeman , deren dramatischer Instinkt schnell ins Spiel kam, höchst zufriedenstellend war.

„Miss – lassen Sie mich sehen – es war Miss Barton, glaube ich? Das ist meine Tochter Lena, und das ist Mr. Farley." Ihre Art, als sie sie präsentierte, wirkte fast spöttisch. „Ah! Da ist unsere Margarete. Meine Liebe!" und sie schloss Margaret in ihre Arme. „Ich habe dir gesagt, dass wir kommen sollten. Du wusstest, dass wir kommen sollten, nicht wahr? Es ist so eine wunderbare Sache", fuhr sie fort und wandte sich an Mrs. Vincent, „Geralds Kind zu sehen."

„Sie ist ein schönes, großes Mädchen", antwortete Frau Vincent und sah Margaret stolz an.

„Wir sind zu dir nach Hause gekommen, du kleines Ding", flüsterte Lena und zog Margaret sanft zu sich.

„Das ist sehr nett von dir", antwortete Margaret sofort abgestoßen. „Aber wenn ich ein schönes, großes Mädchen bin, kann ich nicht sehr klein sein, oder?"

„Du bist sehr süß", flüsterte Lena erneut und streichelte ihre Schulter. „Sie erinnern sich an Mr. Farley, nicht wahr, Liebes?"

„Oh ja", sagte Margaret und schüttelte ihm die Hand.

„Er bleibt bis Montagmorgen bei uns", erklärte Mrs. Lakeman . „Dann fahren wir alle zusammen zurück, und zwar sehr früh, um den Scotch Express von Euston zu nehmen."

„Es ist kein langer Aufenthalt", sagte Frau Vincent mit der Zurückhaltung in ihrem Verhalten, die immer beeindruckend war. „Der Ort ist einen längeren Aufenthalt wert. Das werden Sie bald glauben."

„Das wage ich zu sagen, aber wir müssen am Montag nach Schottland aufbrechen, und da ich nachts nie reisen kann, müssen wir morgens hier abreisen und mit dem Acht-Uhr-Zug in die Stadt fahren, um den Tagesexpress zu erreichen . Tom Carringford kommt morgen Nachmittag vorbei" – und sie sah lächelnd zu Margaret auf – „zum Essen und Schlafen. Er ist jetzt in Frencham , lieber Junge; aber er sagte, er müsse kommen und morgen Abend mit ihm verbringen." uns und geh hinauf und verabschiede uns morgen früh. Sie wollte, dass Margaret deutlich verstand, dass Tom zu ihnen gehörte.

„Geht er auch nach Schottland?" Fragte Margaret ziemlich lahm, da sie nichts anderes sagen konnte.

„Nicht bei uns. Er ist so enttäuscht, lieber Junge, dass er nicht entkommen konnte, aber er kommt in ein oder zwei Wochen zu uns." Sie hielt einen Moment inne und wandte sich impulsiv an Frau Vincent. „Aber ich möchte über Gerald reden", sagte sie. „ Er hat Ihnen von seinem Besuch bei uns erzählt? Es ist Jahre her, seit ich ihn gesehen habe – Mr. Farley wollte ihn auch so sehr treffen", brach sie ab und fügte hinzu, immer darauf bedacht, jeden im Raum in ihre Rede einzubeziehen . „Sie hätten ihn natürlich besuchen sollen – er hatte eine großartige Rolle; aber Gerald würde Margaret zu ‚König John' mitnehmen. Er dachte, es würde sie mehr erziehen und sie weniger amüsieren, nehme ich an."

„Ist Mr. Farley ein Schauspieler?" Fragte Hannah.

„Dawson, das sollte dich wahnsinnig machen!" Mrs. Lakeman lachte. „Es gibt jedenfalls einen Ort auf der Welt, wo man noch nie von dir gehört hat." Und dann wandte sie sich an Hannah und sagte eindrucksvoll: „Er ist der größte romantische Schauspieler Englands, Miss Barton."

„Das ist etwas, was ich wahrscheinlich nicht gehört habe", antwortete Hannah. „Ich habe noch nie ein Theater betreten und wollte auch nie eines betreten."

Lena gab einen kleinen, mitfühlenden Laut von sich. „Ich mag die Puritaner immer", sagte sie. „Sie waren so selbstverleugnend."

„Vielleicht bin ich ein sehr böser Mensch", sagte Dawson Farley mit angenehmem Zynismus, der Hannah beinahe gegen ihren Willen überzeugt hätte. „Aber würden Sie uns trotzdem Ihren Garten zeigen, Miss Barton?" Es erschien ihm völliger Wahnsinn, aufs Land zu kommen und drinnen zu bleiben.

„Ich wünschte, ihr jungen Leute würdet alle in den Garten gehen. Ich möchte allein mit dieser lieben Frau sprechen, und wir haben nur eine Viertelstunde Zeit, um zu bleiben", sagte Frau Lakeman .

„Du nimmst eine Tasse Tee?" fragte Mrs. Vincent, denn es kam ihr immer so vor, als wäre ein Besuch eine schlechte Sache, wenn er keine Erfrischung beinhaltete.

„Nein, danke, wir müssen zurück. Und jetzt sag mir ", fuhr sie fort, als sie allein waren, „was sagt Gerald über Cyril? Er schickte mir eine kleine Nachricht, als er ankam, aber er hatte es nicht gesehen." ihn dann." Die Nachricht war lediglich eine Bestätigung eines sentimentalen Abschiedsschreibens, das sie ihm geschickt hatte, aber Mrs. Lakeman hielt es nicht für nötig, dies zu erwähnen.

„Er hat dir eine Nachricht geschickt – aus Australien?" fragte Frau Vincent verwundert.

„ Natürlich hat er das getan." Sie legte ihre Hand auf die von Frau Vincent. „Weißt du, was er und ich einst füreinander waren?"

"Was warst du?" fragte Mrs. Vincent, als ihr langsam das Licht aufging.

„Er hat es dir nicht gesagt?" Sagte Mrs. Lakeman mit leiser Stimme. „Vielleicht konnte er es nicht ertragen, darüber zu sprechen; aber er und ich waren einander die ganze Welt, bis seine Meinungen uns trennten. Mein Vater war Dr. Ashwell, Bischof von Barford – natürlich haben Sie von ihm gehört?" Ihr Tonfall deutete an, dass ihr Vater selbst in dieser Gegend nicht unbekannt gewesen sein konnte. „Er und meine Mutter, Lady Mary – sie war Lady Mary Torbey , bevor sie heiratete" – die Vulgarität von Mrs. Lakemans Seele war bemerkenswert – „waren Gerald ergeben; wir waren es tatsächlich alle, und er war uns ergeben." Aber natürlich war es unmöglich", und sie zuckte mit den Schultern.

„Ich nehme an, Sie dachten, es hätte Ihnen geschadet, ihn zu heiraten, obwohl er nicht vorgab zu glauben, was er nicht für wahr hielt?" Sagte Frau Vincent in ihrer ruhigen, direkten Art.

„Nun, sehen Sie – das kann nicht sein." Die Frau war schrecklich phlegmatisch, dachte Mrs. Lakeman . Sie war weder beeindruckt noch eifersüchtig; Ihre Haltung war eher leicht kritisch. „Natürlich konnte ich nicht tun, was ich wollte, so wie du. Armer, lieber Gerald! Ich weiß, dass er schrecklich gelitten hat. Das ist der Fluch einer Position wie unserer. Man muss ihre Verpflichtungen akzeptieren", fügte sie hinzu. erhaben.

„Ich wusste nicht, dass irgendetwas dazu führen muss, dass man dem Mann untreu wird, der einen liebt und an den man durch Versprechen gebunden ist."

„Das dachte ich auch; aber ich konnte das Herz meines Vaters nicht brechen. Ich habe mir selbst nie vergeben" – sie versuchte verzweifelt, Tränen in ihre Augen zu schießen, aber sie wollten nicht kommen – „denn ich weiß, was er gelitten hat. Er war es." „Er war jahrelang ein Wanderer", fuhr sie fort, „und konnte sich nie wieder in London niederlassen. Ich nehme an, dass er auf diese Weise seinen Weg hierher gefunden hat. Erzählen Sie mir von Ihrer Ehe." Sie keuchte leicht, als ob sie den Mut zusammengenommen hätte, sich Details anzuhören, die sie immer noch erschüttern würden; aber ein Schimmer der Belustigung blickte aus ihren blauen Augen. Mrs. Vincent sah es, und so wenig Mrs. Lakeman sich vorgestellt hatte, dass sie dazu fähig wäre, verstand sie doch seine Bedeutung.

„Ich sollte nicht mit einem Fremden darüber reden", antwortete sie. „Es gibt Dinge, die sowohl außerhalb der Bibel heilig sind als auch darin geschrieben stehen."

„Ich bin kein Fremder. Ich kann Gerald Vincents Frau gegenüber kein Fremder sein." Mrs. Lakeman versuchte leidenschaftlich zu sein, aber es gelang ihr nicht besonders gut. „Ich würde es niemand anderem auf der Welt sagen, aber ich habe nie aufgehört, mich um ihn zu kümmern, und ich glaube nicht – ich glaube nicht", wiederholte sie leise er hat mich jemals ganz vergessen.

„Ich nehme nicht an, dass er Sie vergessen hat", antwortete Frau Vincent ruhig; „Aber ich bin sicher, dass er seiner Frau und seinem Kind hier treu geblieben ist."

„ Natürlich hat er das."

„Und er hat sie all die Jahre geliebt, die er sie kannte. Du hast ihn gehen lassen, als es unbequem gewesen wäre, ihn zu heiraten; aber er hat keinen anderen geheiratet, bis er darüber hinweggekommen war. Er ist nicht der Typ Mann dafür." etwas Unehrenhaftes tun.

„ Natürlich ist er das nicht." Mrs. Lakeman begann sich unwohl zu fühlen.

„Und es ist besser, das, was vergangen und tot ist, zu begraben und unausgesprochen zu lassen. Ich weiß" – sie sah Mrs. Lakeman direkt in die Augen – „er hat das Gefühl, dass alles zum Besten war; und er war hier zufrieden und glücklich." . Er hat es vor nicht einmal drei Monaten gesagt, und ich denke, es wäre besser gewesen, die Vergangenheit nicht aufzuwirbeln."

„Sie haben völlig recht", sagte Mrs. Lakeman herzlich, denn sie war eine scharfsichtige Frau und genoss es sehr, geschlagen zu werden: Das war eine gute Komödie. „Sie sind eine äußerst vernünftige Frau. Und jetzt sagen Sie mir, kommt es Ihnen nicht seltsam vor, Lady Eastleigh zu sein?"

„Ich habe nicht darüber nachgedacht", antwortete Frau Vincent. „Ein lebender Mann trägt derzeit den Namen, und ich hoffe, dass er ihn behält."

„Ich wage zu behaupten, dass es Ihnen lieber wäre, wenn er es täte", sagte Mrs. Lakeman , und ihre Stimme klang wieder gönnerhaft. „Es wäre eine ziemlich schwierige Umstellung", fügte sie humorvoll hinzu. „Der schicke Gerald, Lord Eastleigh, lebt auf der Woodside Farm, mit Miss Barton als Stieftochter – dem Gerald, an den ich mich erinnere, mit jeder Frau zu seinen Füßen."

„Ich glaube nicht, dass es einen so großen Unterschied machen würde", antwortete Frau Vincent, „und ich hoffe, er wird sich nicht anders nennen als den, unter dem er bekannt ist. Ich für meinen Teil könnte das nie tun." Sehen Sie, warum die Menschen so viel Wert auf Titel legen. Der größte Lord, der lebt, liegt endlich nur in einem Grab, und es ist nicht so, als ob Gerald einen Sohn nach ihm hätte oder dass er große Ländereien bekäme, über die man nachdenken musste von. Er wird wieder hier leben und genau derselbe sein, der er immer war. Sie sah Mrs. Lakeman tapfer an, obwohl ihr das Herz sank, denn sie wusste, dass das alte Leben auf der Woodside Farm für immer zu Ende sein würde. Und wenn er diesen Titel mit zurückbrachte, könnte es dann nicht dazu führen, dass sich Leute um ihn scharen, die noch nie daran gedacht hatten, zu kommen, Leute, die sie für minderwertig halten und ihr zeigen würden, was sie denken, genau wie diese Mrs. Lakeman es tat? Sie konnte es nicht verstehen, denn der Rassenstolz war auch in ihr. Stammte sie nicht von einem Volk, das zu diesem Land – Gottes wunderschönem Land – gehörte und ihr Leben damit verbrachte, sich darum zu kümmern, ihren Frauen treu zu sein und ihre Kinder so zu erziehen, dass sie das Richtige tun? In ihren Aufzeichnungen war seit Generationen kein Fleck zu sehen – weder Trunkenbolde noch Bankrotte noch irgendetwas in der Art gehörten ihnen. Plötzlich erinnerte sie sich an Mrs. Lakeman .

„Vielleicht möchten Sie, da Sie fast direkt gehen müssen, auch den Garten sehen?" Sie stand auf und sah einen Moment lang aus wie eine Kaiserin, die ein Interview beendet.

Mrs. Lakeman war von ihrem Auftreten hingerissen. „Sie sind eine sehr bemerkenswerte Frau", sagte sie fast großzügig, „und der weltfremdste Mensch, der mir je begegnet ist."

„Aber Sie sehen, die Moden und Dinge, die den Menschen in London am Herzen liegen, stehen uns nicht im Weg", antwortete Frau Vincent mit einem Lächeln. „Bist du sicher, dass du nicht für eine Tasse Tee bleibst?"

XVII

„Lass mich mit Margaret auf der Veranda sitzen“, sagte Lena, als sie von ihrem Spaziergang durch den Garten zurückkamen; „Ich bin ziemlich müde. Gehen Sie mit Mr. Farley zu den Kühen, liebe Miss Barton.“

Hannah stand den Besuchern zur Seite und zeigte selbst die Pracht des Gartens. Es war ihr Platz, dachte sie, und es war an der Zeit, dass sie es bewies.

„Ich möchte mich ausruhen“, fuhr Lena fort, „und mit Margaret über ihren Geliebten sprechen.“ Sie setzte sich und streckte ihre Hände aus. „Komm doch zu mir, kleine Margarete.“

„Es ist alles ein Fehler“, begann Margaret bestürzt.

„Wer ist ihr Liebhaber?“ fragte Hannah und blickte scharf auf.

Lena witterte eine aufregende Spur und war glücklich. „George Stringer hat uns von ihm erzählt. Er hat sie zusammen auf den Feldern gesehen.“ Sie streckte erneut ihre Hände aus, aber Margaret zuckte mit einer Art Entsetzen zurück. „Er sagte, dass ihr zusammen so glücklich aussaht, Liebling, und dass ihr hinter der Hecke herumlungerte, so wie es Liebende immer tun.“

„Er ist nicht mein Liebhaber und ich hasse ihn!“ rief Margaret aus.

„Mr. Garratt kümmert sich nicht um sie, das kann ich Ihnen sagen“, sagte Hannah mit Nachdruck.

„Oh, aber er muss“, antwortete Lena. „George Stringer sagte, du seist so süß errötet geworden, als du ihn zum Tor geführt und von ihm gesprochen hast, und dann hat Tom – unser lieber Tom – uns erzählt, wie Mr. Garratt zum Tee gekommen ist, und er hat so darauf geachtet, nicht zu sagen, dass du es getan hast brachte ihn in den Wald, aus Angst vor Eifersucht.“

„Miss Lakeman , ich möchte, dass Sie verstehen –“, begann Margaret.

„Liebling, du musst mich Lena nennen.“

„Dass Mr. Garratt hierher kommt, um Hannah, meine Halbschwester, zu sehen, und nicht, um mich zu sehen.“

„Oh, aber Tom hat gesagt, dass du und er die ganze Zeit miteinander geredet haben“, fuhr Lena mit ihrer süßen Stimme fort.

„Das ist genau das, was ich erwartet habe, angesichts der Ereignisse“, rief Hannah und verlor fast die Kontrolle über sich. „Aber es ist nicht Margaret, die er besuchen kommt.“

jemand anderen besuchen, wenn sie hier ist", flüsterte Lena vor sich hin; aber Hanna hörte es und antwortete schnell:

„Sie ist es, die sich in den Vordergrund stellt und sich ihm aufdrängt."

„Oh, das konnte sie nicht, sie sieht so süß aus. Da kommt Mr. Farley von seinem kleinen Spaziergang zurück. Sollen wir ihn fragen, ob er es für möglich hält, dass dich jemand nicht liebt?"

Margaret drehte sich um und feuerte sie an. „Bitte sei still", sagte sie; „Du meinst es vielleicht nicht so, aber du sagst Dinge, die einfach schrecklich sind, und sie klingen, als hättest du sie mit Absicht gesagt."

„Ich werde Tom morgen danach fragen; und ich werde ihn bitten, dich wiederzusehen, wenn ich kann." Lena wirkte verwirrt und ein wenig verletzt. „Aber wir haben uns seit drei Tagen nicht gesehen und ich will ihn für mich, genau wie Mr. Garratt Sie will."

Margaret ging vor und legte ihre Hand auf Hannahs Arm. „Sie tut es mit Absicht, Hannah", sagte sie mit bekümmerter Stimme, „und weil sie sieht, dass es dich nervt und dass ich es hasse."

Lena hatte großen Spaß. „Ich habe dich wieder wütend gemacht", sagte sie; „Aber Sie sehen großartig aus, genau wie in London. Ist sie nicht wunderschön, Miss Barton?"

Hannah konnte es kaum ertragen. „Ich konnte es nie sehen", sagte sie, als ihre Mutter und Mrs. Lakeman eintraten.

Dawson Farley stand an der Veranda. „Kommen Sie wahrscheinlich wieder nach London, Miss Vincent?" er hat gefragt.

„Das hoffe ich, und zwar bald", antwortete Margaret; und dann fuhr sie eifrig fort: „Ich habe gehört, dass Sie Miss Hunstan zum ersten Mal gesehen haben, als sie mit einer Prinzessinnenschleppe auf die Bühne ging?"

Mr. Farley sah sie neugierig an. „In meinem neuen Stück ist eine Prinzessin", sagte er. „Willst du kommen und ihre Schleppe aufhalten?"

„Ich sollte es lieben!" antwortete sie und ging mit ihm den grasbedeckten Weg hinauf.

amüsierte sich auch Mrs. Lakeman . „Und was halten Sie von den Chancen Ihres Stiefvaters auf den Titel?" fragte sie Hannah.

Mrs. Vincents Lippen schlossen sich fest zusammen, aber sie sagte nichts.

„Welcher Titel?" Hannah blickte schnell auf.

Mrs. Lakeman spürte, dass es sich hier um eine ganz neue Sensation handelte: Sie war schon immer eine Spielerin von Sensationen und eine eingefleischte Spekulantin von Effekten gewesen.

„Sie wissen, dass Ihr Stiefvater Lord Eastleigh sein wird, wenn sein Bruder stirbt?"

„Ich weiß nichts darüber. Warum wurde daraus ein Geheimnis gemacht?"

„Es wurde kein Geheimnis daraus gemacht", sagte Frau Vincent bestimmt. „Ich gehe nicht davon aus, dass Vater den Titel annehmen wird, und außerdem muss nicht darüber gesprochen werden, solange derjenige lebt, der ihn trägt. Es scheint, als würde man ihn ins Grab treiben."

Aber Hannah ließ sich nicht zum Schweigen bringen. „Ich nehme an, das ist der Grund, warum wir nie etwas von seinen Verwandten gehört haben", sagte sie. „Hat er sich für uns geschämt?"

„So etwas ist ihm nie in den Sinn gekommen", antwortete Frau Vincent.

„Und warum hat sich dieser Bruder, der einen Titel hat, in Australien versteckt? Hat er etwas getan, was er nicht hätte tun sollen?"

„Er hat nie etwas anderes getan, als sein Geld zu schnell auszugeben", antwortete Mrs. Lakeman . „Er hat natürlich eine unglückliche Ehe geschlossen – der liebe alte Cyril; aber das machen viele Männer. Wir müssen gehen, Mrs. Vincent. Einige Leute kommen zum Tee – die Harfords aus Bannock Chase; kennen Sie sie?"

„Ich sehe sie in der Kirche, aber wir kennen sie nicht", antwortete Frau Vincent. Mrs. Lakeman erzählte Dawson Farley hinterher, dass sie es mit der Miene einer Herzogin sagte, die sich geweigert hatte, sie zu besuchen.

„Wann wirst du heiraten, Liebes?" sie fragte Margaret, als sie in den Flieger stieg. „George Stringer und Tom haben uns von Mr. Garratt erzählt."

„Es ist alles ein Fehler ...", begann Margaret mit leidenschaftlicher Verzweiflung in der Stimme.

„Ärgere sie nicht", gurrte Lena, „das gefällt ihr nicht."

Mrs. Lakeman sah sie mit einem Ausdruck von Weltweisheit an und sagte bedeutungsvoll: „An Ihrer Stelle sollte ich warten. Wenn Ihr Vater zurückkommt, werden Sie es besser machen können." Sie öffnete ihren Sonnenschirm, der mit lila Seide gefüttert war – und umrahmte ihr Gesicht darin. „Auf Wiedersehen, Frau Vincent, ich bin so froh, Sie gesehen zu haben.“ Sie unternahm einen letzten Versuch, etwas Gefühl in ihre Stimme zu bringen, und hätte es fast geschafft.

Aber Frau Vincent sagte nur „Auf Wiedersehen“ und wandte sich ab, fast bevor die Fliege angefangen hatte.

XVIII

Sonntags gab es das Frühstück immer eine halbe Stunde später. Margaret hatte die ersten Stunden damit verbracht, ihrem Vater zu schreiben und ihm mitzuteilen, dass es unmöglich sei, länger auf der Woodside Farm zu bleiben, wenn die Beziehungen zwischen Mr. Garratt und Hannah nicht endgültig geklärt seien. Es musste etwas getan werden, und zwar sofort, aber er sollte sich keine Sorgen um sie machen. Sie hatte vor, zu Miss Hunstan zu gehen und ihren Rat einzuholen. Wenn sie den Mut aufbringen könnte, würde sie vielleicht Sir George Stringer konsultieren, aber es war Miss Hunstan, auf die sie sich verließ, und sie bat sogar ihren Vater, seinen nächsten Brief bei Gelegenheit an sie zu richten. Der Morgen war schwül, der Gesang der Vögel war träge, in den Zweigen regte sich nichts, obwohl der Duft der Blumen vom Bett am Haus heraufstieg. Sie ging zum Fenster und beugte sich vor, um die vorbeiziehende Brise einzufangen, die vielleicht vorbeiwehte. Plötzlich kamen Frau Vincent und Hannah aus der Veranda und standen nur ein paar Meter unter ihr. Offenbar führte Hannah ein Gespräch fort.

„Nun, ich habe keine Geduld mit ihnen, Mutter, feine Leute, die sich aufspielen und sich schämen, zu sagen, wer sie sind und was sie getan haben; Herr oder nicht, Herr, er wird sehen, dass mir seine Wege egal sind , auch nicht für Margaret. Trotzdem herrschte in Hannahs Herzen ein seltsames Gefühl der Neugier. Was würde mit ihr geschehen, wenn ihr Stiefvater Lord Eastleigh wäre? Was würden die Landleute zu ihr sagen, die Leute, die sie hin und wieder, freilich höchst höflich, aufforderten, ein Geschenk für sich anzunehmen, wenn sie eine Quarter-Rechnung beglichen hätten? Und Mr. Garratt, was würde er sagen? Er würde sicherlich wissen, dass Margaret mit ihrer hochnäsigen Art ihn jetzt nicht ansehen würde. Höchstwahrscheinlich würde er sich glücklich schätzen, Hannah zu bekommen, da sie dadurch an Bedeutung gewinnen würde. Aber im Großen und Ganzen war sie sich nicht sicher, ob sie ihn noch länger wollte, und dennoch würde es etwas sein, um einen Mann sicher zu machen. Sie konnte es nicht ertragen, nach Petersfield zu gehen und zu sehen, wie Frauen, die jünger als sie selbst waren und an die sie sich als Mädchen erinnerte, mit ihren Ehemännern ausgingen oder ihre Kinder stillten, während sie eine Jungfer blieb. „Ich frage mich, was Mr. Garratt dazu sagen wird", sagte sie laut, ohne es ernst zu meinen.

„Er wird sehen, dass es keinen Sinn hat, sich um Margaret zu kümmern", sagte Mrs. Vincent.

„Warum sollte er? Nicht, dass es ihn interessiert", antwortete Hannah schnell. „Sie ist nicht besser als gestern und auch nicht besser als ich. Ich für meinen Teil denke, dass dieses Titelgeschäft uns zum Gespött des Ortes machen wird."

„Es gibt keinen Anlass, darüber zu sprechen; es geht niemanden außer uns etwas an."

„Ich war nie einer für Geheimnisse."

„Ich auch nicht", sagte Frau Vincent. „Aber ich habe immer festgestellt, dass im Schweigen mehr steckt als im Reden. Ich hoffe, Sie und Mr. Garratt werden sich bald einigen, Hannah, denn diese Streitereien machen mich unglücklich."

„Es ist Margarets Schuld, nicht meine", antwortete Hannah verbissen. „Schließlich, Mutter, was auch immer gesagt wird, du weißt, dass ich dich mag. Wenn es in all den Jahren keine Fremden gegeben hätte und ich mich alleine um dich gekümmert hätte, wäre ich auch ohne zufrieden genug gewesen Jeder Gedanke ans Heiraten.

„Eifersucht ist so eine schlechte Sache, Hannah."

„Wir selbst sind arme Dinge in den Augen des Herrn, Mutter. Wenn Margaret einmal sehen würde, dass sie anders sein könnte."

Margaret oben konnte es nicht länger ertragen. „Es ist so gemein, hier zuzuhören", sagte sie sich; „Und obwohl Hannah letzte Nacht schrecklich war, geht es ihr heute Morgen besser, und sie liebt ihre Mutter. Oh, ich bin so froh, dass sie sie liebt." Dann erhob sie ihre Stimme und rief: „Guten Morgen, Mutter. Ich kann alles hören, was du sagst. Lass uns einen schönen Sonntag haben, Hannah. Ich werde Mr. Garratt nicht ansehen; ich werde ihm gegenüber völlig unangenehm sein, wenn." das wird dir gefallen. Worauf Hannah nicht ohne eine Spur von Liebenswürdigkeit und mit einem Anflug von Lächeln antwortete:

„Du solltest besser zum Frühstück kommen; ich für meinen Teil weiß nie, warum wir sonntagmorgens so spät kommen." Während sie sprach, läutete Towsey mit einer Glocke, um zu zeigen, dass das einfache Essen fertig war.

Als das Frühstück beendet war und die Sachen wie üblich eingeräumt wurden, machten sich Hannah und Mrs. Vincent in bester Kleidung fertig und machten sich auf den Weg über die Felder zur Kirche. Mr. Garratt kam erst gegen Mittag, und Hannah interessierte sich zum ersten Mal für Margarets Bewegungen.

„Ich nehme an, du gehst wie immer in den Wald?" Sie fragte.

„Ich gehe mit einem Buch dorthin", antwortete Margaret.

Dann sagte Hannah mit besorgter Stimme: „Ich wünschte, du würdest ein Buch nehmen, das dir etwas Gutes tun würde."

„Es kann mir nicht schaden." Margaret war entzückt, dass Hannah etwas weicher als sonst war. „Ich nehme *Paradise Lost* – es ist ein Gedicht."

„Das klingt sehr passend", sagte Hannah feierlich.

Margaret blinzelte erstaunt mit den Augen und fragte sich, ob Hannah einen Witz machte, und zwar am Sabbat! Vielleicht, da die meisten Menschen von weltlichen Angelegenheiten beeinflusst werden, so sehr sie auch dagegen protestieren, war Hannah insgeheim durch die gestrigen Enthüllungen über die Familie Vincent etwas beruhigt. Allerdings war der australische Bruder laut Mrs. Lakeman weggegangen , weil er eine unglückliche Ehe geschlossen hatte. Und Gerald Vincent hatte zwanzig Jahre lang ruhig auf der Woodside Farm gelebt: Vielleicht hielt auch er seine Ehe für unglücklich und blickte in seinem Herzen auf sie und ihre Mutter herab; aber selbst das würde die Tatsache der Beziehung nicht ungeschehen machen oder verhindern, dass die Stieftochter von Lord Eastleigh als wichtigere Person angesehen wurde als bisher, als sie nach Petersfield ging . Es gab Momente, in denen Hannah sich selbst als Aristokratin vorstellte, die in einer offenen Kutsche durch einen Park fuhr oder in einer Eisenbahn und Federn vor Gericht ging; Sie hatte oft gehört, dass Menschen Schleppen und Federn trugen, wenn sie vor Gericht gingen. Sie nannte es Unsinn und Eitelkeit, aber die flüchtige Vision, wie sie dahinschlenderte und wie die weißen Federn auf ihrem Kopf nickten, war trotzdem angenehm.

„Na ja, wir werden sehen, wenn er zurückkommt", dachte sie, als sie mit ihrer Mutter über die Felder ging. „Wenn er sich überhaupt nicht Lord nennt und trotzdem hier weiterlebt, kann ich genauso gut Mr. Garratt heiraten und damit fertig sein – das heißt, wenn er sich anständig benimmt. Er bekommt einen Gute Geschäfte mit ihm in Guildford, und wir werden kaum als Handwerker gelten, wenn sie wissen, wer ich bin. „Mutter", sagte sie laut, „du wirst nicht auf der Farm bleiben, wenn das, was diese Mrs. Lakeman gesagt hat, wahr ist." , und Vater kommt mit einem Titel zurück?"

„Nichts wird mich jemals davon abbringen", antwortete Frau Vincent; „Und Vater wird genauso sein, wenn er zurückkommt, egal, ob sein Bruder lebt oder tot ist. Es tut mir leid, dass du etwas darüber weißt, Hannah, denn es wird auf die eine oder andere Weise keinen Unterschied machen."

XIX

Lena Lakeman , die wie ein unruhiger Geist durch die grüne Landschaft spukte, sah zu, wie Mrs. Vincent und Hannah die Kirche betraten. „Ich frage mich, was Margaret mit ihrem Morgen macht, wenn sie allein gelassen wird?" dachte sie, als sie durch das Tor ging, das über die Felder führte, und auf dem Feld auf der Suche nach Klee spielte, die Halme in einem Grasbüschel zählte oder wie eine Eidechse unter der weitläufigen Geißblatthecke ruhte. Aus reiner Schläfrigkeit blieb sie dort, fast ohne sich zu bewegen, bis sie plötzlich die Landstimmen in der Kirche singen hörte: „Oh, seid fröhlich im Herrn, all ihr Länder." Dann öffnete sie ihre Augen und betrachtete die Schönheit um sie herum. Das Land freute sich tatsächlich, dachte sie – im Sommer. Wenn Gott es nur zulassen würde, würde sich sein Volk das ganze Jahr über freuen; aber wie konnten sie, wie konnten sie religiös sein, wenn das Klima schlecht war? Vielleicht war einer der Gründe dafür, dass Katholiken ihre Religion so eng in ihr Leben integriert hatten, dass sie an Orten entstanden war, die voller Sonnenschein waren.

Die Stimmen waren verstummt. Sie versuchte, sich an die Reihenfolge der Gebete zu erinnern, um zu wissen, wie lange die Gläubigen noch bleiben mussten, aber sie konnte nicht deutlich genug hören, um die Worte zu erkennen. Plötzlich war das Geräusch von Rädern zu hören, die auf die Kirche und die Straße zukamen, die zur Farm führte. Sie setzte sich auf und lauschte, dann kniete sie nieder und schaute durch die Hecke, bis sie in schnellem Tempo ein dickes graues Pony und einen kleinen Hundekarren sah, in dem ein hübscher junger Mann saß, der ein Taschentuch aus der Tasche schaute , eine Blume im Knopfloch und eine Melone, die er sich keck auf den Kopf gesteckt hat.

„Es ist Mr. Garratt", rief sie, „er wird Margaret besuchen; sie werden eine schöne Zeit miteinander verbringen, während die anderen in der Kirche sind." Sie sah zu, wie der Hundekarren in der Ferne verschwand, dann schlich sie über das Feld und hielt sich dicht an der Hecke, damit sie vom Bauernhof aus nicht beobachtet werden konnte. Und plötzlich kam ihr ein Gedanke. „Margaret wird ihn in ihren Wald bringen", sagte sie sich; „Jetzt sollte ich sie zusammen finden, aber sie dürfen mich nicht kommen sehen."

Zwanzig Minuten später überquerte sie das Feld, hielt sich dicht an der Hecke, um nicht gesehen zu werden, und machte sich auf den Weg zur Anhöhe. An der Seite des Hügels wuchs ein junges Wäldchen , das bis zu den großen Bäumen reichte, die Margaret ihre Kathedrale nannte; Das Unterholz aus Farn und Dornbusch wuchs mit ihm empor und bildete eine grüne Mauer um den Gipfel. Zwischen den Säulen der Kathedrale und über der grünen Mauer konnte man die süße Landschaft sehen, die sich kilometerweit bis zu den blauen Hügeln erstreckte, mit hier und da einem weißen Fleck, der auf ein Gehöft hindeutete, oder einem roten Fleck, der einen verriet Hütte.

Lena ging leise und langsam hinauf, damit die Bewegung der Vegetation sie nicht verriet, bis sie plötzlich Stimmen hörte. Sie blieb stehen und lauschte, dann ging sie noch vorsichtiger weiter, bis nur noch ein grüner Schirm zwischen ihr und den Lautsprechern war. Dann ließ sie sich zwischen den Farnen fallen und war völlig verborgen, obwohl sie perfekt hören konnte. Margaret sprach und ihre Stimme war empört –

„Das ist mein Wald; er gehört mir.“

„Oh, komm jetzt!“

„Woher wusstest du, wo du mich finden kannst?“

„Hannah hat es mir selbst erzählt. Sie sagte, du verbringst deine Morgen hier oben, anstatt in die Kirche zu gehen, also dachte ich, ich schaue einfach mal vorbei.“

Lena, die durch das Grün spähte, konnte sehen, dass sie einander gegenüberstanden – Margaret mit zurückgeworfenem Kopf und einer Hand auf dem Stamm eines Baumes. Auf den knorrigen Wurzeln, die hoch aus dem Boden ragten und offenbar ihren Sitz gebildet hatten, lag ein aufgeschlagenes Buch. Mr. Garratt stand mit triumphierender Miene ein paar Schritte entfernt.

„Sie müssen sofort zurückgehen“, sagte Margaret.

„Ich nicht! Komm, lass uns zusammensitzen und ein kleines, ruhiges Gespräch führen – wir haben nicht oft die Gelegenheit dazu.“

„Mr. Garratt, bitte – bitte gehen Sie weg“, sagte sie, „warum sollten Sie versuchen, mich so zu ärgern, wie Sie es tun. Sie sind hierher gekommen, um Hannah zu sehen –“

„ Nun , ich komme jetzt nicht, um Hannah zu sehen –“

„Dann solltest du besser wegbleiben –“

„Ich würde am liebsten wegbleiben, wenn ich dich bei mir hätte. Pass auf, sei nicht eingerostet und sei nicht albern. Ich bin kein schlechter Kerl, weißt du“, und er zupfte an seinem Schnurrbart; „Viele Mädchen standen ziemlich auf mich, aber ich habe mich nie im Geringsten für eines von ihnen interessiert, obwohl ich sie ab und zu ein wenig geärgert habe, weil ich sie gern wütend gemacht habe.“

„Es ist mir egal, was dir gefällt, und ich möchte, dass du gehst.“

„Aber dieses Mal meine ich es ernst, ich verspreche dir, dass ich es tue. Ich habe dich wahnsinnig lieb und werde es ihnen sagen , wenn wir zurückkommen, wenn du sagst, dass alles in Ordnung ist –“

„Es ist nicht alles in Ordnung!“ Margaret weinte leidenschaftlich.

„Nun, das musst du dir nicht gefallen lassen – du bist furchtbar hübsch.“ Er ging einen Schritt näher. „Ich sage, gib mir einen Kuss zum Weitermachen.“

„Ich würde lieber sterben“, und sie zog sich näher an den Baumstamm heran.

„Nun, Sie brauchen nicht zu schaudern, als wäre ich Schlangen oder Kohlenteer; Sie wissen es vielleicht nicht, junge Dame, aber trotz Ihres guten Aussehens sind Sie nicht jedermanns Sache. Ich selbst bin immer noch kein Pikler Es ist nicht ganz einfach, ein Mädchen zu heiraten, das nicht in die Kirche geht und dessen Familie ein Rätsel ist. Das würde das Geschäft nicht bereichern, das versichere ich Ihnen.“

„Meine Familie ein Rätsel?“ sagte Margaret. Lena hob den Kopf wie eine Schlange und blickte durch die Blätter; sie konnte sie ganz deutlich sehen. "Wie kannst du es wagen-"

„Na ja, wir werden nichts mehr darüber sagen, wenn Sie explodieren. Dennoch können alle möglichen Verbrechen vertuscht werden, obwohl wir das Gegenteil wissen, und ich verstehe, dass die Farm dazu gehören wird Hannah nach und nach –“

„Und deshalb hast du vermutlich daran gedacht, sie zu heiraten?“ fragte sie empört.

„ Natürlich ist es das“, antwortete er triumphierend, „aber ich hätte dich lieber, wenn du gar nichts hättest. Ich bin ziemlich angetan von dir, Margaret, das bin ich in der Tat.“

„Wie kannst du es wagen, mich Margaret zu nennen?“

„Also gut, dann mag ich dich sehr gern, Entchen. Geht das? Und ich werde dich morgen heiraten, wenn du willst – hol dir eine Sonderlizenz, wecke den Pfarrer, und los geht's. Das hast du Ich muss nur das Wort sagen. Jetzt komm, gib uns einen Kuss und sag, dass alles in Ordnung ist. Ich bin kein schlechter Typ, das sage ich dir, und ich werde bestimmt weiterkommen, und wir werden alles Mögliche tun Dinge, wenn wir verheiratet sind – darauf können Sie wetten. Kommen Sie jetzt?“

„Mr. Garratt“, sagte Margaret mit leiser Stimme, „es ist sehr nett von Ihnen, mich heiraten zu wollen, aber – aber ich möchte, dass Sie verstehen“, und die heißen Tränen strömten über ihre geröteten Wangen, „dass ich es einfach kann." Ich ertrage dich nicht.

„Das ist eine klare Sache – du gibst sie ja raus, weißt du."

„Und um nichts in der Welt würde ich dich heiraten", fuhr sie fort; „Entweder du musst dich mit Hannah versöhnen, oder du musst aufhören, hierher zu kommen." Sie hatte ihre Tränen weggewischt und sah ihm errötet und hochmütig flehentlich ins Gesicht.

„Oh, ich sage, mach nicht so weiter, ich würde dich um nichts in der Welt unglücklich machen", und er trat einen Schritt vor.

„Oh, bleib bitte zurück!" sagte sie mit einem weiteren Schaudern. "Ich hasse dich-"

„Na gut, hasse mich", seine verletzte Eitelkeit überwältigte ihn, „aber ich werde auf jeden Fall etwas gegen meine Schmerzen haben", und in einem Moment war er nach vorne gesprungen und hatte versucht, sie in seine Arme zu schließen.

Margaret stieß einen Schreckensschrei aus, der in einem Staunen endete, denn plötzlich teilten sich die Blätter, die auf halber Höhe ihrer Kathedrale eine niedrige Mauer bildeten, und Lena erschien.

„Du darfst nicht so grausam sein!" Sie weinte. Er ließ Margaret los und starrte Lena mit offenem Mund an, die zum Baum ging.

„Ich sagte, du müsstest uns lieben, kleine Margarete; ich bin gekommen, um dich zu retten", sagte sie und legte ihre Arme um Margaret, der es vorkam, als wäre ihr Garten Eden voller Schlangen.

„Nun, wenn es Ihnen nichts ausmacht, würde ich gerne wissen, wer zum Teufel Sie sind, Miss?" sagte Mr. Garratt erstaunt, aber nicht im geringsten verwirrt.

„Ich bin Margarets Freundin", antwortete Lena mit ihrer süßen Stimme.

„Und was geht dich das an?" erkundigte er sich unverschämt.

„Ich kenne ihren Vater und ich kenne sie. Liebling", sagte sie und zog Margaret zu sich, „ich habe dir in London gesagt, dass es immer das Beste ist, alles über dich selbst zu erzählen", und dann wandte sie sich an Mr. Garratt. „Sie geht nicht in die Kirche; das ist sehr unrecht von ihr, aber sie würde gehen, wenn man sie dazu überreden würde. Vielleicht geht sie eines Tages mit mir. Und es gibt kein Geheimnis um ihre Familie. Es ist ein sehr, sehr Alter, nicht wahr, Liebes?" sagte sie und sah Margaret an. „Es kam mit dem Eroberer rüber."

„Nun, meines ist vielleicht mit dem von Noah durchgedreht, soweit ich das Gegenteil weiß. Was hat das damit zu tun?“ fragte Herr Garratt.

„Er meint es nur als Scherz, Liebling“, sagte Lena zu Margaret. „Er will nicht unhöflich sein –“ Sie stand da, die Arme um Margaret gelegt, und sah Mr. Garrett mit sanftem Vorwurf an .

„Schau her, ich gehe“, sagte er mit einer plötzlichen Inspiration; „Guten Morgen“, und schon war er auf dem direkten Weg zur Farm verschwunden.

XX

Hannah auf der Veranda sah ihn kommen.

„Mr. Garratt", sagte sie streng, „waren Sie spazieren? Ich dachte, ich hätte das Pony vorbeigehen hören, als wir in der Kirche waren."

„Ja, ich war spazieren", antwortete er verärgert, denn er hatte allmählich das Gefühl, dass die Dinge auf der Woodside Farm etwas zu viel für ihn waren.

„ Towsey sagt, du bist sofort rausgegangen, als das Pony angegriffen wurde."

„Das ist alles in Ordnung. Was dann?"

„Wo ist Margaret?"

„Dort oben im Wald", sagte er und deutete darauf, „bei einer jungen Dame, die, ihrem Gespräch nach zu urteilen, eine Flasche wohltuenden Sirup geschluckt hat und den Korken in sich herauskommen ließ."

„Und warum bist du in den Wald gegangen?" fragte Hannah ernst.

„Weil ich es gewählt habe. Sehen Sie, Miss Barton, ich möchte bitte nicht ins Kreuzverhör genommen werden."

„Nun, was ich gerne wissen würde, ist – um es klar auszudrücken – warum kommen Sie hierher, Mr. Garratt?"

„Das ist meine Sache", antwortete er. „Wenn Sie möchten, setze ich das Pony sofort ein und bin damit fertig, aber im Großen und Ganzen würde ich es vorziehen, zuerst etwas zu Abend zu essen, da ich einen guten Weg zurückgelegt habe." Immerhin hatte Mr. Garratt ein gutes Temperament, denn er sagte die letzten Worte mit einem Lächeln, das Hannah ein wenig beruhigte, die, da sie sah, dass sie wahrscheinlich das Schlimmste davontragen würde, ihre Hörner einzog.

„Ich wollte nicht unangenehm sein", sagte sie, „aber es ist wirklich schwierig, alles zu verstehen, was hier vor sich geht."

„Das ist genau das, was ich denke. Wer ist das Mädchen mit Margaret? Sie war wie eine Schlange, die aus dem Grün sprang und sich windete – sie sagte, sie kenne Vincent."

Dann erzählte ihm Hannah, etwas beruhigter, die Geschichte ihres gestrigen Besuchs.

„Nun, ich bin am Ende", antwortete Mr. Garratt nach einem Moment des Zögerns. „Ich habe dir gesagt, dass etwas dahintersteckt. Dieser Bruder von ihm, Lord Eastleigh – ich spreche natürlich direkt von ihm. Er war ein schrecklicher Rommé-Typ – heiratete Bella Barrington, die früher im

Cosmopolitan in Hornsey sang Straße. Ein ziemlich niedriges Grundstück, das kann ich Ihnen sagen. Nun, ich bin …“

„Mr. Garratt“, sagte Hannah entsetzt, „das sind Leute, mit denen wir nichts zu tun haben sollten.“

„Quatsch. Margaret wird ein Knirps sein.“

„Da ist kein Geld dabei.“

„Na ja, das ist schade“, sagte er, „aber es wird ihnen den Titel nicht nehmen. Ich wusste immer, dass sie etwas Besonderes sind.“

„Hannah“, sagte Towsey , als sie aus der Küche kam, denn sie richtete nur gegenüber Margaret ein respektvolles Präfix: „Ich bin bereit, dass du den Salat mischst.“

„Gehen Sie besser“, sagte Mr. Garratt, „ich habe großen Appetit – ich mache einfach einen Spaziergang bis zum Ende des Gartens, um ihn zu stillen.“ Denn als Hannah den Kopf drehte , hatte er Margaret auf das Tor des Holländischen Gartens zugehen sehen, und Mr. Garratt war ein politischer junger Mann.

„Miss Margaret“, sagte er respektvoll, „ich möchte mich für das entschuldigen, was ich gerade über Ihre Familie und darüber gesagt habe, dass Sie nicht zur Kirche gehen – es waren meine Gefühle, die mich mitgerissen haben. Ich habe gerade gehört, wer Sie sind.“ Ich habe immer gesagt, dass du wie jemand aussiehst; du erinnerst dich vielleicht, dass ich es dir an jenem Tag gesagt habe, als ich über die Felder gegangen bin. Und was das Nichtgehen in die Kirche angeht, ich stimme voll und ganz mit dem überein, was Mrs. Vincent meiner Meinung nach denkt, dass es so ist Es kommt darauf an, was man außerhalb tut, nicht darauf, was man drinnen tut.

„Es ist sehr nett von Ihnen, das alles zu sagen, Mr. Garratt, aber lassen Sie mich bitte passieren.“ Er ging neben ihr den grünen Weg entlang.

„Du weißt, was ich immer empfunden habe“, sagte er, „und wenn wahre Hingabe …“ Er hatte das Gefühl, dass dies der richtige Weg sei.

„Bitte sag nichts mehr.“ Sie war fast verzweifelt, denn durch die Veranda im dämmrigen Hintergrund konnte sie Hannahs zornige Gestalt sehen.

„Wenn wahre Hingabe für irgendetwas zählt“, fuhr er fort, „dann bekommen Sie sie von mir. Ich verstehe, dass mit diesem Titel kein Geld verbunden ist, und er wird überhaupt keinen Unterschied machen.“ , und Sie werden wollen, dass jemand Sie trotzdem liebt. Das wollen wir alle, Miss Margaret, und –"

„Margaret, du solltest besser reinkommen und das Abendessen nicht warten lassen", rief Hannah schrill. „Ich hätte denken sollen, dass du genug davon hast, dass Mr. Garratt ihn im Wald trifft, während andere Leute in der Kirche sind."

Mr. Garratt war beim Abendessen sehr still. Er musste über sein eigenes Vorgehen entscheiden. Er kam zu dem Schluss, dass es am sichersten sei, alle zu besänftigen , aber der Gedanke verschlug ihm den Atem, dass er, Jimmy Garratt, Hausverwalter von Petersfield und Guildford, Enkel mütterlicherseits von James Morgan, Lebensmittelhändler in Midhurst, es wollte Heirate Miss Margaret Vincent, wie er sie sich nun selbst beschrieb; Dennoch würde es nichts verlieren, wenn man damit weitermachte; Außerdem war er ein gutaussehender Kerl, viele Mädchen mochten ihn, und schließlich hatte Margaret kein Geld. Es wäre ein guter Schachzug, dachte er, sie nach Guildford zu bringen und ihr das Haus zu zeigen; Es gab ein richtiges Wohnzimmer und einen daran angrenzenden Wintergarten, und er konnte es sich leisten, sie ein wenig Geld ausgeben zu lassen; Sie sollte tun, was sie wollte, und wenn die Leute heutzutage miteinander klarkamen, spielte es keine Rolle, was sie am Anfang waren. Es gab viele von ihnen im Parlament, die Niemande waren, warum sollte er nicht eines Tages auch ins Parlament kommen – er war schon immer ziemlich gut im Reden gewesen, und am Ende würde er vielleicht einen eigenen Titel bekommen ? Er brauchte nur Geld zu verdienen, seinen Namen in die Zeitungen zu bringen und viel für eine Wohltätigkeitsorganisation zu spenden, die dem Königshaus am Herzen lag, und schon war er da.

„Sie sind heute sehr abwesend, Mr. Garratt", sagte Hannah, als sie ihm eine große Portion Himbeer-Johannisbeer-Torte reichte.

„Es ist sehr warm, Miss Barton; wirklich sehr warm."

„Ich finde immer", sagte Frau Vincent, öffnete ihre schönen Lippen und sah mit ihrem grauen Haar und den hohen Wangenknochen wie eine Frau aus einer Legende aus, „dass der Sommer mehr zum Nachdenken als zum Reden ist."

„Sie haben Recht, Frau Vincent; stimmen Sie nicht zu, Frau Margaret?"

„Ich weiß es nicht", antwortete Margaret nachlässig. „Der Sommer ist natürlich herrlich; es kommt einem immer so vor, als wäre die Welt dem Himmel ein kleines Stück näher gekommen –"

„Ich dachte, du glaubst nicht an einen solchen Ort", sagte Hannah scharf.

Frau Vincent blickte ihre jüngere Tochter mit liebevollen Augen an. „Manchmal glaubt das Herz das eine und der Kopf das andere", sagte sie. Aber Margaret aß schweigend ihre Torte, und Mr. Garratt, der immer noch die Chancen seiner Zukunft abwägte, folgte ihrem Beispiel.

XXI

Der Sonntagstee war vorbei. Hannah hatte Mr. Garratt den ganzen Nachmittag erfolgreich monopolisiert. Er wurde verzweifelt. „Sie würde einen Kerl in den Wahnsinn treiben", dachte er; „Nun, die Art, wie sie mit dem Teegeschirr in die Küche stapft, reicht aus, um jeden meilenweit von ihrer Spur abzubringen. Ich würde die Staffeln bekommen, wenn ich sie heiraten würde; außerdem würde sie nicht zulassen, dass jemand seine Seele sein Eigen nennt." als sie vierzig war. Er blickte zur Tür des besten Salons. Frau Vincent und Margaret waren da; er stand auf und ging kühn hinein. „Darf ich es wagen, um ein wenig Musik zu bitten?" er hat gefragt.

Als er eintrat, war Margaret schnell aufgestanden. „Oh, aber es ist Sonntag", antwortete sie.

„Ich dachte, es gäbe vielleicht keine Einwände gegen etwas Heiliges", sagte er. Sein Benehmen war respektvoll und ganz anders als am Morgen; und er hatte den ganzen Nachmittag aufmerksam auf Hannah geachtet – was für Margaret beruhigend war.

„Zu Mutters Zeiten haben wir immer gesungen und Kirchenlieder gespielt", sagte Frau Vincent; „Das alte Klavier wurde der Schule erst geschenkt, als James starb. Es war abgenutzt und ich dachte, sie würden sich darüber freuen." Der Ablauf war nicht ganz klar, aber niemand nahm ihn wahr. „Ich wünschte, du könntest Hymnen spielen, Margey ."

„Oh, aber ich kann etwas ganz Schönes spielen", antwortete sie und ging zum Klavier.

„Erlauben Sie mir", sagte Mr. Garratt und öffnete es.

Er stand in einer Haltung hinter ihr, während Chopins prächtige Akkorde nach oben rollten – zu Gerald Vincents Büchern und hinunter zu der grauhaarigen Frau in dem mit Chintz bedeckten Stuhl, bevor sie sich aus dem offenen Fenster in den holländischen Garten und den unbestimmten Wald schlichen dahinter, als suchten sie die Kathedrale.

„Margaret", rief Hannah und eilte aus der Küche, „machen Sie sofort das Klavier zu. Der Sonntag ist keine Zeit zum Spielen."

„Es ist nichts Frivoles", sagte Margaret; „Es ist ein Trauermarsch."

„Ich werde es nicht machen lassen", antwortete Hannah hartnäckig, immer eifersüchtig auf Margarets Leistungen. „Da ist ein Shake drin, und es ist ein Stück, das nur für Wochentage geeignet ist."

„Früher wurden Menschen sonntags beerdigt. Was kann ein Trauerstück schaden?" Fragte Frau Vincent.

„Es wurde auf meinen Wunsch gespielt", sagte Herr Garratt. „Das nächste Mal an einem Wochentag werde ich darum bitten, Miss Margaret. Ich werde bald wieder hier sein", fügte er mit leiserer Stimme hinzu.

Hannah ging zum Klavier, schloss es ab und steckte den Schlüssel in ihre Tasche. „Mr. Garratt", sagte sie und drehte sich zu ihm um, „ich denke, Sie sollten sich besser überlegen, wen Sie wochentags oder sonntags besuchen kommen, dann werden wir es erfahren."

„Ich habe es die ganze Zeit gewusst", sagte er und schlug damit seine Besonnenheit in den Wind.

„Na dann solltest du besser reden und damit Schluss machen."

„Sie sind es nicht, Miss Barton; jetzt wissen Sie es also."

Frau Vincent stand auf und sah ihn ernst und verzweifelt an.

„Und, bitte, wer ist es?" fragte Hannah; Es schien eine unnötige Frage zu sein, aber es bot sich nichts anderes an und es musste etwas gesagt werden.

„Nun, da Sie es wissen wollen, es ist Miss Vincent. Ich war vom ersten Moment an, als ich sie sah, in sie verliebt, und das ist die Wahrheit. Und was Sie betrifft, Miss Barton, Ihr Temperament ist etwas übertrieben Ich kann es ertragen, und ich würde nicht eingestellt werden, um bei Ihnen zu leben.

„Mr. Garratt –", begann Mrs. Vincent.

„Mrs. Vincent", sagte er und drehte sich scharf zu ihr um, „lassen Sie mich sprechen. Ich bin hierher gekommen, um mich um Miss Barton zu kümmern, das gestehe ich offen, aber ich war nicht in sie verliebt, ich wollte nur sein, und ich habe herausgefunden, dass ich das nicht kann. Es ist nicht gut, ihr Temperament ist insgesamt mehr, als ich riskieren könnte, also habe ich es jetzt gesagt.

„Hannah, es ist nicht meine Schuld", sagte Margaret, während sie zur Tür ging und spürte, dass Abwesenheit wieder der bessere Teil der Tapferkeit wäre.

„Halten Sie bitte an, Miss Vincent", rief Mr. Garratt. „Darf ich Sie bitten, noch eine Minute zu bleiben?" Er schloss die Tür, stellte sich mit dem Rücken dazu und sah die drei Frauen vor ihm kühn an: Mrs. Vincent in ruhiger Verwunderung, Hannah versteinert, aber scharlachrot vor Wut und Bestürzung, und Margaret, die spürte, dass tatsächlich endlich eine Krise gekommen war, aber nicht in der Lage war um ein wenig unfreiwillige Bewunderung für Mr. Garratts Mut zu zügeln. „Ich möchte, dass Sie hören, was ich zu sagen habe", fuhr er fort; „Mrs. Vincent, ich liebe Miss Margaret. Ich denke, sie ist das schönste Mädchen der Welt – die schönste junge Dame, die ich gerne sagen würde, aber ich kann mir das nicht vorstellen, was ich über sie gehört habe." „Der Tag macht einen Unterschied, und ich habe ihr gesagt, was ich heute Morgen im Wald von ihr halte, bevor ich etwas über ihre Familie wusste –"

"Oh!" kam ein wütender Ton von Hannah.

„Und ich habe es ihr bei jeder zweiten Gelegenheit gesagt, die ich hatte, was nicht sehr oft vorkam, denn sie wollte mir nichts geben, und Hannah hat mich festgehalten – so fest wie ein Hund." Aber ich liebe Miss Margaret, ich liebe den Boden, auf dem sie geht, und ich werde sie morgen heiraten, wenn sie mich will." Mr. Garratt war vehement geworden.

„Ich würde nicht – ich würde nicht –", sagte Margaret leise, aber er achtete nicht darauf.

„Und ich werde die Hoffnung auf sie niemals aufgeben. Ich bin froh zu hören, dass sie, obwohl sie wahrscheinlich die Tochter eines Lords ist, wahrscheinlich kein Geld hat, also kann man nicht davon ausgehen, dass ich es bin." Ich kümmere mich darum. Ich will keinen Penny bei ihr haben. Mir ist klar, dass die Farm Miss Barton gehören wird, und ich hoffe, dass sie sie behält. Ich will Margaret, und ich will sie so, wie sie ist, und ohne eine Penny. Es ist mir egal, was ich für sie tue oder wie hart ich arbeite. Ich kann es ihr jetzt bequem machen – und eines Tages werde ich sie reich machen –"

„Mr. Garratt, das ist alles unmöglich!" Margaret brach ein.

„Das sagen Sie jetzt, Miss Margaret", antwortete er; „Aber wenn du darüber nachdenkst, wirst du dich vielleicht anders fühlen. Und du wirst sehen, dass ich im Gespräch mit Hannah nur versucht habe, das zu tun, wozu ich gekommen bin, aber ich kann damit nicht weitermachen." Und da ist ein Ende. Es hat keinen Sinn zu sagen, dass ich dich nicht liebe, denn das tue ich, und ich verstehe auch nicht, warum ich es nicht sagen sollte. Ich würde alles in der Welt tun, um dich zu bekommen, und „Ich gehe jetzt weg", sagte er schnell und öffnete plötzlich die Tür, „aber ich werde Ihnen morgen schreiben, Miss Margaret, und Sie sollten es sich besser überlegen Was ich in dem Brief sage. Sie müssen nicht glauben, dass Sie Hannah im Weg stehen, denn ich würde lieber auf dem Rost gebraten werden, als sie zu heiraten. Gute Nacht, Frau Vincent; ich hoffe, Sie werden mir verzeihen . Miss Barton, ich wünsche Ihnen einen schönen Abend. Ich kenne den Weg zu den Ställen und kann das Pony zu mir bringen. Er stand einen Moment da und hielt die Tür zu, dann öffnete er sie und mit so etwas wie echter Leidenschaft in seiner Stimme – sie überwältigte seine Zuhörer und überzeugte sie – fügte er hinzu: „Miss Margaret, ich schäme mich nicht dafür, ich" Ich bin stolz darauf, und ich blicke zurück, um vor jedem noch einmal zu sagen, dass ich dich liebe, mehr als ich jemals gedacht hätte, jemanden auf der Welt zu lieben, und ich würde dich lieber heiraten, als zehntausend im Jahr zu haben. Auf

Wiedersehen ." Er schloss die Tür und eine Minute später sahen sie, wie er langsam am Fenster vorbei zum Stall ging.

Wie im gegenseitigen Einvernehmen warteten sie und lauschten auf das Geräusch von Mr. Garratts abfahrenden Rädern. Es schien eine Begleitung zu Hannahs Zorn zu sein, der mit seinem Weggang ausbrach.

In dieser Nacht, während Hannah noch die Schrauben unten prüfte, ging Margaret leise in das Zimmer ihrer Mutter.

„Mutter, Liebes", flüsterte sie, „ich möchte dir etwas sagen, und du darfst nicht unglücklich sein, du musst mir einfach vertrauen, Liebling; ich werde Hannah nie wieder im Weg stehen, denn ich werde nach London gehen."

„Es würde mir das Herz brechen!" Sagte Frau Vincent fast schluchzend. „Ich werde alt und nicht mehr so stark wie früher. Ich konnte es nicht ertragen, mich von dir zu trennen."

„Aber, liebe Mutter, ich kann nicht länger hier bleiben." Sie hob die Hände ihrer Mutter und küsste ihre Finger. „Das kann ich nicht, Liebling!"

„Aber wohin würdest du in London gehen?" fragte Mrs. Vincent, denn sie selbst spürte die Unmöglichkeit, auf der Woodside Farm Frieden zu finden, während Margaret blieb und ihr Mann abwesend war.

Hunstan gehen . Manchmal denke ich, ich würde auch gerne Schauspielerin werden."

„Das darfst du nicht, Margaret!" Frau Vincent weinte vor Angst. „Hannah würde dich nie wieder ins Haus lassen, denn sie sagt, dass Theaterschauspieler von Satan kommen und wieder zu ihm gehen, wenn ihr Tag vorbei ist."

Hannah kam die Treppe hinauf und blieb in der Tür stehen. Margaret blickte sie an und legte den Arm um die Schulter ihrer Mutter.

"Was machst du hier?" Sie fragte.

„Lass mich in Ruhe", sagte Margaret sanft. „Morgen werde ich nach London gehen."

„Und was wirst du dort tun? Du, der in der Woche nicht einen Tag lang gearbeitet hat, oder sonntags ein Gebet gesprochen oder um einen Segen für eine Mahlzeit gebeten hat, und der zu denen gehört, die sich schämen, die Leute wissen zu lassen, was sie sind." Haben Sie den Kopf verdreht, weil Mr. Garratt von Ihrer Art und Kunstfertigkeit mitgerissen wurde?"

„Ich überlasse ihn dir, Hannah, und gehe morgen weg."

„Ich werde dafür sorgen, dass du nichts dergleichen tust. Du bleibst hier, bis dein Vater zurückkommt, und lernst, dich zu benehmen."

Margaret gab keine Antwort. Sie schob ihre Mutter sanft in den großen Stuhl neben dem Kleiderschrank, kniete sich neben sie und küsste ihre grauen Haare und das dünne Gesicht und den Musselin um ihren Hals und die Fransen des Schals, der um ihre Schultern gelegt war.

„Komm, geh in dein Bett", sagte Hannah; „Wir wollen nicht die ganze Nacht hier festgehalten werden."

„Auf Wiedersehen", flüsterte Margaret ihrer Mutter zu und küsste sie noch einmal sanft. Dann stand sie auf und ging langsam weg. „Gute Nacht", sagte sie über die Schulter zu Hannah, als sie in ihr eigenes Zimmer ging.

„Ich sperre sie ein, wenn ich irgendwas Unsinn mit ihr mache", hörte sie Hannah sagen, als sie die Tür schloss.

Margaret saß lange da und dachte nach. „Es wäre besser, es hinter sich zu lassen", sagte sie schließlich. „Hannah könnte mich morgen früh daran hindern; es würde eine weitere Szene geben, und es würde ausreichen, um Mutter zu töten – ich kann es nicht länger ertragen lassen."

Müde griff sie nach der Gladstone-Tasche, die ihr Vater ihr gegeben hatte, vom Regal oben im Schrank in der Wand. Es war nicht sehr groß und zum Glück leicht; Sie hatte das Gefühl, dass sie es ganz gut zum Bahnhof tragen konnte. Sie packte die Dinge zusammen, von denen sie glaubte, dass sie sie sofort brauchen würde , die Tasche passte problemlos hinein. Dann holte sie einen Koffer heraus und packte den Rest ihrer Kleidung hinein. Am anderen Ende des Zimmers befand sich eine kleine, altmodische Kommode, in der sie das Geld für zwei Viertel aufbewahrte, das sie seit dem Weggang ihres Vaters erhalten hatte. Sie nahm es heraus und betrachtete es verwundert. Und schließlich setzte sie sich hin, um ihrer Mutter zu schreiben. Als sie ihr Löschbuch öffnete, sah sie ein Blatt Notizpapier, das sie an dem Tag, als sie zum ersten Mal an Miss Hunstan schrieb, verdorben hatte . Es brachte sie dazu, an Tom Carringford und den schrecklichen Tee zu denken, den Mr. Garratt in seinen Bemerkungen triumphierend zum Ausdruck gebracht hatte; und plötzlich brach sie zusammen und weinte, denn schließlich war sie nur ein Mädchen und sehr einsam. Vielleicht fühlte sie sich durch die Tränen besser, denn sie griff zur Feder, aber ein kleiner, unzusammenhängender Brief war alles, was sie herausbrachte; Sie gab die Adresse ihrer Mutter , Miss Hunstan , und sagte, sie würde so schnell wie möglich und jeden Sonntagmorgen wieder schreiben und dass sie sie jede Stunde lieben und ihr eigenes Mädchen sein und ihrer würdig sein würde. Als es fertig war, legte sie es auf den kleinen schwarzen Mahagonitisch, setzte ihren Alltagsumhang und Hut auf, nahm ihre Tasche, zögerte und sah sich ungläubig um.

Es war so seltsam, mitten in der Nacht das Haus zu verlassen, sie konnte kaum glauben, dass sie wach war. Sie öffnete sehr vorsichtig die Tür und lauschte, aber alles war dunkel und still, bis auf das Ticken der altmodischen Uhr im Flur darunter. Sie ging leise hinunter und wartete und lauschte noch einmal, aber niemand hatte sie gehört. Entlang des Durchgangs zur Hintertür, denn sie hatte nicht so viele Riegel wie die Vordertür und ließ sich sanfter öffnen. Der Schlüssel hing an einem Haken, sie nahm ihn herunter, drehte ihn im Schloss, zog den einen langen Riegel zurück und stieg aus. Die Sommerluft wehte sanft und kühl auf ihrem Gesicht, aber der Himmel war bewölkt. Sie zog die Tür zu, schloss sie draußen ab, schob den Schlüssel darunter zurück in den Flur und stand wie ein Flüchtling in der Dunkelheit. Sie packte ihre Tasche fest und ging sanft über die Steine, die direkt vor der Hintertür lagen, und so weiter zum Garten, den grünen Weg hinunter und durch das Tor; es schloss sich mit einem Klicken, und sie fragte sich, ob Hannah es im Schlaf hörte; über das Feld und über den Zauntritt – sie dachte an Mr. Garratt – in das nächste Feld, und dann wurde ihr plötzlich die Torheit dieses überstürzten Aufbruchs klar. Sie hätte zumindest bis zum Morgen warten können, denn vor sechs Uhr fuhr kein Zug. Sie hatte fünf oder sechs Stunden Zeit, um ebenso viele Meilen zu laufen. Sie setzte sich auf die Stufe des Zauntritts und strengte ihre Augen an, um die Bäume zu sehen, die ihre Kathedrale bildeten, aber sie waren nur eine Masse aus Schwärze in der Nacht; Sie ließ ihre Tasche am Zaunzaun stehen und ging über das Feld zurück zum Gartentor, blickte noch einmal auf das Haus und auf das verdunkelte Fenster ihrer Mutter und ging dann wieder zurück zum Zaunzaun. Allmählich überkam sie der natürliche Jubel der Jugend.

„Ich gehe nach London", sagte sie atemlos, „um mein Glück zu suchen, genau wie Dick Whittington es getan hat und wie Lena Lakeman sagte, ich hätte es tun sollen."

Sie bückte sich und befühlte das Gras – es war ziemlich trocken; Sie benutzte ihre Tasche als Kissen, zog ihren Umhang um sich und streckte sich aus, um ein oder zwei Stunden lang auf dem weichen grünen Boden auszuruhen. „Oh, wenn Mutter wüsste, dass ich hier auf den Feldern liege, was würde sie sagen? Aber es ist herrlich, wenn mir die kühle Luft ins Gesicht weht, und ich habe bereits das Gefühl, frei zu sein."

Aber der Schlaf wollte nicht kommen; Sie war unruhig und aufgeregt, und es schien, als ob sich die Schatten aller Menschen, die sie kannte, um sie drängten. Sie konnte die Hand ihrer Mutter auf ihrem Kopf spüren, hörte Hannah schimpfen und sah, wie ihr Vater sich zurückhielt – bis sie es nicht länger ertragen konnte. Sie setzte sich auf und sah sich um; die Morgendämmerung begann; im trüben Licht konnte sie das Grün des Grases sehen.

„Liebes Land", sagte sie und senkte erneut den Kopf, „wann werde ich wieder über dich hinweg zum Haus meiner Mutter gehen?"

XXII

Margarets Herz klopfte schnell, als der Wagen vor dem Haus in der Great College Street anhielt. Frau Gilman öffnete die Tür.

„Miss Hunstan ist am Samstagabend weggegangen, Miss", sagte sie; „Sie ist für drei Wochen nach Deutschland gegangen."

„Oh ja – nach Bayreuth; sie sagte, sie könnte gehen, aber ich hätte nicht gedacht, dass es so bald sein würde." Margaret stand bestürzt da.

„Kann ich irgendetwas tun, Miss? Sie sind die junge Dame, die an diesem Morgen mit Mr. Carringford gekommen ist und die Blumen herausgestellt hat?"

„Ja – ja! Ich dachte, Miss Hunstan würde mir einen Rat geben", antwortete Margaret verzweifelt. „Ich bin dieses Mal alleine nach London gekommen, nicht mit meinem Vater, und ich möchte irgendwo leben." Einen Moment lang sah Mrs. Gilman sie zweifelnd an.

„Man ist noch sehr jung, um allein zu sein", sagte sie.

„Oh ja, ich bin sehr jung; aber das hat nichts damit zu tun."

„Und du hast keine Freunde in London?"

„Ich fürchte, sie sind alle weg", antwortete Margaret. „Mrs. und Miss Lakeman reisen heute nach Schottland."

„Ich kenne sie", sagte Mrs. Gilman mit strahlendem Gesicht, „und Sie kennen Mr. Carringford auch?"

„Oh ja. Ich habe mit meinem Vater im Langham Hotel übernachtet", fuhr sie fort, „aber ich habe jetzt Angst, dorthin zu gehen – allein."

„Ich habe ein Schlafzimmer und ein Wohnzimmer; vielleicht würden sie Ihnen gefallen, Fräulein; es sind die Salons. Fräulein Hunstan bevorzugte die untere Etage, weil man dort leichter ein- und ausgehen konnte. Ich weiß nicht, ob das so wäre zu teuer sein?"

„Oh nein", sagte Margaret, „ich habe viel Geld", denn es schien ihr, als hätte sie ein unerschöpfliches Vermögen; und da dies eine erfreuliche Aussage war, lud Mrs. Gilman sie bereitwillig ein. Und so wurde sie innerhalb einer Stunde in zwei getäfelten Zimmern untergebracht – genauso komfortabel, wenn auch nicht so zierlich wie Miss Hunstans unten, und Mrs. Gilman hatte Margaret erklärt, dass sie Miss Hunstan seit ihrer Ankunft in England gekannt hatte, und zwar oft mit ihr ins Theater gegangen oder sie zurückgeholt. Und Margaret hatte Mrs. Gilman gesagt, dass sie auch Schauspielerin werden wollte.

„Mit der Zeit, Miss, nehme ich an", antwortete Mrs. Gilman mit einem mütterlichen Lächeln. Als dann ein Telegramm nach Chidhurst geschickt worden war – denn Margaret spürte , dass das Herz ihrer Mutter den ganzen Morgen über geschmerzt hatte – und als sie allein in ihrem eigenen kleinen Wohnzimmer gefrühstückt hatte, hatte sie das Gefühl, dass sie sich tatsächlich auf den Weg gemacht hatte Weg durch die Welt allein. Sie beschloss, Mr. Farley kein Zeichen zu geben, bis die Lakemans nach Schottland aufgebrochen waren – sie sollten an diesem Morgen um zehn Uhr von Euston aus aufbrechen. Morgen würde es sicher sein, und sie würde schreiben und fragen, ob er sie „weitergehen" lassen würde, wie Miss Hunstan es einmal getan hatte.

Aber angenommen, er weigerte sich, was dann? Plötzlich kam ihr die Erinnerung an die Schauspielagentur im Strand in den Sinn, die sie während ihres Aufenthalts im Langham in der Werbung gesehen hatte. Wenn Mr. Farley nichts für sie tun könnte, könnte die Agentur ihr helfen; darin hieß es, Engagements seien garantiert. Ihre Abenteuerlust veranlasste sie, noch am selben Nachmittag zu versuchen, es zu finden. Es war am Strand, wo ihr Vater ihr die Gladstone-Tasche gekauft hatte, und auf die seltsame Art und Weise, die Kleinigkeiten manchmal im Gedächtnis hinterlassen, war die Hausnummer bei ihr geblieben. Aber jetzt war sie müde von der langen Aufregung und der Nacht unter dem Himmel. Sie legte ihren braunen Kopf auf ein Kissen und war nach zehn Minuten fest eingeschlafen.

Sie fragte Mrs. Gilman nach der Adresse und schrieb, bevor sie ging, einen langen Brief an Miss Hunstan , in dem sie ihr alles erzählte, was sie getan hatte und tun wollte, und sie um Rat bat. Dann machte sie sich auf die Suche nach der Agentur und fand sie problemlos. Es befand sich im zweiten Stock, eine schmutzige Treppe hinauf; Sie blieb stehen, um Mut zu fassen, und klopfte schwach an die Tür, auf der in weißen Buchstaben stand: „Mr. Baker, Theateragent."

"Komm herein!" sagte eine Stimme. Sie trat ein und fand einen großen Raum vor, der wahllos mit Theaterzetteln und Werbung behängt war. An einem Schreibtisch gegenüber dem Fenster saß ein vierzigjähriger Mann mit rotem Gesicht und Glatze. In einem Sessel am Kamin saß eine Frau, teuer und ziemlich auffällig gekleidet. Ihre großen, grauen Augen waren strahlend, aber ausdruckslos. Sie hatte eine Menge blondes Haar aufwendig frisieren lassen; Die Farbe ihrer Wangen veränderte sich nicht, sie konnte zwischen achtundzwanzig und vierzig alt sein. Am Kamin lehnte ein junger Mann, glatt rasiert und gut gekleidet. Margaret hörte ihn sagen:

„Ganz sicher nicht, ich zahle keinen Cent; wenn ein Manager kein Vertrauen in die Sache hat , kann er es auch lassen."

„Sie werden nie jemanden dazu bringen, es zu riskieren", sagte die Frau lachend. „Regeneration zahlt sich nie aus –" Sie hielt inne, als Margaret eintrat, und versuchte nicht, die Bewunderung zu verbergen, in die sie überrascht war.

Aber Margaret hatte das Gefühl, dass es unmöglich sein würde, vor ihr zu sprechen. „Vielleicht komme ich besser ein anderes Mal?" Sie begann. Der junge Mann am Kamin sah sie aufmerksam an, aber er verstand den Hinweis.

„Guten Morgen, Baker, ich komme später vorbei", sagte er und ging mit einem weiteren Blick auf Margaret.

Der Mann am Schreibtisch drehte sich zu ihr um: „Was können wir nun für Sie tun, Madam? Sie können vor Miss Ramsey sprechen – wenn Sie eine Verlobung eingegangen sind, kann sie Ihnen vielleicht sogar einen Rat geben." " Margaret warf einen kurzen Blick auf die Frau und dann durch das hässliche Büro, und dabei schien ein wenig vom Glamour der Bühne zu verschwinden. Nur für einen Moment; Dann kam ihr Mut zurück, und die Hoffnung, die der Jugend nie wankelmütig ist, stand ihr bei. Dieses Büro sei nicht die Bühne, nicht einmal seine Schwelle, dachte sie; es war nur die kleine schmale Straße, trostlos und ungepflegt, die von der Hauptverkehrsstraße abzweigte.

„Sie sehen aus, als kämen Sie vom Land", sagte Miss Ramsey. Ihre Stimme verriet den Wunsch, freundlich zu sein.

„Ja, ich komme vom Land", antwortete Margaret. Sie wandte sich erneut an Herrn Baker: „Ich möchte auf die Bühne gehen", sagte sie, „und verstand, dass Sie Hilfe und Rat geben könnten."

„Sicherlich", sagte er in sachlichem Ton und schlug ein Buch neben sich auf. „Für die Eingabe Ihres Namens berechnen wir eine Guinea."

Sie sah ihn an und ein Lächeln erschien auf ihren Lippen. „Ich möchte zuerst wissen, was Sie für mich tun können", antwortete sie und Mr. Baker kam zu dem Schluss, dass sie nicht so dumm war, wie er es sich vorgestellt hatte.

„Wir können alles für Sie tun, meine liebe junge Dame, aber Sie müssen uns einen Grund nennen, warum wir uns für Sie interessieren. Wir geben keine Ratschläge umsonst …" Die Tür öffnete sich und ein Mann trat ein.

„Können Sie mir sagen " , fragte er und bezog sich dabei auf ein Notizbuch, „wo ,The Ticket of Leave Man' zuletzt gespielt wurde und ob Miss Josephine de Grey, die letztes Jahr in der Provinz unterwegs war, in letzter Zeit irgendwelche Verpflichtungen hatte? "

Mr. Baker konsultierte zwei Bücher aus einem Regal hinter ihm und antwortete beiläufig: „‚Ticket of Leave Man‘, Prince of Wales's Theatre, Harrogate, 22. Februar letzten Jahres, eine Woche lang. Miss Josephine de Gray spielte fünf Abende im Königshaus." im März dieses Jahres; das Engagement endete aufgrund des Misserfolgs des Managements."

„Danke", sagte der Mann, hinterlegte ein Honorar und ging. Der Vorfall hatte Auswirkungen auf Margaret.

„Ich werde die Guinea bezahlen", sagte sie. „Würden Sie mir sagen, wie ich anfangen soll?"

Er nahm das Buch noch einmal zur Hand: „Margaret Vincent – wirklich Ihr eigener Name, nicht wahr ? – groß, anmutig, gutaussehend. Sagen wir neunzehn? Möchten Sie Jungenrollen spielen?"

"Sicherlich nicht."

„Burlesque oder Gesangsparts?"

„Nein, ich möchte in echten Stücken schauspielern oder schauspielern lernen. Eines Tages möchte ich in Shakespeares Stücken mitspielen;" Sie empfand es als Sakrileg, seinen Namen in dieser Umgebung zu erwähnen. „ Natürlich weiß ich, dass ich zunächst sehr kleine Rollen spielen muss."

„Jemand, der Sie mit Geld unterstützt?"

"NEIN."

„Irgendwelche Freunde aus der Aristokratie oder der Presse?"

"NEIN."

„Sie wird sie bald haben", sagte Miss Ramsey mit einem Lachen, das Mr. Baker auf eine Weise wiederholte, die Margaret besonders beleidigend fand.

„Ich stimme voll und ganz zu", sagte er. „Und Sie kennen niemanden in diesem Beruf?" er fragte sie.

„Ich kenne Mr. Dawson Farley und Miss Hunstan ein wenig."

Sein Verhalten änderte sich völlig. „Meine liebe junge Dame, was könnte besser sein? Sie sind Spitzenreiter in ihrem Beruf." Er klappte das Buch zu, als wollte er Zeit zum Nachdenken. „Unser Honorar für das Erscheinen ohne Gehalt beträgt zwei Guineen; mit Gehalt zehn Prozent. Ich glaube, Sie haben gesagt, Great College Street, Westminster – abgelegen und in der Nähe der Abtei – wirklich sehr schön", schrieben Sie die Adresse auf. „Sie könnten noch einmal anrufen, Miss Vincent, oder Sie werden von uns hören", und er klappte das Buch zu.

Margaret drehte sich schnell zur Tür und nickte Miss Ramsey und Mr. Baker leicht hochmütig zu.

„Ich halte nicht viel von dem Benehmen der jungen Dame", sagte Mr. Baker, nachdem sie gegangen war, „aber ihr Gesicht sollte ein Vermögen sein. Ich frage mich, ob sie Farley wirklich kennt?"

Miss Ramsey stand auf und betrachtete sich selbst in dem von Fliegen zerfressenen Glas und den schmutzigen Karten, die darin steckten. „Ich wünschte, ich wäre so jung wie dieses Mädchen; ich habe es satt, im Müll herumzuspielen", sagte sie.

„Warum bittest du Farley nicht, dir etwas zu geben?"

„Nicht gut. Ich kann seine herablassende Art nicht ertragen."

„Lass Murray dir eine Rolle schreiben."

„Bosh! Er hat mir einen Akt aus einem seiner Stücke vorgelesen, langatmiges Gerede und nichts zu tun, zu viel Poesie und nicht genug – nicht genug Größe für mich. Ich möchte etwas, mit dem ich mich in einem Stück bewegen kann. Außerdem, er wird kein Geld riskieren, nicht einmal für seine eigenen Sachen; dafür ist er zu platonisch – Platoniker sind immer sparsam. Ta-ta."

„Haben Sie einen Whisky und eine Limonade?"

„Nein, danke", und auch sie verschwand die schmutzige Treppe hinunter, die Margaret ein paar Minuten zuvor genommen hatte.

<hr>

XXIII

Es war fünf Uhr, als Margaret erneut an der Haustür in der Great College Street klopfte.

„Eine Dame wartet auf Sie", sagte Mrs. Gilman, als sie sie hereinließ.

"Eine Dame!" rief Margaret aus und eilte die Treppe hinauf. Im Wohnzimmer saß Hannah. Sie trug ihr blaues Alpakakleid und den schwarzen Strohhut mit der hochstehenden Schleife auf einer Seite; Sie hatte ihren Umhang beiseite geworfen, und als sie Margaret sah, nahm sie ihren Hut ab, als wollte sie sich auf den Kampf vorbereiten.

„Nun", sagte sie, „das ist eine hübsche Sache, nicht wahr? Du wirst einfach in diesem Moment mit mir nach Hause kommen."

Margaret stand mit dem Rücken zur Tür. „Es ist sehr nett von dir, heraufzukommen, Hannah, aber ich bleibe hier", antwortete sie.

„Du wirst nichts dergleichen tun."

Die Entschlossenheit in Hannahs Stimme riss Margaret den Zahn zwischen die Zähne. „Ich werde hier bleiben", wiederholte sie.

„Entweder du kommst in dieser Minute nach Hause", antwortete Hannah, die zu dem Schluss gekommen war, dass eine strenge Politik das Richtige für Margaret sei, „oder du kommst überhaupt nicht."

„Dann komme ich überhaupt nicht – bis mein Vater zurückkommt."

„Und das wird erst in einem weiteren Jahr der Fall sein. Heute Morgen gab es einen Brief, der es deutlich zeigte."

„Dann komme ich zurück, wenn du verheiratet bist, um mich um unsere Mutter zu kümmern."

Hannah wurde blass vor Wut. „Jetzt schauen Sie her, Margaret", sagte sie, „und verstehen Sie, dass ich keine Verspottungen von Ihnen will. Sie haben sorgfältig darauf geachtet, all dem ein für alle Mal ein Ende zu bereiten. Ich bin davon überzeugt, dass Sie denken, dass Mr. Garratt einer ist." Ich werde dir bis nach London folgen. Daraufhin hob Margaret schnell den Kopf, konnte Hannah aber nur halb überzeugen.

„Ich will Mr. Garratt nicht", sagte sie, „und ich werde ihn nicht wissen lassen, wo ich bin, das verspreche ich Ihnen, und wenn er es herausfindet, wird er das Haus nicht betreten. Gestern verlor er die Beherrschung, Aber er meinte nichts von dem, was er sagte, und jetzt, wo ich weg bin, wird er zu dir zurückkommen.

„Ich werde gut darauf achten, dass er den Ort nie betritt", sagte Hannah. „Vielleicht wissen Sie nicht, dass er Ihnen einen Brief geschrieben hat? Ich konnte seine Handschrift auf dem Umschlag erkennen, obwohl er versucht hat, sie zu ändern."

„Du kannst es öffnen und lesen, oder es ihm zurückgeben oder ins Feuer legen", antwortete Margaret. „Es ist ein so langer Weg für dich. Möchtest du nicht etwas Tee trinken, Hannah?"

„Ich möchte keinen Tee. Wenn du dort schläfst", fügte sie hinzu und nickte in Richtung des anderen Zimmers, „so solltest du besser sofort deine Sachen packen. Wir werden Zeit haben, den 6.50 zu fangen; Es macht mir nichts aus, ein Taxi zum Bahnhof zu nehmen.

„Es nützt nichts; ich komme nicht", antwortete Margaret bestimmt.

„Und was denkst du, was du in London machen wirst?" fragte Hannah und begann wieder die Beherrschung zu verlieren. „Und was ist das für ein Haus, möchte ich wissen, in dem du wohnst, mit einer Schauspielerin, die unten wohnt? Das habe ich schon herausgefunden."

„Ich hoffe, dass ich bald auch Schauspielerin werde."

"Du!" Hannah hätte fast geschrien. „Ihr, die keiner Religion angehört, wollt jetzt Schauspielerin werden; wo wird eurer Meinung nach alles enden?"

„Ich werde nicht mit dir darüber reden", antwortete Margaret hochmütig, „es war sehr nett von dir, zu kommen, aber wenn du keinen Tee willst , solltest du besser wieder nach Hause gehen. Ich habe an Vater geschrieben, und Ich weiß, dass meine Mutter mir vertrauen wird. Ich habe nichts von der Religion, die dich eng und hart macht; du hast mir Angst gemacht, überhaupt daran zu denken; und ich werde Schauspielerin. Aber das werde ich nicht irgendetwas falsch machen –"

„Wir sind alle schwach …", begann Hannah bestürzt.

„Ich werde so stark sein, wie ich kann", rief Margaret leidenschaftlich. „Gehen Sie zurück, Hannah, und denken Sie noch einmal darüber nach. Wenn es zu Hause Frieden geben kann und Mr. Garratt kein Zankapfel zwischen uns ist – ich will ihn nicht, verstehen Sie –, werde ich bald wieder nach Hause kommen."

„Du kommst heute Abend mit mir zurück", beharrte Hannah, „sonst wirst du das Haus nicht wieder betreten."

„Ich werde heute Nacht nicht mit dir zurückkommen", antwortete Margaret hartnäckig.

„Das ist es, von dem ich immer wusste, dass es dabei herauskommen würde. Verstehe jetzt, Margaret, ein für alle Mal, dass ich die Tür vor dir verschließen werde, wenn du nicht mit mir zurückgehst. Ich würde jedoch den Schlüssel umdrehen und die Riegel selbst schließen." Es war die kälteste Nacht im Winter.

„Aber denken Sie daran, ich habe ein Recht zu kommen", sagte Margaret und strahlte ein wenig. „Du hast kein Recht, mich aus dem Haus meiner Mutter auszusperren."

„Richtig oder nicht, du darfst nicht eintreten, bis ich gezwungen bin, dich hereinzulassen. Ich habe lange genug Ungläubige an diesem Ort gehabt, aber auch wenn es um Schauspielerinnen geht, ist es an der Zeit, dass ich Stellung beziehe, und ich' „Ich werde es schaffen. Na denn, kommst du?" fragte sie mit drohender Stimme.

"Nein, bin ich nicht."

„Also gut, der Rest liegt in Ihren eigenen Händen." Hannah öffnete die Tür und zögerte. „Ich bin sicher, ich habe genug von dir", sagte sie, als sie die Treppe hinunterging. Margaret flog ihr nach.

„Oh, sag meiner Mutter, dass ich sie liebe", rief sie flehend.

"Schöne Liebe!" sagte Hannah verächtlich, als sie durch die kleine Halle und auf die Straße stolzierte.

„Hannah –"

"Schöne Liebe!" wiederholte Hannah vom Bürgersteig aus: „Ich habe keine Geduld damit", und marschierte mit erhobenem Kopf die Straße hinauf.

Margaret ging zurück ins Wohnzimmer und warf sich neben dem Sofa auf die Knie. „Oh, was kann ich tun?" Sie weinte. „Wenn ich nur jemanden hätte , der mir hilft! Das ist es, was es bedeutet – deshalb wollen sie es so", fuhr sie zusammenhangslos fort. „Menschen sind nicht stark genug, um ihr Leben alleine zu meistern – deshalb werden alle Fehler gemacht. Ich muss ihr sofort schreiben. Oh, meine liebe, liebe Mutter." Sie ging zum Schreibtisch auf einer Seite des Zimmers. Da war ein abgenutztes altes Löschbuch und darin ein Blatt zerknittertes Notizpapier. Sie strich es glatt und schüttete mit einem elenden, spitzen Stift ihr Herz in einem Brief aus, und es ging ihr besser. Ihre Mutter würde es verstehen, ihre Mutter würde es immer verstehen, und sie würde ihr vertrauen und abwarten. Sie wünschte, sie hätte die Farm nie verlassen, hätte Hannahs Schelte ertragen und alles ertragen, anstatt das liebe Zuhause ihres ganzen Lebens zu verlassen. Erst jetzt, da sie von ihr getrennt war, wurde ihr klar, dass ihre Mutter alt wurde – wie dumm es ihr vorkam, überhaupt die Zeit mit ihr zu verpassen. Aber Hanna war nicht zu ertragen. Tag für Tag, Woche für Woche, seit ihr Vater gegangen war , hatte sie Margaret gequält, und abgesehen von Anfällen und Anfällen war ihre Mutter zu sehr in ihren eigenen Träumen versunken, um es überhaupt zu bemerken, außer natürlich, wenn es Szenen gegeben hatte, und diese waren für Mrs. Vincent fast genauso anstrengend wie für Margaret. Schließlich hatte sie eine weise Tat getan, vor allem seit Mr. Garratt ihr geschrieben hatte und ihr Vater noch nicht nach Hause kam. „Es ist nur der Anfang, der so schwer ist", sagte sie sich, „bald wird es besser." Sie blickte auf die Uhr auf dem Kaminsims. Zu diesem Zeitpunkt müssen die Lakemans in Schottland in Sicherheit sein; Hannah war auf dem Weg zurück nach Chidhurst . Sie fragte sich, ob Tom Carringford in London war und ob er gestern überhaupt an sie gedacht hatte, als er zum Essen in das Haus auf dem Hügel ging – ob er auch nur einmal zur Woodside Farm hinübergeschaut hatte.

XXIV

Es war das Seltsamste, morgens aufzuwachen und zu erkennen, dass sie allein in London war und auf eigene Verantwortung lebte. Es war das Seltsamste, in ihr Wohnzimmer zu gehen und zu sehen, wie ihr das Frühstück serviert wurde.

„Oh, ich kann nicht alleine leben", rief sie; „Es ist so eine verrückte Sache." Aber Hunderte haben es getan, warum nicht sie? Mut! Sie hatte sich auf den Weg durch die Welt gemacht, und es wäre besser, sofort damit zu beginnen, die Arbeit zu organisieren, die sie erledigen wollte. Sie kannte den Namen von Mr. Farleys Theater; Sie fragte sich, ob es besser wäre, ihn zu besuchen, als ihm zu schreiben. Es war so schwierig, Dinge in einem Brief zu erklären, und sie hatte bereits gelernt, dass man, um an einen Ort in London zu gelangen, den sie nicht kannte, nur ein Taxi nehmen und den Mann am Ende der Reise bezahlen musste.

Sie war zu ungeduldig, um lange zu warten, und es war erst elf Uhr, als sie an der Kasse des Theaters nach Mr. Farley fragte und ihr gesagt wurde, sie solle zum Bühneneingang gehen. Der Bühneneingang befand sich in einem Hof, hässlich und eng; Der Türhüter in einem kleinen Büro auf der rechten Seite erkundigte sich nach ihrem Geschäft. Ihr Name wurde auf einen Zettel geschrieben und an Mr. Farley geschickt, und nachdem sie einige Minuten in einem heruntergekommenen Gang gewartet hatte, kam ein Junge und bat sie, ihm zu folgen – über die Bühne, die wie eine starre Wüste aussah , und vorbei an der Landschaft, die an den Wänden lehnte, Latten und Leinwand und Pappe und groben Farben, die ihr auf unangenehme Weise die Realitäten des Lebens vor Augen führten, das sie suchte; eine kleine Treppe hinauf und in ein komfortables, gut eingerichtetes Zimmer, in dem signierte Porträts von Prominenten hingen. Mr. Farley kam ihr entgegen; Er schüttelte ihr die Hand und blickte sie anerkennend an, denn er hatte den Zweck ihres Besuchs bereits erraten.

„Und was hat Miss – Miss Hannah war es – zu diesem Plan gesagt?" fragte er lächelnd, als sie ihre Ambitionen geäußert hatte.

„Sie ist damit nicht einverstanden; aber meine Mutter wird mir vertrauen."

„Und das tut irgendjemand „Wissen Sie, dass Sie in London sind?", fragte er und seine Gedanken wanderten zu Tom Carringford .

„Niemand; ich habe Miss Hunstan geschrieben , aber sie ist in Bayreuth. Ich möchte nicht, dass es jemand anderes erfährt, Mr. Farley – mein Leben gehört mir", fügte sie schnell hinzu, „und ich möchte es tun." Fangen Sie sofort an. Können Sie mich „weitergehen" lassen, wie es Miss Hunstan einst getan hat?"

Das Mädchen hatte was in sich, dachte er. „ Sie können natürlich weitergehen, wenn Sie möchten, Miss Vincent; wir können leicht Platz für ein oder zwei weitere schaffen", antwortete er. „Aber verstehen Sie, es bedeutet harte Arbeit; Sie müssen zur Probe kommen und vielleicht stundenlang warten, und wenn wir anfangen zu spielen , müssen Sie natürlich jeden Abend vorbeikommen, und nichts darf Sie zu Verspätung oder Verspätung bringen nachlässig – krank oder gesund, Sie müssen hier sein. Keine Ausreden erlaubt; Ihre Arbeit muss vor allem anderen stehen, und zunächst einmal erhalten Sie eine Guinee pro Woche. Junge Damen neigen dazu zu denken, dass sie nur auf die Bühne laufen müssen, um zu werden Schauspielerinnen, aber Sie werden feststellen, dass nichts ohne harte Arbeit und geduldiges Warten geht, es sei denn, Sie sind ein Genie; wenn Sie es sind, werden wir es entdecken. Wir beginnen heute um 11.30 Uhr mit den Proben; Sie können warten, wenn Sie möchten." Und so entließ er sie, da ihm klar wurde, dass er im Theater ein ganz anderer Mensch war als der Dawson Farley in Mrs. Lakemans Salon oder im Garten der Woodside Farm. Dennoch hatte ihn ihr Besuch interessiert. Es war sehr seltsam, dachte er, dass dieses Mädchen aus der Atmosphäre, in der er sie letzte Woche gesehen hatte, in eine einsame Unterkunft in Westminster kam. Insgesamt sehr seltsam. Zum Glück war sie bei Mrs. Gilman angekommen, einem respektablen Haus und einer netten Frau. Er hatte fast Lust, die ganze Sache an Mrs. Lakeman zu telegrafieren und ihr vorzuschlagen, Margaret nach Schottland einzuladen; es wäre weitaus besser für sie, als in London zu bleiben; aber schließlich ging es ihn nichts an, und es gefiel ihm nicht, geschäftliche und private Angelegenheiten zu vermischen. Als er jedoch an Pitlochry schrieb, beschloss er, Mrs. Lakeman von Margaret zu erzählen; Sie war eine kluge, praktische Frau und würde wissen, ob etwas für das Mädchen getan werden sollte.

Inzwischen war Margaret dem Bühnenmanager übergeben worden und wartete gespannt auf den Beginn der Probe. Es war hässlicher, als sie erwartet hatte. Das klaffende, leere Theater, bedeckt mit holländischen Laken; die staubige Bühne mit ihren weiß getünchten Wänden und der dicht zusammengedrängten schwerfälligen Kulisse, die sich dagegen erhebt; die Alltagskleidung der Schauspieler und Schauspielerinnen machte alles so ganz anders, als wenn sie abends mit ihrem Vater ein Theaterstück vom Parkett aus sah; aber es war absurd von ihr, dachte sie, nicht daran gedacht zu haben, dass es so sein würde; „Es ist, als wäre man am Ende der Welt", dachte sie. Die Gesellschaft war recht groß, und Margaret stand schüchtern und unbeholfen abseits und betrachtete sie. Einige seiner Mitglieder waren Damen und Herren; sie blickten sie an und fragten sich neugierig, wer sie war, aber nur für einen Moment; Sie waren auf ihren eigenen Lebenskampf fixiert. Einige waren keine Damen und Herren, sondern kitschige Scheingestalten oder sahen schäbig und ängstlich aus. Ein oder zwei von ihnen sahen aus, als hätten sie mit ihr gesprochen, aber sie ließ ihnen keine Chance. Als Dawson Farley kam, war er beschäftigt und voller Verantwortung für eine große Spekulation; er hatte sie ganz vergessen. Schon an diesem ersten Tag wurde ihr klar, dass sie eine kleine, unbedeutende Einheit in einem wichtigen Ganzen war. Als sie am Ende des ersten Akts über die Bühne musste, drehte er zwar für einen Moment den Kopf. Sie ging gut, dachte er; Wenn er hörte, dass sie intelligent war, würde er ihr vielleicht eines Tages eine kleine Rolle geben. Sie war wunderschön; das wurde ihm klar. Vor zehn Jahren hätte die Geschichte von Louise Hunstan (seinerseits) vielleicht wiederholt werden können, aber jetzt war er klüger. Dann fiel ihm, während er hinter den Kulissen wartete, auf, dass ihre Mutter neulich krank ausgesehen hatte, wie eine Frau, die nicht mehr lange leben würde, und dass Mrs. Lakeman , wenn sie sterben würde , vielleicht ihren alten Liebhaber Gerald heiraten wollte Vincent. Vielleicht wäre es klug, wenn er versuchen würde, die Dinge ein wenig zu beschleunigen.

Margaret hatte herausgefunden, dass es nur ein kleines Stück vom Theater bis zur Great College Street war, und ging von der Probe zurück. Nach der stickigen und düsteren Atmosphäre des Theaters war sie froh, wieder unter freiem Himmel zu sein, und es boten sich allerlei neue Erfahrungen an. Sie betrachtete die Menschen, an denen sie in den engen Gassen in der Nähe des Bühneneingangs vorbeikam; Sie schienen so viel gelitten zu haben, auf so viel gehofft zu haben, und jeder von ihnen schien eine seltsame kleine Geschichte zu haben. Ein erster Schimmer der Versuchungen des Lebens dämmerte ihr, der Gesichtsausdruck einer Frau oder die lockere Rede eines Mannes brachten ihr ein Gefühl für einige Dinge, über die Hannah gewettert hatte. Hannah hatte sie nur instinktiv gekannt, oder sie hatte sie papageienartig beschimpft, weil sie das von anderen gehört hatte; aber darunter lag ein Fundament, obwohl sie nie daran gegraben hatte. Allmählich erkannte Margaret, dass es für alle Menschen und für alle Dinge eine Rechtfertigung aus einem bestimmten Blickwinkel gab und dass diese, selbst wenn sie keinen Unterschied zu einer Verurteilung gemacht hätte, niemals vergessen werden sollte.

Der Morgen, der dritte Tag von Margarets Aufenthalt in London, brachte ihr einen Brief von ihrer Mutter – einen einfachen, vertrauensvollen Brief, in dem sich nicht die Spur eines Vorwurfs befand. „Ich wünschte, du hättest uns nicht so verlassen, Margey , Liebes", sagte sie, „denn Hannah hat das sehr wütend gemacht, und ich glaube nicht, dass es dir gut tun würde , wenn du jetzt noch zurückkommst, aber wenn du etwas willst." Schreiben Sie mir. Es ist gut, dass Sie mit einer so netten Frau in einem Haus leben. Vielleicht könnten Sie Sir George Stringer schreiben, denn er kannte Ihren Vater, als er jung war, und würde Ihnen helfen, das Beste zu tun . Hannah packt deinen Koffer, um ihn hochzuschicken, aber ich habe Angst, ihr etwas zu sagen.

Wenn sie am Ende der Woche nach Petersfield fährt , schicke ich dir ein paar Eier, Butter und Blumen, aber ich mag das nicht Sagen Sie jetzt nichts dazu, denn es hat keinen Zweck, sie zu verärgern. Ich schrieb an Mr. Garratt und teilte ihm mit, dass Sie nach London gegangen waren, und ich schickte ihm den Brief zurück, wie Sie mich gebeten hatten. Mir geht es nicht sehr gut, aber du darfst dir keine Sorgen machen. Ich denke, es ist eine Prüfung für Hannahs Temperament, als du hier warst. Vielleicht ist es ja auch gut so, dass du für eine Weile weg bist. Vielleicht hat sie es in ein oder zwei Monaten ein wenig überwunden. Ich denke, ich sollte Ihnen sagen, dass sie wirklich sehr wütend darüber ist, dass Sie Schauspielerin sind. Sie sagt, der alte Mr. und Mrs. Barton aus Petersfield würden sagen, dass ich mit meiner Einwilligung sehr Unrecht tue, aber ich habe nie daran geglaubt, dass die Welt so schlimm ist wie sie, und ich habe nie verstanden, warum das Theater böse sein sollte. Dein Vater hat einmal gesagt, dass alles so war, wie wir es gemacht haben, und dass es immer gut oder schlecht gemacht werden konnte, und ich möchte, dass du dich daran in deinem Leben erinnerst. Das habe ich immer für deinen Vater empfunden, und dass Gott, der ihn kennt, zufrieden sein wird, egal, was die Leute sagen.“

Margaret küsste es und seufzte dankbar. „Sie ist nicht wütend“, sagte sie zu sich selbst, „und sie versteht. Meine Mutter war es immer, segne sie.“ Sie stand auf und ging im kleinen Salon auf und ab. Sie hatte bis jetzt nicht gewusst, wie sehr sie sich nach einem Brief gesehnt hatte, nach einem Zeichen dafür, dass sie bei ihrer Flucht von zu Hause nichts Schlimmes oder Dummes getan hatte. „Jetzt habe ich das Gefühl, dass ich weitermachen kann“, sagte sie, „und wer weiß, aber eines Tages werde ich eine großartige Schauspielerin sein wie Miss Hunstan – sie hat heute Morgen meinen Brief, ich frage mich, was sie sagen wird, wenn sie …“ schreibt mir.“ Die kleine Uhr auf dem Kaminsims schlug zehn. Wie als Antwort darauf ertönte ein zweimaliges Klopfen an der Haustür, der Klang einer Stimme und ein paar hastige Schritte, und im nächsten Moment kam Tom Carringford herein. Margaret sprang mit einem Schrei der Überraschung auf:

„Oh“, sagte sie, „woher wussten Sie, dass ich hier bin?“

„Miss Hunstan hat telegraphiert – hatte es vor zehn Minuten bekommen – ist also in ein Hansom gestiegen und sofort gekommen. Und was ist jetzt los?“ fragte er, als hätte er ein Recht dazu. Er setzte sich ihr gegenüber in den Sessel, sein Gesicht strahlte vor Glück, auch wenn Mr. Garratt sich in seiner Erinnerung ärgerte. „Warum bist du in London? Du hast an jenem Tag im Wald etwas davon gesagt, dass du kommst, aber ich dachte nicht, dass du es ernst meinst.“

„Ich bin hier, genau wie Miss Hunstan . Ich habe diese Räume bezogen und möchte genauso Schauspielerin werden wie sie.“

„Wozu?" – seine Augen waren voller Verwunderung – „und was sagt deine Mutter dazu?"

„Sie versteht. Sie weiß, dass ich nicht zurückkehren kann, bis mein Vater zurückkommt."

„Und was ist mit Mr. Garratt?" Sein Ton war forsch und fröhlich, aber er wartete sehnsüchtig auf ihre Antwort.

"Oh!" und sie wurde rot. „Ich wollte dir unbedingt von Mr. Garratt erzählen, aber ich hatte nicht das Gefühl, dass ich es könnte, wenn du mich nicht darum bittest. Er kam, um Hannah zu sehen –"

„Das glaube ich nicht", lachte er. „Ich habe Hannah gesehen, wissen Sie."

„Und dann dachte er – dass – er mochte mich – und er sagte – nun ja, er sagte Dinge – wissen Sie", fügte sie ziemlich lahm hinzu.

Tom nickte, um ihr Mut zu machen. "Also?"

„Und er ging zum Wald hinauf, als ich dort war, und Lena Lakeman kam herauf und fand ihn und – und, oh, ich hasste Mr. Garratt", und sie brach in Tränen aus. „Ich kann Ihnen nicht sagen, wie sehr ich ihn verabscheute, und doch wissen Sie, dass er in gewisser Weise sehr direkt war und keine Angst davor hatte, zu sagen, was er dachte, und natürlich konnte er nicht anders, als vulgär zu sein –"

„Und was ist mit Hannah?"

„Es war unmöglich, dort bei Hannah – und Mr. Garratt – und – all den Szenen zu bleiben." Sie war verwirrt und zusammenhangslos, aber Tom begriff die Geschichte in seinem eigenen Kopf.

"Und dann?" er sagte.

„Und dann schlüpfte ich am Sonntagabend in der Dunkelheit hinaus und kam hierher. Ich dachte, Miss Hunstan würde mir vielleicht helfen."

Sein Gesicht strahlte vor Glück. „Natürlich wusste ich, dass zwischen Ihnen und Mr. Garratt nicht wirklich etwas sein konnte; nur sah es sehr seltsam aus, nicht wahr? Und dann erzählte Lena mir von Sonntag – davon, dass er dort oben war, wissen Sie, und wie sie hat dich gefunden –"

„Oh, nicht", rief Margaret leidenschaftlich. „Es war gemein von ihr, es dir zu sagen, denn sie hat alles gehört, was ich zu ihm gesagt habe –"

„Na ja, egal", antwortete er mit tröstender Stimme, „wir sind mit ihm fertig, nicht wahr? Aber weißt du, Margaret", fügte er hinzu und verfiel in die vertraute Ansprache, ohne sich dessen bewusst zu sein, „ Man kann in London nicht weiterhin allein in Zimmern übernachten; und was das Auftreten auf die Bühne angeht, warum ist das alles Unsinn? Ich bin natürlich sehr unverschämt, das zu sagen; aber sehen Sie, unsere Väter kannten sich ihr ganzes Leben lang, Sie müssen mich also als einen alten Freund betrachten. Es ist eine große Langeweile, dass die Lakemans in Schottland sind; Sie hätten bei ihnen bleiben können –"

„Nein, das konnte ich nicht."

„Warum nicht? Mrs. Lakeman ist eine gute Sorte. Lena ist natürlich ein bisschen langweilig" – eine Bemerkung, die aus irgendeinem unbekannten Grund Margarets Herz zum Jubeln brachte. „Was den Beruf als Schauspielerin angeht, warum weißt du, dass das alles Unsinn ist? Schau nicht so beleidigt." Seine Stimme wäre zart gewesen, wenn er sie nicht kontrolliert hätte. „In London kommt es oft vor, dass die Menschen scheitern, weil ihnen die Dinge zu viel werden."

„Ich bin nicht beleidigt", antwortete sie; „Aber wenn mir die Dinge zu viel werden, muss ich es wohl ertragen, wie andere es getan haben; schließlich ist der Soldat, der auf dem Schlachtfeld fällt, beneidenswerter, als wenn er in seinem Heimatdorf stirbt."

„Ich denke, du hast viel gelesen; das hört sich ja so an, weißt du", worüber sie lachten, wie die Jungen und Mädchen, die sie waren. „Ich wünschte, du würdest zurückgehen", flehte er halb.

„Aber das werde ich nicht", sagte sie hartnäckig.

„Dann lass mich den Lakemans telegrafieren und fragen, ob sie dich haben können ?"

„Das würde ich um nichts in der Welt tun."

„Sie sind sehr zuversichtlich. Und Sie wollen damit sagen, dass Sie sich für dieses Bühnengeschäft interessieren?"

„Ja, ich bin fest entschlossen", und sie erzählte ihm von ihrem Besuch bei Mr. Farley am Morgen und von den beiden Proben. Er stand auf und ging umher. Er war natürlich besorgt – er hatte das Gefühl, dass er sich Sorgen machen sollte –, aber er war so glücklich, als er hörte, dass zwischen ihr und Mr. Garratt nichts war, dass es ihm schwer fiel, es ernst zu meinen. „Ich wünschte, ich könnte Ihnen klar machen", sagte er, „dass Sie anderen Leuten nur das Brot aus dem Mund nehmen. Wenn ich im Haus ankomme, werde ich das Brotraub unter Strafe stellen und Sie ins Gefängnis schicken."

„Brotraub! Was meinst du?"

„Viele Frauen müssen für Essen, Kleidung und ein Dach arbeiten. Manche versuchen zu schauspielern, manche schneidern Kleidung, schreiben Romane oder unterrichten Kinder – das ist natürlich in Ordnung. Sie müssen es tun um durch die Welt zu kommen. Wenn man großes schauspielerisches Talent hat, auch wenn man dazu nicht verpflichtet ist, ist es in Ordnung, auf die Bühne zu gehen, und wenn man Genie hat, hat man natürlich keins Geschäft, um es der Welt vorzuenthalten. Aber es gibt eine ganze Menge Frauen, die Dinge tun wollen, um etwas mehr Geld zu bekommen, als sie wirklich brauchen, oder weil sie gerne darüber reden, oder aus einem anderen Grund, der das tut Sie halten kein Wasser, und sie tun es unter einfachen Bedingungen und nehmen den Frauen, die es für ihren Lebensunterhalt tun müssen, die Chance weg. Ich denke, sie sind selbst ein unmoralischer Haufen."

„Aber, Mr. Carringford –"

„Du willst doch kein Geld, oder?"

„Ich habe hundert Pfund in meiner Tasche –"

„Herrlich! Ich habe nur zwei Pfund zehn in meinem Körper. Aber was hast du im Jahr?"

„Vater hat nur zweihundert. Ich habe sie, während er weg ist."

„Aber wenn dein Vater zurückkommt , wird er reich sein. Sein Bruder hat da draußen einen Haufen gemacht – das habe ich neulich gehört – und er hat keine Kinder. Geh doch zurück auf die Farm, da ist ein liebes Mädchen."

„Aber ich kann nicht", sagte Margaret und verbarg sorgfältig die Freude, die es ihr bereitete, ein liebes Mädchen genannt zu werden. „Hannah würde mich jetzt nicht einmal reinlassen. Außerdem kann es sein, dass ich sehr dumm oder ein Genie bin; ich möchte es herausfinden, und hier bin ich ganz sicher."

„Oh ja, hier bist du ganz sicher. Mrs. Gilman ist eine nette Frau. Sie ist eine gute Freundin von mir. Ich werde gleich hingehen und mit ihr reden. Meine Leute kannten sie früher – ich glaube, es war meine Mutter der Miss Hunstan hierher geschickt hat . Nun, wenn Sie nicht zur Farm zurückkehren, könnten wir heute nach der Probe einen Ausflug machen – herumfahren oder so. Mr. Vincent hat uns das vorher machen lassen, also er hätte nichts dagegen, wenn wir es noch einmal machen würden.

„Natürlich nicht", antwortete sie freudig.

„Soll ich Sie im Theater abholen?"

„Ich weiß nicht, wann die Probe zu Ende sein wird.“

„Angenommen, ich komme um vier Uhr hierher und wir fahren nach Richmond, machen einen Spaziergang im Park, essen früh zu Abend und kommen um neun Uhr hierher zurück? Das ist in Ordnung, wissen Sie, oder wir nehmen einen Dampfer auf dem Fluss.“ Fahren Sie über die Themse, wie es in den Reiseführern heißt, und fahren Sie nach Greenwich. Weiß Sir George Stringer inzwischen, dass Sie hier sind?“

„Nein, aber ich werde ihm schreiben, aber ich habe erst daran gedacht, als meine Mutter es geschrieben hat.“

„Ich werde den Lakemans natürlich sagen, dass Sie hier sind.“

„Ja“, antwortete sie sehr zweifelnd.

„Ich glaube nicht, dass sie dir wichtig sind?“

„Ich habe Mrs. Lakeman nur zweimal gesehen.“ Sie hielt einen Moment inne. „Mr. Carringford –“, begann sie.

„Warum nennst du mich so? Das klingt so absurd.“

„Tut es“, sagte sie und die Farbe stieg in ihr Gesicht. „Ich wollte fragen: Sind Sie mit Lena Lakeman verlobt?“ Sie hätte fast gelacht, denn irgendwie kam ihr die Frage jetzt absurd vor.

„Nein. Sind Sie mit Mr. Garratt verlobt?“

„Natürlich nicht!“

„Dann ist alles in Ordnung. Hast du nicht gesagt, dass deine Probe um 11.30 Uhr wäre? Vielleicht fahre ich dich runter. Nur zwanzig Minuten – du musst pünktlich sein, weißt du, wenn du auf die Bühne gehst.“

„Natürlich“, lachte sie. „Ich gehe und mache mich sofort fertig.“

XXV

Zehn Tage waren vergangen. Für Margaret war es wie ein Traum, allein in London zu sein, ihre Mutter und Hannah auf der Woodside Farm und ihr Vater am anderen Ende der Welt. Aber es begann ihr Unbehagen darüber zu bereiten, was sie getan hatte – diesen Schritt in die Welt hinaus ohne das Wissen ihres Vaters zu wagen. Vielleicht wäre er wütend auf sie oder würde, wie Tom es tat, sagen, dass sie sich der großen Armee der Broträuberinnen angeschlossen habe, der Frauen, die nicht gezwungen waren, für ihren Lebensunterhalt zu arbeiten, die kein Genie hatten, um sie zu rechtfertigen, keine Besonderheiten Selbst wenn sie über Talent verfügten, waren sie doch aus reiner Unruhe und Unfähigkeit, sich in ihren Häusern niederzulassen und dort stillschweigend ihren Pflichten nachzukommen, ans Tageslicht gekommen und hatten sich in die Arbeit eingemischt, damit andere sie besser machen könnten, und das für einen Lohn, der den anderen nichts bedeutete Luxus und Frivolitäten, sondern die Mittel zum Leben. Sie wünschte sich . hundertmal, dass Mr. Garratt nie in die Nähe der Woodside Farm gekommen wäre, dass sie sie nie verlassen hätte, dass sie wieder auf der Armlehne des Sessels ihrer Mutter im Wohnzimmer gesessen hätte und auf den Garten und die Buche hinausgeschaut hätte Holz dahinter; Aber etwas in ihrem Herzen sagte ihr, dass dieses Glück für immer vorbei sein würde. Niemand war mit ihrem Schritt einverstanden, außer ihrer Mutter, die erkannt hatte, dass es für sie unmöglich war, zu Hause zu bleiben. Hannah hatte die Tür hinter sich geschlossen und Tom hatte den Kopf geschüttelt.

Sir George Stringer war so schnell wie möglich erschienen, nachdem er ihre Nachricht erhalten hatte; aber da er weg war, als es ankam, geschah das erst ein paar Tage, nachdem sie es geschrieben hatte.

Er war nachdrücklich genug.

„Meine liebe Margaret – ich glaube, ich darf dich so nennen, da ich deinen Vater mein ganzes Leben lang gekannt habe – das ist einfach Wahnsinn und darüber hinaus ist es falsch", sagte er. „Du bist noch nicht alt genug, um dein Leben zu wählen. Befolge meinen Rat und geh so schnell wie möglich zurück."

„Das kann ich nicht", antwortete sie bestürzt.

„ Natürlich war es unangenehm, die Aufmerksamkeit des jungen Mannes zu bekommen, den ich sah." (Tom Carringford hatte ihm die richtige Version dieser Geschichte erzählt.) „Aber Sie haben sicherlich genug Verstand, um ihm klarzumachen, dass sie Ihnen zuwider sind?"

„Das habe ich – das habe ich."

„Wenn meine Schwester nicht so krank wäre , würde ich darauf bestehen, dass Sie zu ihr nach Folkestone gehen ."

„Oh, aber ich möchte in London bleiben", sagte sie bestimmt und erzählte ihm von ihrer Verlobung am Farley's Theatre. Er war wütend und konnte es nicht verbergen.

„Tatsache ist, dass du dieses Probengeschäft magst. Es ist Wahnsinn!" er sagte. „Und ich gehe davon aus, dass es Ihnen gefällt, Master Tom zu sehen, und das ist auch Wahnsinn. Er und Lena Lakeman haben sich immer gemocht, und Sie werden ihre Beziehungen mit Ihren hübschen Augen nur stören oder Ihren eigenen Seelenfrieden ruinieren." Es wäre schwierig gewesen, in einer Angelegenheit dieser Art einen untaktvolleren Gentleman als Sir George zu finden. „Ich nehme an, Sie wissen, dass er und Lena Lakeman einander mögen? Sie liebt ihn jedenfalls, sonst wäre es das Beste auf der Welt gewesen; in meiner Seele, ich wünschte, jemand würde dich heiraten." ."

„Aber ich möchte nicht verheiratet sein." Margaret war empört, amüsierte sich aber über seine Heftigkeit.

„Ja, das tust du", sagte er und gewann seine gute Laune zurück. „Alle Mädchen wollen verheiratet sein – nette Mädchen, das heißt. Ganz richtig. Ich für meinen Teil denke, dass Frauen so schnell wie möglich verheiratet sein sollten; wenn sie mit achtundzwanzig Jahren Single sind, sollten sie es sein." in die Kolonien abgeschoben. Sie sind hier nur im Weg, aber dort draußen könnten sie von Nutzen sein.

„Glaubst du, ich sollte meinem Vater nach Australien folgen?" fragte Margaret zurückhaltend und mit einem Augenzwinkern.

„Nein, meine Liebe, das glaube ich nicht." Zu diesem Zeitpunkt war er ziemlich beruhigt. „Aber ich denke, du solltest nach Hause gehen, und wenn du das nicht kannst, solltest du besser kommen und bei mir bleiben. Ich selbst fahre am Ende der Woche – übermorgen – wenn … Ich kann aussteigen, es sei denn, ich fahre vorher für ein paar Tage nach Dieppe. Kommen Sie besser mit, vielleicht geht das auch nicht. „Bei meiner Seele, eine junge Dame ist eine sehr schwierige Sache."

„Ich bin hier ziemlich sicher, lieber Sir George", sagte sie. „Wenn du in Chidhurst bist , wünschte ich, du würdest meine Mutter besuchen."

„Ich werde deine Mutter besuchen und ihr sagen, dass sie sich schämen sollte, dich hier bleiben zu lassen." Seine Stimme war abwesend geworden; er dachte offenbar über etwas in seinem eigenen Kopf nach. Er stand auf und ging ein- oder zweimal auf und ab. Er drehte sich um und sah Margaret halb verwundert an, dann sich selbst im Glas und wieder sie. „Meine liebe

Margaret", sagte er, „ich wage zu behaupten, dass du denken wirst, ich sei so verrückt wie ein Hutmacher, aber denkst du, dass du mich heiraten könntest?"

Sie wäre fast von ihrem Stuhl gesprungen.

"Dich heiraten?"

„Nun, wirklich, es scheint mir, dass es der beste Ausweg ist. Ich bin fünf Jahre älter als dein Vater, aber in dem alten Hund steckt noch Leben. Du bist ein wunderschönes Mädchen – das dachte ich mir gleich im ersten Moment Ich habe dich gesehen – und ich könnte dich wirklich lieb haben. Tatsächlich glaube ich, dass ich es bereits bin. Ich habe niemanden auf der Welt, der mir gehört, außer meiner Schwester, und ich fürchte, sie wird nicht lange hier sein, das arme Ding ; keine Verstrickungen irgendwelcher Art – hatte das nie. Ziemlich wohlhabend; kann dir so viele schöne Dinge geben, wie du willst, und ich werde für dich sorgen und nicht mürrisch sein. Glaubst du, dass du das könntest?"

„Oh nein, das konnte ich tatsächlich nicht!" Sie starrte ihn immer noch an, legte aber mit offener Verwunderung beide Hände in seine. „Du bist sehr nett, aber du bist-"

„Alt, was?"

"Oh nein nein!" Sie sagte: „Aber ich bin ein Mädchen – und ich konnte nicht –"

„Warum nicht? Es scheint mir, dass es gut genug funktionieren würde, meine Liebe."

„Ich konnte nicht! – Ich konnte nicht!" sie wiederholte.

„Ist es Meister Tom?" fragte er wie ein Idiot.

"NEIN."

Lakeman heiraten sollte und sonst niemanden."

„Und ich kann niemanden heiraten", antwortete sie.

Er stand einen Moment still, hielt die Hände, die sie ihm ausgestreckt hatte, und sah sie ernst an. Als er sprach, klang echtes Gefühl in seiner Stimme, und Margaret wusste es.

„Denken Sie darüber nach", sagte er. „Ich wäre sehr nett zu dir, Liebes; du solltest so ziemlich alles tun, was du willst, und es gibt keinen Narren wie einen alten Narren, denk dran. Ich wollte das nicht sagen, als ich hereinkam – ich hatte keine Ahnung davon." aber ich denke, es ist ein Ausweg, und zwar ein guter. Ich bin manchmal sehr einsam; ich wäre ein anderer Mann, wenn ich ein Mädchen hätte, um das ich mich kümmern müsste, und ein alter Mistkerl würde sich vielleicht mehr über deine Kindheit freuen als ein Junge Ich weiß, wie man es macht. Ich denke, ich fahre für ein paar Tage nach Dieppe, anstatt nach Chidhurst zu fahren , und komme und höre mir an, was du mir zu sagen hast, wenn ich zurückkomme."

„Es wird genauso sein", antwortete sie.

„Du weißt es nicht;" Er schüttelte ihr die Hand und zögerte, dann bückte er sich und küsste sie auf die Stirn. „Ich kenne deinen Vater mein ganzes Leben lang und würde mit dir gut zurechtkommen", sagte er.

Er verließ die Great College Street und murmelte vor sich hin. „Bei meinem Tod glaube ich, dass sie in Tom verliebt ist. Ich weiß nicht, was Hilda Lakeman dazu sagen wird. Ich frage mich, ob Hilda gelogen hat? Ich glaube nicht, dass das Mädchen mich jemals ansehen wird. Ich wünschte, sie würde es tun. Ich nehme an, jetzt wird sie es Tom sagen; das wird das nächste sein, und er wird mich auslachen. Das Beste, was ich tun kann, ist, es zu erzählen Er selbst, und ich habe damit fertig. Hier! Hallo!" und er stoppte ein Hansom. „Stratton Street." Er kam eher langsam rein. „Ich bin froh, wenn ich jetzt keinen Gichtanfall in meinem Fuß habe – nur um mich daran zu erinnern, dass ich ein Arsch bin, nehme ich an." Er traf Tom, als er aus seinem Haus kam.

„Ich wollte dich nur kurz sehen – kannst du zurückkommen?"

„In Ordnung, komm mit", und Tom ging voran ins Haus.

„Schau her, mein lieber Junge, ich bin gekommen, um mit dir über Margaret Vincent zu sprechen. Du weißt, dass sie mir geschrieben hat?"

"Ja natürlich."

„Nun, es scheint mir pure Idiotie – schlimmer noch, fast ein Verbrechen –, dass Vincents Mädchen hier allein in ihrer Unterkunft und scheinbar kraftlos ist und wütend auf die Bühne starrt."

„Ich habe es ihr gesagt – aber ich kümmere mich um sie."

„Was die Sache nur noch schlimmer macht; außerdem wird es den Lakemans nicht gefallen."

„Es ist ihnen egal."

„Na ja, aber ich nehme an, dass du eines Tages Lena heiraten wirst?"

„Davon habe ich nie geträumt."

„Hast du noch nie davon geträumt?" wiederholte Sir George und sah ihn ungläubig an, und dann kam ihm mit einem Anflug von gesundem Menschenverstand der Gedanke, Mrs. Lakemans Selbstvertrauen nicht zu wiederholen. „Aber du gehst zu ihnen nach Schottland?"

„Das sollte ich. Lena ist sehr krank, fürchte ich, und Mrs. Lakeman telegraphiert mir jeden Tag, um sie aufzuheitern."

„Hmpf!" sagte Sir George zu sich selbst, „vertraue Hilda, weil sie weiß, was sie vorhat. Nun", fügte er laut hinzu, „ich dachte nicht, dass es gut für dieses Mädchen war, allein hier in London zu sein, und ich wusste, dass du es warst." fällig in Schottland und gehörte den Lakemans –"

„Zu den Lakemans ?" wiederholte Tom ziemlich verwirrt.

„Als ich sie gerade besuchte, dachte ich, der einzige Ausweg aus der Schwierigkeit wäre – war – nun ja, Tatsache ist, dass ich sie gebeten habe, mich zu heiraten."

„Herrgott!" Sagte Tom und öffnete seine blauen Augen ganz weit. "Was hat Sie gesagt?"

„Würde mich nicht ansehen. Jetzt habe ich natürlich das Gefühl, dass ich mich lächerlich gemacht habe, und bei meinem Leben habe ich nicht den Mut, noch einmal eine Weile in ihre Nähe zu kommen. Ich denke, ich werde rüberlaufen Dieppe und schütteln Sie es ab. Was ich sagen möchte ist: „Er hielt inne, denn ihm wurde plötzlich klar, dass er die Dinge vielleicht rundherum falsch verwaltete." „Es muss etwas gegen das Mädchen unternommen werden, wissen Sie", sagte er.

Tom streckte seine Hand aus.

„Es ist alles in Ordnung", antwortete er; „Mach dir keine Sorgen um sie; ich werde dafür sorgen, dass sie nicht zugrunde geht."

Sir George blickte zu ihm zurück und verstand. „Ich weiß, dass du ein guter Junge bist", sagte er und ergriff Toms Hand, „und du wirst dein Bestes geben. Halte mich nicht für einen alten Idioten. Ich habe es sowohl für sie als auch für mich selbst getan. Das werde ich tun." Kommen Sie nächste Woche wieder und schauen Sie noch einmal nach ihr, bevor ich nach Chidhurst fahre . Und er nahm seinen Abschied.

Aber Tom blieb zurück und dachte ernsthafter über die Dinge nach, als er es gewohnt war. „Ich wünschte, Mrs. Lakeman wäre ruhig, sonst würde es Lena besser gehen. Ich schätze, ich sollte zu ihnen gehen, aber ich kann nicht, bis die Angelegenheit geklärt ist." Dann ging er ins Theater und holte Margaret von ihrer Probe; Es war fast drei Uhr, als es vorbei war.

„Ich habe zwei Telegramme erhalten", sagte sie ihm. „Ich nehme an, Mr. Farley hat Mrs. Lakeman erzählt , dass ich in London war, und sie hat mir das hier geschickt."

Er nahm es ihr ab und las:

> „Kommen Sie und bleiben Sie hier bei uns. Pitlochry – der Zug verlässt Euston morgen Abend um acht. Wir treffen uns in Perth. Bitten Sie Farley, Sie zu verabschieden."

Frau Lakeman war immer praktisch und detailreich. Das andere Telegramm stammte von Lena und lautete:

> „Komm, kleine Margarete, wir wollen dich."

"Was werden Sie tun?" fragte Tom.

„Ich habe zurücktelegrafiert: ‚Vielen Dank, aber völlig unmöglich.'"

"Gut gut!" aber seine Stimme war ein wenig abwesend. Er wurde ernst.

Miss Hunstan hatte geschrieben, aber aus einer aufmunternden Sicht; denn auch sie hatte sich einst allein auf den Weg durch die Welt gemacht.

„Ich wünschte, ich wäre dort gewesen, um dich zu empfangen", sagte sie in ihrem Brief; „Aber wenn ich zurückkomme, wirst du oben in deinen Räumen sein und ich unten in meinem. Wir müssen Freunde sein und einander helfen."

„Es ist genau wie sie", sagte Tom; „Aber sie ist eine liebe Frau, wissen Sie. Übrigens habe ich Stringer gerade erst gesehen; er hat mir erzählt, er sei bei Ihnen gewesen."

„Ja", antwortete Margaret unbehaglich. Sie befanden sich inzwischen in einer Kutsche und fuhren zur Great College Street.

"Was hat er gesagt?" fragte Tom böswillig.

„Er war sehr nett", antwortete sie – die Farbe stieg in ihr Gesicht; „Er sagte, ich sollte nicht allein in London sein."

"Ganz recht!" und Tom hielt sie für ein nettes Mädchen, das ihren älteren Liebhaber nicht verriet; Ein Heiratsantrag war eine Sache, die jede Frau vertraulich behandeln sollte – es sei denn, sie nahm ihn natürlich an.

XXVI

Noch eine Woche und die ganze Welt hatte sich verändert. Margaret vergaß Hannah und Woodside Farm; manchmal vergaß sie sogar ihre Sehnsucht, das Gesicht ihrer Mutter wiederzusehen. Sie war blind für die Menschen auf der Straße, für alles um sie herum; Ihr Ehrgeiz, Schauspielerin zu werden, wurde in einen angenehmen Stillstand versetzt. Ein großes Glück dämmerte in ihrem Herzen – sie versuchte nicht, es zu benennen; sie wusste nicht einmal, dass es dort war; Aber die ganze Welt schien voll davon zu sein, und auf der Welt gab es nur eine Person – Tom Carringford . Er kam jeden Tag zu ihr; In gewisser Weise fungierte er selbst als ihr Vormund, obwohl sie die glückliche Spielkameradschaft von Jungen und Mädchen beibehielten. Gemeinsam unternahmen sie alle möglichen unschuldigen Ausflüge – zum Battersea Park, wo sie in einem Boot auf dem See herumruderten, und fuhren dann zurück, um in Margarets kleinem Wohnzimmer zu speisen (ein einfaches Abendessen, das Mrs. Gilman arrangiert hatte); nach Richmond, wo sie bei offenem Fenster speisten und vor Einbruch der Dunkelheit wieder zurückfuhren, denn Tom verspürte trotz all seiner Überschwänglichkeit gelegentlich ein ungutes Gefühl der Konventionalität, obwohl er Margaret gegenüber nichts davon sagte. „Ich möchte ihr nichts antun; sie ist viel zu nett, so wie sie ist“, dachte er. Sie gingen nach Chiswick und Kew; sie sprachen über Pope in Twickenham und gingen den Treidelpfad entlang; Wir fuhren nach Bushey und Hampton Court, tranken Tee – wieder bei offenem Fenster – im altmodischen Gasthaus und kehrten in der Kühle des Abends zurück. Eines Tages gingen sie in den Zoo, wo sie über die Tiere lachten und die Affen fütterten, wieder Tee tranken und so viele Gurkensandwiches aßen, dass sie sich schämten, sie zu zählen – denn es war ein Beweis ihrer Jugend und Unkultiviertheit, dass sie Im Allgemeinen machten sie das Essen zu einem Teil ihrer Unterhaltung, wenn sie zusammen ausgingen.

Sie lebten nur füreinander, doch keiner von ihnen hörte auf, sich dessen bewusst zu werden, bis Tom am Ende von zehn Tagen durch einen Brief von Mrs. Lakeman ein Gefühl für das weckte, was vor sich ging . Lena sei wirklich sehr krank, sagte sie, und habe Tag für Tag auf Tom gewartet; warum war er nicht gekommen? Sie hatte von Sir George Stringer gehört, dass das Vincent-Mädchen in der Stadt war – war Tom sich dessen bewusst? Wahrscheinlich war sie zu sehr mit dem jungen Lebensmittelhändler aus Guildford beschäftigt, um ihm ein Zeichen zu geben? Das war eine unkluge Bemerkung für eine so taktvolle Frau wie Mrs. Lakeman , denn sie löste bei Tom ein empörtes Schnauben aus und brachte ihm die Schwierigkeiten in Margarets Lage vor Augen. Gerade als er sich nach der Probe am Nachmittag mit ihr treffen wollte, traf ein Telegramm ein:

„Kommen Sie sofort; Lena ist lebensgefährlich krank.“

"Wütend!" Er sagte: „Ich muss heute Abend zur Acht-Uhr-Post gehen." Er drehte sich um, um seinem Mann zu sagen, er solle eine Tasche packen, Karten mitnehmen und ihn in Euston treffen. Dann fuhr er zum Theater und stellte fest, dass die Probe vorbei und alle weg waren. Er ging so schnell wie möglich weiter zur Great College Street.

Margaret versuchte, ihre Bestürzung nicht zu zeigen, aber ihr Gesichtsausdruck verriet sie.

„Oh, es tut mir so leid. Sir George hat mir erzählt, dass Sie zu Lena gehörten – aber das stimmt nicht, oder?"

„Natürlich nicht", antwortete er, starrte sie an und wunderte sich, dass sie etwas so Absurdes wiederholen konnte; „Aber sie waren sehr nett zu mir, und ich sollte gehen. Außerdem", fügte er hinzu, denn Tom war immer loyal, „mag ich sie beide." Er hielt einen Moment inne und sagte dann plötzlich: „Ich wünschte, du würdest das Theater aufgeben."

„Ich kann nicht", aber ihr Ton war nicht mehr so positiv wie zuvor.

„Wissen Sie", begann er langsam, „ich habe in letzter Zeit viel über Dinge nachgedacht und mich gefragt –"

"Ja."

„Ich bin mir nicht sicher, ob ich es dir sagen will – ich habe eher Angst. Angenommen, wir fahren ein bisschen herum, und vielleicht erfährst du es, wenn wir ankommen."

„Es ist so eine komische Sache", dachte er, als sie ihren Hut geholt hatte, „dass sie hier allein leben sollte; ich habe das Gefühl, ich kann einfach nicht weggehen und sie verlassen. Und wenn ich etwas sage und Sie kümmert sich nicht um mich, es wird alles vorbei sein, und ich werde mich dort wiederfinden, wo der arme alte Stringer ist. Ich frage mich, ob er es ein wenig überwunden hat und kommen und sich um sie kümmern wird, während ich in Schottland bin. Sir George war am Tag zuvor aus Dieppe zurückgekehrt, hatte sich jedoch davor gescheut, in die Nähe von Margaret zu gehen. Tom hatte ihn auf der Straße gesehen und hielt es für klug, ihn nicht zu erkennen.

Margaret kam herein und wollte ausgehen. Sie trug ein weißes Kleid und einen schwarzen Hut, der aufgrund seines schweren Besatzes ein wenig auf der Seite hing. Um ihren Hals trug sie eine dünne Goldkette; er wusste, dass das daran befestigte Medaillon die Haare ihrer Mutter enthielt. Er betrachtete sie einen Moment lang, ihre blauen Augen und stolzen Lippen und ihre schlanke, große Figur, und seine Zurückhaltung verschwand.

„Ich kann den Gedanken nicht ertragen, dass ich heute Abend gehe", sagte er.

„Und ich kann nicht“, antwortete sie, fast ohne es zu merken.

Dann schien es, als ob das Schicksal ihn ergriff und ihn zum Sprechen zwang. „Margaret“, sagte er und sein Ton brachte die Farbe in ihr Gesicht, „das kann nicht so weitergehen; es muss irgendwie ein Ende haben. Du weißt, dass wir gerne zusammen sind – es ist herrlich, nicht wahr? Aber – ich habe dich liebgewonnen – ich kann nichts dagegen tun. Ich frage mich, ob du mich magst, ob du dich um mich sorgst – es würde alles so einfach machen. Ich liebe dich – mehr als alles andere auf der Welt, und dich immer Scheint glücklich genug mit mir zu sein. Glaubst du, du könntest es immer aushalten? Hör auf mit dem Theater, weißt du, und das alles auf einmal, und heirate mich?“

„Oh, Tom!“ sagte sie, und ohne Sinn und Verstand brach sie in Tränen aus und setzte sich auf das kleine Sofa, denn es schien, als hätten sich die Schleusen des Himmels geöffnet und sein Glück in ihr Herz gegossen – genau wie es ihrer Mutter einst vorgekommen war der beste Salon auf der Woodside Farm.

"Mein Liebling!" Er sagte: „Mein kleiner Schatz, was ist los?“ Er kniete sich neben sie und zog ihre Hutnadel heraus. „Grässlich langes Ding“, sagte er sich selbst in diesem Moment, „genug, um einen zu töten.“ Er steckte es in die Rückseite des Sofas, nahm ihren Hut ab und warf ihn – ihren besten Hut – ans andere Ende des Zimmers, nahm sie in seine Arme und küsste sie. „Warum, warum weinst du?“ er hat gefragt. „Ich habe dir keine Angst gemacht, oder?“ Aber sein Ton war triumphierend, denn da sie keinen Widerstand leistete , dachte er, dass alles in Ordnung sein müsse, also küsste er sie klugerweise weiter, denn es gibt nichts Schöneres, als eine Gelegenheit optimal zu nutzen – vor allem die erste.

„Oh, das darfst du nicht – das darfst du nicht!“ sagte sie und fürchtete, er könnte die Scham und die Freude in ihren Augen sehen.

„Du weißt, dass es das bedeutet“, sagte er und drückte sie fester an sich. „Na ja, wir mochten uns doch vom ersten Moment an, nicht wahr? Denken Sie nur, was für einen Spaß wir an jenem Morgen hatten, als wir mit den Blumen hierherkamen.“

„Ich weiß“, flüsterte sie; „Aber ich kann nicht verheiratet sein.“

"Warum nicht?"

„Es kommt mir so seltsam vor.“

"Du wirst dich daran gewöhnen."

„Und Vater ist weg.“

„Umso mehr Grund.“

„Aber wir können nicht, bis er zurückkommt.“

„Ja, das können wir; es gibt viele Kirchen in der Gegend. Übrigens gehst du doch nicht in eine, oder? Weißt du, ich habe nie viel von deinem Unglauben gehalten. “

"Wie meinst du das?" „fragte sie, während sie sich aus seinen Armen befreite und versuchte, gefasst und vernünftig zu bleiben, aber es fiel ihr ziemlich schwer.

„Nun, wissen Sie, ich denke, die Leute glauben oft an Dinge und wissen es nicht, oder sie glauben an nichts und bilden sich dennoch ein, dass sie es tun. Ich selbst kann nicht erkennen, dass es wichtig ist, solange man es versucht.“ das Richtige. Wenn alle Wege in den Himmel führen, spielt es keine Rolle, welche Sprache man auf der Reise spricht oder ob man in einer Mönchskutte oder mit einer Feder in der Mütze ankommt.“

„Du redest Unsinn“, sagte sie, schaute ihm ins Gesicht und dachte, was für ein Liebling das war.

„ Natürlich bin ich das; wir sind viel zu gerne bereit, über etwas anderes zu reden. Übrigens, ich sollte um Verzeihung bitten, wenn ich denke, dass Ihnen Garratt am Herzen liegt.“

„Ich denke, das solltest du“, lachte sie.

„Obwohl ich nicht weiß, ob ich besser bin als er“, fügte er bescheiden hinzu. „Ich sage, du sorgst dich wirklich um mich, nicht wahr? Du weißt, dass du es noch nicht gesagt hast.“

„Ich sorge mich um dich“, sagte sie.

„Wann hast du angefangen?“

„Ich weiß es nicht; ich weiß es überhaupt nicht, Tom, mein Lieber, aber was ich gespürt habe, ist, dass –“

"Ja mach weiter."

„-Dass es das größte Glück der Welt war, bei dir zu sein. Ich habe einfach vor Freude über den Klang deiner Schritte gelacht, und wenn du weg bist , denke ich die ganze Zeit und jede Minute an dich, und ich ziehe es an Ich interessiere mich jetzt nicht einmal für das Theater oder dafür, Schauspielerin zu sein.

"Gut gut!" er weinte triumphierend. "Mach weiter."

„Und ich bin jetzt so glücklich“, fuhr sie fort – „so erstickt und überwältigt von Glück, dass ich das Gefühl habe, ich müsste daran sterben.“

„Na ja, tun Sie das nicht – es ist völlig unnötig und es wäre ziemlich langweilig, wissen Sie. Wann werden wir heiraten?"

"Oh doch-"

„Es gibt nichts, worauf ich warten muss. Ich habe genug Geld, und das Haus in der Stratton Street wartet buchstäblich darauf, dass du hineinziehst und darin wohnst. Mir scheint, dass das Einzige, was ich tun kann, darin besteht, einen Ring und einen zu besorgen Lizenz."

„Aber wir können nicht heiraten, bis Vater es weiß; das können wir tatsächlich nicht."

„In Ordnung, mein Lieber. Wir schicken ihm ein Telegramm. Vielleicht schicken wir deiner Mutter gleichzeitig ein Telegramm – was meinst du?"

Margaret dachte einen Moment nach. „Glauben Sie, wie schnell könnte ich das Theater aufgeben?" Sie fragte.

„Aber natürlich noch in dieser Minute. Ich werde Farley schreiben, bevor ich anfange, und Sie auch, und ihm alles darüber erzählen."

„Aber kann er sofort jemanden an meiner Stelle bekommen?"

„Natürlich; wahrscheinlich wartet eine ganze Menschenmenge vor der Bühnentür, um hineinzuspringen. Es gibt zu viele Menschen auf der Welt, die arbeiten wollen – zu viele, die arbeiten müssen", fügte er mit einem Anflug von Ernst hinzu; „Aber was ist mit deiner Mutter?"

„Wenn ich wirklich nicht mehr ins Theater gehen muss, werden wir nicht telegrafieren. Ich würde es ihr so gerne sagen. Sie mochte dich, weißt du – sie mochte dich so sehr. Ich gehe nach Hause, um–" Morgen und sag es ihr.

„Gut! Gut! Aber was ist mit Hannah? Wird sie dich reinlassen?"

„Ich denke, sie wird es tun, wenn sie weiß, dass ich keine Schauspielerin werden werde – und darüber."

„Sie könnte denken, dass es dir schlechter geht."

„Nein, das wird sie nicht."

„So, das ist geklärt. Jetzt schicken wir das Telegramm. Schreiben wir es hier auf, dann brauchen wir es nur noch im Büro abzuschreiben. Wo ist Ihr Papier?" fragte er impulsiv und ging zum Schreibtisch. „Na dann. ' *Carringford an Vincent. Darf ich Margaret heiraten? – Tom.* ' Wird das genügen?" er hat gefragt.

„Herrlich", lachte sie.

„Ich denke, Sie sollten eins auf eigene Rechnung schicken."

„Ja, ja", rief sie freudig; also wurde ein zweites Kabel geschrieben. „*Vincent zu Vincent. Bitte sagen Sie ja. – Margaret.* ‚Geht das?" sie wiederholte.

"Prächtig!" wiederholte er zurück. „Was für ein herrliches Mädchen du bist, Margey – deine Mutter hat dich Margey genannt , weißt du. Ich denke, ich würde deiner Mutter gerne eines schicken, natürlich nicht, um es ihr zu sagen, sondern als eine Art Vorwort – genug, um sie zum Raten zu bringen etwas." Er überlegte einen Moment und schrieb dann. ' *Tom Carringford sendet dir seine Liebe.* „Es wird so sein, als ob es eine kleine Nachricht wäre, die aus dem Weltraum fliegt." Er blieb stehen und dachte noch einmal nach. „Ich möchte, dass die Lakemans es wissen, bevor ich dort ankomme. Ich habe bereits telegrafiert, dass ich heute Abend aufbreche; aber wenn Lena sehr krank ist, sieht es ziemlich grausam aus, sie mit Glücksbotschaften zu überschütten."

„Muss es ihnen sofort gesagt werden?" Fragte Margaret. Aus irgendeinem Grund fürchtete sie sich vor ihrem Wissen.

„Nun, sie waren immer so nett zu mir." Fast mechanisch nahm er seinen Stift und schrieb: „ *Margaret und ich möchten, dass Sie wissen, dass wir verlobt sind, aber natürlich fange ich heute Abend alleine an.* "*Freundliche Liebe. – Tom.* « Margaret hielt die Lippen geschlossen, denn sie dachte mit einer Abneigung an die Lakemans , die sie kaum kontrollieren konnte, aber sie hatte das Gefühl, dass die Erinnerungen ihres Vaters, nicht weniger als die Tatsache, dass sie Toms Freunde waren, ihr Schweigen verlangten. „Na dann", sagte er, „das ist alles vorbei. Wo ist dein Hut?"

„Da drüben, auf dem Boden", antwortete sie zurückhaltend, „verkehrt herum – mein bester Hut."

„Macht nichts, ich gebe dir ein Dutzend neue. Schicken wir diese Dinger los und machen wir eine einstündige Fahrt mit dem schnellsten Hansom, den wir finden können – nur um uns ein wenig zu beruhigen. Dann nehmen wir an, wir kommen zurück und essen in aller Ruhe hier um sieben. Mrs. Gilman wird es schaffen. Ich muss um halb drei fliegen. Tom überlegte schnell, dass die Great College Street der beste Zufluchtsort für ein ruhiges *Tête-à-Tête* war . "Mitkommen." Er nahm ihre Hand und rannte mit ihr die schmale Treppe hinunter. „Ich glaube nicht, dass du weißt, wie sehr ich dich liebe, aber du wirst es mit der Zeit herausfinden", sagte er und blieb auf halbem Weg stehen.

„Ich weiß", antwortete sie, „und ich liebe dich – schrecklich."

Er sah sie an und küsste sie, dann kam ihm ein glücklicher Gedanke.

„Mrs. Gilman“, rief er laut, denn es waren keine anderen Leute im Haus, „ich möchte Ihnen sagen “ , sagte er, als diese gute Frau erschien, „dass Miss Vincent und ich verlobt sind.“

„Oh, Herr Carringford !“

„Es ist alles in Ordnung“, fügte er hinzu und hatte eher Angst, dass sie weinen würde. „Wir kehren gleich zurück, und Sie müssen uns pünktlich um sieben etwas zu Abend essen. Ich fahre um acht nach Schottland − von Euston −, also lass es ziemlich pünktlich sein. Nun, Margey .“ Er schaute zurück und sprach erneut mit Frau Gilman. „Wir halten in der Stratton Street an“, sagte er, „und sagen meinem Mann, er solle ein paar Flaschen Champagner mitbringen. Sie müssen eine behalten und auf unsere Gesundheit trinken . Halten Sie die andere kühl und schicken Sie sie zum Abendessen hoch. Oh, Das ist alles in Ordnung. Ein großer Spaß, nicht wahr?“

„Tom“, sagte Margaret, als sie wegfuhren; „Was glauben Sie, was Mrs. Lakeman sagen wird?“

„Ja, sie wird sich natürlich freuen, und Lena auch.“

XXVII

Herr Dawson Farley hatte eine Wohnung in der Victoria Street. Er kam um neun Uhr herunter und öffnete gemächlich seine Briefe. Der Text von Margaret, die ihm von ihrer Verlobung mit Tom erzählte, lag ganz oben. Tom, der seine Privatadresse kannte, hatte ihr geraten, es dorthin zu schicken und nicht ins Theater. Mr. Farley zuckte zusammen, als er es las. „Das ist der Teufel!" er sagte. „Ich dachte, dieses Mädchen könnte nicht in London sein, ohne Unfug zu treiben. Es ist ein Glück, dass ich Hilda geschrieben und von ihr erzählt habe; aber ich gehe davon aus, dass es zu spät ist, etwas zu unternehmen. Es kann einen großen Unterschied machen, denn ich kann es nicht ertragen." Diese zappelnde Schlange, Lena, in jedem Haus, in dem ich leben muss. Warum zum Teufel hat Hilda nicht geschrieben? er fuhr fort, während er seine Briefe durchsah; „Vielleicht möchte ich mir Zeit nehmen oder ein wenig beunruhigen, aber ich hätte nicht gedacht, dass sie so eine Frau ist." Kaum hatte er das letzte Wort gesagt, öffnete sich die Tür und Mrs. Lakeman kam herein. Sie trug einen Billycock-Hut und einen langen Umhang; sie sah fast rüpelhaft aus.

„Dawson", sagte sie mit ihrem seltsamen, schiefen Lächeln, „ich dachte, es wäre besser, vorbeizukommen und Ihren Brief persönlich zu beantworten; ich bin die ganze Nacht gereist und bin gerade angekommen."

„Du liebe Frau", sagte er und fühlte, dass er der Situation gewachsen sein sollte. „Ich wusste, dass du das Allerbeste tun würdest."

„Ich werde das Schlimmste tun", antwortete sie; „Ich werde dich ablehnen."

„Mich ablehnen?" er rief aus.

„Nur weil ich keine Lust zum Heiraten habe, lieber Freund", und sie brachte etwas Gefühl in ihre Stimme. „Hast du vergessen, dass ich ein alter Trottel mit grauen Haaren bin?" Sie nahm den Billycock-Hut ab und neigte den Kopf, genau wie sie es bei Gerald Vincent getan hatte.

„Es ist mir egal", sagte er, „ich will dich." Er legte wohlüberlegt einen Arm um ihre Schulter.

„Ich mag dich sehr", sagte sie; „Ich habe eine große Zuneigung zu dir, aber ich werde nicht zum Gespött der Stadt werden – ein Trottel mittleren Alters, der einen Schauspieler heiratet, der etwas jünger ist als sie. Lass uns so weitermachen, wie wir sind, jedenfalls bis Lena es ist." verheiratet."

„Warum bist du dann hergekommen?"

„Es war ziemlich an der Zeit", antwortete sie trocken. „Ich nehme an, Sie wissen, dass das Vincent-Mädchen mit Tom Carringford verlobt ist?"

„Sie hat mir gerade geschrieben, um es mir zu sagen, und das Theatergeschäft angestoßen."

„Sie soll ihn nicht haben, der kleine Teufel!" rief Mrs. Lakeman . „Ich werde mich gut darum kümmern; das habe ich", fügte sie hinzu, „denn er ist inzwischen in Pitlochry."

„In Pitlochry?" rief Farley aus.

„Mit Lena frühstücken. Lena, in einem Musselin-Morgenkleid, auf einem Sofa liegend – Tom hält ihre Hand – den Rest können Sie sich vorstellen."

„Das ist Wahnsinn! Ich verstehe es nicht."

Mrs. Lakemans blaue Augen waren voller Bosheit. „Aus seinen Briefen wusste ich, dass etwas nicht stimmte, deshalb habe ich darauf geachtet, ihm zu sagen, dass es Lena nicht gut ging, und ein paar Bemerkungen über Margaret Vincent und den jungen Lebensmittelhändler in Guildford zu machen, die ihm meiner Meinung nach nicht gefallen würden insgesamt. Da er nicht kam und nicht schrieb, hielt ich es gestern Morgen für angebracht, ihm zu telegrafieren und ihm mitzuteilen, dass sie gefährlich krank sei.

„Was wohl völlig falsch war, nehme ich an?"

„Streng genommen", antwortete sie genüsslich. „Aber er antwortete sofort, dass er gestern Abend um acht Uhr anfangen würde, und heute Morgen ist er da."

„Er muss Miss Vincent gestern Nachmittag einen Heiratsantrag gemacht haben. Ich wusste erst vor drei Tagen, dass sie Carringford überhaupt gesehen hatte , als ich ihn am Bühneneingang traf, der in einer Kutsche auf sie wartete."

„Es ist sehr schade. Es hätte nicht so weit kommen dürfen, wenn ich es rechtzeitig gewusst hätte."

„Aber warum sollten Sie sich schließlich einmischen?" fragte er und dachte, wenn Mrs. Lakeman ihn nicht heiraten würde, hätte er kein besonderes Interesse daran, dass Lena eine gute Ehe führen würde. „ Carringford ist ein guter Kerl und Miss Vincent ist ein ungewöhnlich hübsches Mädchen. Warum sollten sie sich nicht haben?"

„Und Lena das Herz brechen?" sagte sie und blickte ihn an. „Außerdem gehört Tom uns, und niemand soll ihn uns wegnehmen."

„Trotzdem ist es Miss Vincent gegenüber nicht ganz fair, und es liegt mir nicht besonders daran, in dieser Angelegenheit zu helfen", antwortete er ganz freundlich, aber mit Entschlossenheit; „Außerdem, wenn du mich nicht heiraten willst, warum sollte ich dann – wo komme ich ins Spiel?"

Einen Augenblick später erkannte sie die ganze Tragweite seiner Argumentation.

„Ich werde niemanden heiraten", antwortete sie, „bis Lenas Zukunft geklärt ist."

„Und wenn Lena Carringford heiratet?"

„Dann erhalten Sie Ihre Antwort. Sie müssen sich darüber im Klaren sein, dass ein junger Mann wie Sie ziemlich lächerlich aussehen würde, wenn er mit einer Frau mittleren Alters und einer erwachsenen Stieftochter herumläuft."

Er sah ihre Politik; es war seltsam, wie gut sie einander durchschauten; er erkannte ihre Geschicklichkeit und ihre Falschheit, aber das änderte nichts an seinem Standpunkt; Sie zu heiraten wäre eine weltliche Angelegenheit, auf die er nicht verzichten wollte, wenn er es verhindern konnte, und er wollte Lena aus dem Weg räumen. Schließlich dachte er, wenn Margaret Carringford nicht heiraten würde , würde es ihr wahrscheinlich noch besser gehen – ein hübsches Mädchen, gut geboren und wahrscheinlich wohlhabend, wenn ihr Vater zurückkäme. Und selbst wenn sie jetzt verliebt wäre, was spielte es für eine Rolle? Eine Enttäuschung wäre für sie vielleicht umso besser: Eine Frau, die nicht leiden musste, wurde im Allgemeinen ein wenig herzlos. Außerdem: Was bedeutete ihm das Mädchen?

„Wo wohnt Margaret Vincent?" fragte Frau Lakeman . „Als ich sie nach Schottland einlud, telegrafierte ich ins Theater, ohne ihre Privatadresse zu kennen, und sie telegrafierte zurück, ohne sie anzugeben, was ich ziemlich unverschämt fand. Auch Tom hielt es in letzter Zeit nur für angebracht, jeden zweiten Tag ein Telegramm zu schicken. "

„Er war zu sehr mit anderen Dingen beschäftigt", sagte Farley mit einem kleinen Lächeln.

„Wo bleibt sie?"

„Im Haus von Louise Hunstan , in der Great College Street. Louise ist in Bayreuth."

„Das ist eine gute Sache. Ich gehe" – und der Tonfall ihrer Stimme zeigte, dass sie siegreich sein wollte. „Du kannst mir vielleicht einen Kuss geben" – und sie hob ihr Gesicht – „ein sachlicher Gruß auf meine Wange wäre der Situation sehr angemessen."

„Bleiben Sie einen Moment – wann gehen Sie zurück?" fragte er, als er ihr zur Tür folgte.

„Heute Abend um acht. Ich werde Tom morgen früh beim Frühstück sehen; er wird nicht einmal wissen, dass ich in London war. Ich soll in meinem Zimmer krank sein", lachte sie. „Heftige Neuralgie; ich kann niemanden sehen."

"Du bist eine wunderbare Frau!" Sagte Farley, als er sie rausließ. „Aber ich bin mir nicht sicher, ob ich sie ausstehen könnte", dachte er, als er sich wieder seinen Briefen widmete; „Sie ist für meinen Geschmack etwas zu diplomatisch."

„Es war wie Farleys Unverschämtheit zu glauben, ich sollte ihn heiraten", sagte sich Mrs. Lakeman , als sie weiterfuhr. „Er ist nicht ganz in meiner Art, das kann ich ihm sagen. Dennoch bringt er ein wenig Belustigung in die Sache." Sie war voller angenehmer Aufregung, neugierig, wie viel ihre dramatische Kraft bei Margaret bewirken würde, und beschloss, das Interview auf jeden Fall in vollen Zügen zu genießen.

XXVIII

Margaret erwachte inzwischen voller Glück. Sie war mit Tom Carringford verlobt ; Sie würde heute zu ihrer Mutter zurückkehren – es schien zu schön, um wahr zu sein. Noch bevor sie ihr Frühstück beendet hatte, kam ein Telegramm von Tom; Er war in Perth in Sicherheit und machte sich gerade auf den Weg. Sie fragte sich, wie es Lena ging und was ihre Krankheit sein könnte. Es war schrecklich für Mrs. Lakeman , dachte sie und war froh, dass Tom weg war. Die Post brachte einen Brief ihrer Mutter; es war vor zwei Tagen datiert; aber auf der Woodside Farm posteten sie die Dinge nur langsam; wahrscheinlich hatte man es beiseite gelegt und vergessen. Frau Vincent ging es nicht sehr gut, es war nur eine Erkältung, aber sie hatte Auswirkungen auf ihr Herz, sagte der Arzt, und sie müsse sehr ruhig gehalten werden; Es bestand nicht die geringste Gefahr, und sie würde morgen wieder schreiben. Sie flehte Margaret an, nicht daran zu denken, zu kommen, denn Hannah war sehr verbittert – sie bezweifelte, dass sie sie hereinlassen würde, und Mr. Garratt war gestern dort gewesen und hatte die Sache noch schlimmer gemacht. „Hannah sagt gern", fuhr Mrs. Vincent fort, „dass die Tür für Sie verschlossen und verriegelt ist und so bleiben wird, bis sie gezwungen wird, sie zu öffnen. Das hat sie Mr. Garratt gestern gesagt, als er Ihre Adresse wollte." Er sagte, er solle sich nie um jemand anderen als dich kümmern, und sie sagte ihm, er solle nicht wieder hierher kommen, und wenn er es täte, würde er die Türen verschlossen vorfinden, so wie du. Vielleicht wäre es besser, wenn wir einen Brief von dir hätten Vater, denn sie hatte immer Angst vor ihm.

Während Margaret noch den Brief las, war das Geräusch von Rädern auf der gepflasterten Straße zu hören. Etwas blieb vor dem Haus stehen; ein lautes Klopfen hallte hindurch und ließ Margaret aufspringen. Für einen schrecklichen Moment kam ihr der Gedanke, dass Mr. Garratt sie herausgefunden hatte. Dann öffnete sich die Tür und Mrs. Lakeman trat ein. Ihr Gesicht war angespannt, ihre Lippen waren fest geschlossen, in ihren Augen lag ein seltsamer, unheimlicher Ausdruck.

„Margaret!" rief sie aus. „Margaret Vincent, das Kind meines alten Liebhabers. Ich bin gekommen, um mich deiner Gnade zu unterwerfen." Sie schob Margaret zurück auf das Sofa, warf sich neben ihr nieder und brach in Tränen aus, die wie hysterische Tränen klangen.

Mrs. Lakeman hatte ihren dramatischen Moment erlebt.

Margaret war entsetzt. "Oh!" rief sie aus. „Ist es Lena? Ist ihr etwas passiert?"

Mrs. Lakeman rang nach einem Wort; Als sie es erreichte, waren ihre Worte belegt und ihre Stimme verzweifelt. „Ich bin gekommen, um dich um ihr Leben zu bitten!" Sie sagte.

"Mich?"

„Ihr Telegramm hat sie getötet."

"Oh!" Margarets Gesicht wurde bleich, denn sie sah, was kommen würde. Mrs. Lakeman richtete sich auf, setzte sich auf das Sofa, ergriff Margarets Hände und blickte sie mit ebenso seltsam blauen wie spöttischen Augen an.

„Margaret", sagte sie, „ich habe etwas Verzweifeltes getan; aber mein Kind war krank, sie war besorgt und wartete auf ihren Liebhaber – auf den Jungen, der immer ihr Liebhaber war. Sie kann die Trennung von ihm nicht ertragen." . Gestern Morgen habe ich nach ihm geschickt und ihm gesagt, dass sie gefährlich krank sei; um fünf Uhr Ihr Telegramm –"

„Es war Toms Telegramm."

Mrs. Lakeman war ungeduldig über die Unterbrechung. „Dann kam Toms Telegramm. Durch Zufall wurde es in ihre Hände gegeben und nicht in meine, und eine Viertelstunde später beugte ich mich über sie und fragte mich, ob sie jemals wieder die Augen öffnen würde. Tom gehörte uns – ganz ihm Leben", fuhr Mrs. Lakeman vehement fort; „Er und sie sind zusammen aufgewachsen; er hat sie immer geliebt; er hat alles für uns getan; sie waren nie drei Tage voneinander entfernt, bis wir neulich nach Schottland fuhren. Sie verehrt ihn, und das war ihre einzige Hoffnung." Mein Leben lang, sie heiraten zu sehen. Sie hat nie von etwas anderem geträumt; er ist die Luft, die sie atmet, und die Welt, in der sie lebt. Als dieses Telegramm gestern kam, traf es sie wie ein Todesstoß.

„Oh, aber Tom und ich lieben uns", rief Margaret verzweifelt.

„Nein, Liebes", antwortete Mrs. Lakeman eindrucksvoll. „Sie müssen die Wahrheit kennen, denn das Leben meines Kindes hängt davon ab. Er liebt Sie nicht – er liebt sie. Vielleicht war er in den letzten zwei Wochen, in denen er von ihr getrennt wurde, in Sie verliebt. Es ist so wie Tom, „fügte sie mit einem kleinen Lächeln hinzu, denn es fiel ihr schwer, die tragische Rolle aufrechtzuerhalten. „Er war so oft verliebt."

"So oft?" wiederholte Margaret ungläubig.

„Oh ja", antwortete Mrs. Lakeman und das seltsame Lächeln erschien auf ihren Lippen. „Sie können nicht glauben, wie oft er mir gesteht, dass er sich zum Idioten gemacht hat. Er verliebt sich ständig, verlobt sich und wird heiraten."

„Ich kann es nicht glauben! Ich werde es nicht glauben!" Margaret weinte leidenschaftlich.

„Das stimmt", antwortete Mrs. Lakeman kühl. „ Im Großen und Ganzen ist es mir gelungen, Lena alles zu verheimlichen und ihn aus seinen Schwierigkeiten zu befreien – ich wusste ganz genau, dass es sich dabei nur um jungenhaften Unsinn handelte, denn im Grunde seines Herzens, Margaret Vincent", fuhr sie fort Feierlichkeit: „Er liebt niemanden außer meinem Kind; jede andere Frau wäre unglücklich mit ihm. Du wirst ihm keinen Ärger machen?" sie fragte beleidigend; „Du wirst ihn ruhig aufgeben, nicht wahr?"

„Ich kann es nicht – ich kann es nicht glauben."

„Sie hätten es geglaubt", sagte Mrs. Lakeman langsam und öffnete die Augen weit, und dieses Mal gelang es ihr, den Humor aus ihnen herauszuhalten, „wenn Sie sie aufrecht und regungslos in ihrem kleinen Zimmer in Pitlochry liegen gesehen hätten, wie sie wäre es jetzt gewesen, wenn ich nicht geistesgegenwärtig gewesen wäre.

"Wie meinst du das?" fragte Margaret, ein wenig erschrocken über Mrs. Lakemans Verhalten.

„Du darfst mich nicht fragen." Sie senkte die Stimme, und die Worte schienen ihr entzogen zu werden. „Ich kann es dir nicht sagen; es wird nie über meine Lippen kommen. Ich sollte es nicht wagen, es dir zu sagen ", flüsterte sie . „Ich habe sie bei einer Frau zurückgelassen, der ich vertrauen kann, mehr tot als lebendig. Ich sagte ihr, ich würde kommen und sie um ihr Leben bitten, und ich bin gekommen, um es zu erbitten, Margaret. Du bist das Kind deines Vaters und wirst es tun die gerade und gerechte Sache einer anderen Frau?"

„Ich weiß nicht, was ich tun soll", sagte Margaret verzweifelt, stand schnell auf, ging auf und ab, stützte den Kopf in die Hände und versuchte klar zu denken. Das Ganze war theatralisch und unwirklich, und der spöttische Blick in Mrs. Lakemans Augen machte sie fast verrückt.

„Es wird dir nicht das Herz brechen, ihn aufzugeben; das kann es nicht." Der Ton von Mrs. Lakeman war ein wenig verächtlich. „Du warst erst vor ein paar Wochen in den anderen jungen Mann verliebt."

„Ich war nie in Mr. Garratt verliebt", antwortete Margaret empört – „niemals für einen Moment."

„Das denkst du vielleicht jetzt, so wie Tom denkt, dass er sich um dich sorgt; aber du hast dich um ihn gekümmert. George Stringer hat es direkt gesehen, und Tom hat es an dem Tag gesehen, als er mit euch allen Tee getrunken hat. Tatsächlich dachte er, es sei mehr „Auf deiner Seite als auf seiner", fügte sie hinzu und beobachtete die Wirkung ihrer Worte mit einer Belustigung, die sie kaum kontrollieren konnte. „Er kam und erzählte uns sofort davon – er erzählte uns alles – er war so lustig, als er uns alles beschrieb", fügte Mrs. Lakeman hinzu, als wäre die Erinnerung höchst amüsant. Dann erholte sie sich und fragte mit tiefer Stimme: „Was wirst du tun, Margaret; wirst du mir das Leben meines Kindes zurückgeben?"

„Ich werde abwarten und Tom sehen und hören, was er sagt."

„Ich kann nicht glauben, dass du so grausam sein wirst."

„Ich verstehe nicht", schrie Margaret verzweifelt. „Wenn Lena so sehr krank ist, wenn sie im Sterben liegt, warum hast du sie dann verlassen?"

„Weil ich wusste, dass es nur eines gab, das sie retten konnte."

„Sie müssen sofort angefangen haben, als Sie das Telegramm erhalten haben."

„Das habe ich – sobald sie wieder zu sich kam. Ich habe dir gesagt, dass sie mit jemandem zusammen war , dem ich vertrauen konnte; ich war die ganze Nacht im Zug." Ihrem Ton nach zu urteilen hätte es sich um eine Folterkammer handeln können. „Ich bin gekommen, um mich deiner Gnade zu unterwerfen. Ich hatte das Gefühl, dass du für eine vierzehntägige dumme Verliebtheit nicht so grausam sein könntest, dass du das ganze Leben meines Kindes ruinierst. Dein Vater würde dich das nicht tun lassen, Margaret. Sei seiner würdig, Liebling, sei die edle Frau, die du sein solltest, und gib ihn auf.

Frau Gilman kam mit zwei Telegrammen herein. Mrs. Lakeman stieß einen kleinen, unterdrückten Schrei aus; Aber es lag Unwirklichkeit darin, und Margaret spürte es in ihrem Hinterkopf.

„Es gibt eine für Sie, Ma'am, und eine für Miss Vincent", sagte Mrs. Gilman.

Mrs. Lakeman klapperte mit den Zähnen, bis Mrs. Gilman den Raum verlassen hatte. „Ich kann es nicht öffnen", sagte sie und versuchte, ihre Hand zum Zittern zu bringen. Aber Margaret hatte ihre bereits gelesen.

„ *Verzeih mir, mein Lieber* ", lief es, „ *ich bin hier bei Lena . Geh lieber nach Hause. – Tom.* " Sie stand starr da und konnte ihren Augen kaum trauen. War es also wahr?

"Gott sei Dank!" rief Mrs. Lakeman aus und hielt Margaret ihr Telegramm hin. „ *Wir sind wieder zusammen und glücklich, Liebling. Sei sanft zu der kleinen Margaret. – Lena.* "

„Jetzt siehst du ?" sagte Mrs. Lakeman triumphierend.

„Ja, ich verstehe", sagte Margaret. „Du hättest nicht kommen müssen", fügte sie mit weißen Lippen hinzu, die sich fast weigerten, sich zu bewegen.

„Ich bin zum Teil aus Liebe zu Ihnen gekommen", begann Mrs. Lakeman , und als sie sah, wie schlecht das mit ihren vorherigen Bemerkungen übereinstimmte, fügte sie lahm hinzu: „Ich konnte mein Kind nicht sterben lassen, oder?"

"Was soll ich tun?" Margaret war verzweifelt.

„Willst du eine Zeit lang als mein Gast nach Paris gehen? Du könntest heute Abend anfangen. Liebling."

„Das werde ich nicht", antwortete Margaret ganz schlicht und beharrlich. „Wenn Tom Lena mehr liebt als er, lasse ich ihn zu ihr gehen, aber ich bleibe hier."

Dann hatte Mrs. Lakeman eine Inspiration, und wie immer war sie praktisch veranlagt.

„Geh zu deinem Vater", sagte sie, „nach Australien. Ein Cousin von mir ist Direktor einer der größten Dampfschifflinien; ich werde ihn veranlassen, dir eine Kabine zur Verfügung zu stellen. Du wirst zurückkommen." Sie befinden sich in einer ganz anderen Lage als Sie jetzt. Cyril kann nicht mehr viele Monate leben – es würde mich nicht wundern, wenn er schon tot wäre – und Sie werden natürlich die Tochter von Lord Eastleigh sein." Sie blieb stehen, denn Mrs. Gilman kam erneut mit einem Telegramm herein. Vielleicht hörten die Götter zu und hielten den Augenblick für passend.

„Es ist von meinem Vater", sagte Margaret mit zitternden Lippen. „Wir haben gestern mit ihm telefoniert." Sie öffnete es und die heftige Anstrengung, ihre Tränen zurückzuhalten, ließ ihr Gesicht rot werden. Es enthielt das eine Wort: *erfreut* .

"Was sagt er?" Fragte Frau Lakeman .

„Es spielt keine Rolle, es macht keinen Unterschied", antwortete Margaret und zerdrückte es in ihrer Hand. und dann sagte sie sanft und süß, so dass es unmöglich war, beleidigt zu sein: „Ich werde Tom aufgeben, Mrs. Lakeman , aber Sie müssen jetzt gehen, denn ich habe das Gefühl, dass ich die Anwesenheit von niemandem ertragen kann." Und ich kann nicht weggehen; du musst machen, was du willst, aber ich werde hier bleiben.

„Aber ich möchte, dass Sie noch etwas anderes tun", sagte Mrs. Lakeman . „Ich möchte, dass du meinen Besuch vor Tom geheim hältst – Lena zuliebe."

„Weiß er nicht, dass du gekommen bist?"

„Er träumt es nicht; und ich fahre heute Abend zurück nach Pitlochry."

„Aber ich verstehe nicht! Wo ist Tom und wo glaubt er, dass du bist?"

„Tom ist bei Lena", sagte Mrs. Lakeman mit einem selbstbewussten Lächeln, „und er vermisst mich nicht; er ist zu glücklich. Ich könnte mein Kind in den Augen ihres zukünftigen Mannes nicht demütigen" – Margaret zitterte bei dem Wort – „Indem ich ihn wissen ließ, dass ich gekommen war, um sie um ihr Leben zu bitten, von einer Frau, für die er eine vorübergehende Schwärmerei empfunden hatte. Jetzt", fügte sie hinzu und ihr Verhalten zeigte, dass sie auf praktische Details achtete. „Warum gehst du nicht nach Australien?"

„Ich möchte nicht gehen", antwortete Margaret positiv. „Ich möchte meine Mutter nicht verlassen."

„Deine liebe Mutter", sagte Mrs. Lakeman mit einem lustigen kleinen Zucken. „Geh nach Hause zu ihr, Margaret. Lass mich dich zum Bahnhof fahren und weiß, dass du auf dem Weg zurück zur Farm bist?"

„Ich kann jetzt nicht nach Hause gehen", antwortete Margaret. „Ich werde in Bezug auf Tom tun, was du willst, und ich werde ihm nicht sagen, dass du zu mir gekommen bist; aber du musst den Rest in meinen Händen lassen."

„Aber woher soll er das wissen?" sagte Mrs. Lakeman und spürte in einem Moment, dass ihr Kartenhaus einstürzen könnte. „Woher soll er wissen, dass du ihn aufgibst?"

„Ich werde ihm schreiben", sagte sie bitter.

„Sie sollten sofort besser telegraphieren."

Margaret hatte das Gefühl, als würden diese Telegramme zu einem Albtraum werden; Aber um jeden Preis muss sie Mrs. Lakeman loswerden .

„Oh ja, ich werde Ihnen telegraphieren, wenn Sie möchten." Sie ging zu dem Tisch, an dem Tom erst gestern so fröhlich gesessen hatte.

„Sag ihm, dass du weggehst", sagte Mrs. Lakeman . „Oh, Margaret, du weißt nicht, wie sie sich all die Jahre geliebt haben."

„Sie sagten, er sei schon so oft verliebt gewesen?"

„Er hat hinterher immer darüber gelacht."

Margaret nahm ihren Stift und schrieb: „ *Bleib bei Lena; ich will dich nicht. Ich gehe weg. – Margaret.* "

„Sie sollten besser auch Ihren Nachnamen angeben", sagte Mrs. Lakeman
und schrieb ihn auf. „Ich nehme es für dich, Liebes", sagte sie; „Du willst
noch nicht ausgehen, und du willst nicht, dass die Wirtin es sieht. Sag mir
jetzt, was du vorhast?" fragte sie in einem guten, sachlichen Ton.

„Ich weiß es nicht", antwortete Margaret sanft. „Ich möchte allein sein und
nachdenken. Ich habe alles getan, was ich konnte; es war sehr schwer, und
ich hoffe, Lena wird glücklich sein. Bitte geh; ich habe das Gefühl, ich könnte
es nicht länger ertragen, es sei denn, ich." bin alleine."

Mrs. Lakeman nahm sie in die Arme und küsste sie, und obwohl Margaret
sich unterwarf, konnte sie ein Schaudern nicht unterdrücken.

„Es ist eher ein verzweifeltes Spiel", dachte Mrs. Lakeman , als sie wegfuhr;
„Aber es ist durchaus amüsant. Der beste Weg wird sein, darauf zu bestehen,
dass Tom Lena sofort heiratet – eine Sondergenehmigung. Ein Mann gerät
oft in Schwierigkeiten."

XXIX

Margaret fragte sich manchmal, wie sie diesen Tag überlebt hatte. Mr. Farley schickte ihr eine kleine Nachricht, in der er sie von ihrer Verlobung entließ, sagte aber, dass er sie gerne wieder annehmen würde, wenn sie jederzeit zurückkommen wollte. Margaret empfand es als einen freundlichen Brief. Seltsamerweise kam auch eine Nachricht von der Agentur im Strand, in der sie gebeten wurde, am nächsten Tag anzurufen. „Das werde ich", dachte sie, „wenn ich einen Brief von meiner Mutter bekommen hätte." Tief in ihrem Herzen herrschte ein gewisses Unbehagen, und ein- oder zweimal kam ihr der Gedanke, dass sie nach Chidhurst zurückkehren und einen Nachbarn bitten würde, sie aufzunehmen, aber die Bewohner der Woodside Farm hatten ihre Angelegenheiten immer für sich behalten, und Sie wollte keinen Anlass für Klatsch im Dorf geben. Sie las den Brief ihrer Mutter noch einmal. Nein, es gab nichts, worüber man sich Sorgen machen müsste; es war nur ihr eigener elender Geisteszustand. Sie war jedes Mal verzweifelt, wütend und beschämt, wenn sie sich an Tom und seine Küsse und ihre eigenen Proteste ihm gegenüber erinnerte. Sie konnte den Gedanken nicht ertragen, dass er mit Lena zusammen war – Lena, die ihn niemals so lieben würde wie sie. Irgendwie hatte sie auch tief in ihrem Herzen das Gefühl, dass in der ganzen Sache ein Trick steckte. Sie wusste nicht wie oder wo, nur dass Mrs. Lakemans Verhalten nicht sehr real gewesen war; aber alles auf der Welt war unwirklich und quälend geworden. Es gab nur noch eines, was sie trösten konnte: Zuhause und Mutter. Sie hungerte und dürstete nach ihrem Zuhause. Sie wollte das Gesicht ihrer Mutter sehen, auf der Armlehne ihres Sessels im Wohnzimmer sitzen, mit ihr reden und sogar Hannah schimpfen hören. Sie wollte in den Wald hinaufgehen und über den Albtraum der letzten Stunden in ihrer Kathedrale nachdenken. Sie stellte sich den großartigen Rest vor, als sie am Bahnhof Haslemere ankam, die langen sechs Meilen bis zur Woodside Farm zu Fuß zurücklegte, die Veranda betrat und ihre Mutter dort sitzen sah. Oh! aber es war nicht gut; Hannah erlaubte ihr nicht einzutreten. Hannah war eine standhafte Frau, die ihr Wort hielt und glaubte, dass sie ihre Religion durch Grausamkeit unter Beweis stellte. Als der Tag verging und kein Telegramm von Tom kam, verschwand die latente Hoffnung, die sie unbewusst gehegt hatte. Es stimmte also alles, und Lena lag ihm wirklich am Herzen.

„Ich bin froh, dass Mutter es nicht wusste", dachte sie; „Es hätte sie so unglücklich gemacht, als dieses Ende gekommen wäre; und ich hätte Hannahs Spott nicht ertragen können." Sie sehnte sich verzweifelt nach jemandem, mit dem sie sprechen konnte, aber da war niemand; außerdem waren ihre Lippen geschlossen; sie hatte versprochen zu schweigen. Plötzlich erinnerte sie sich an Miss Hunstan ; sie würde ihr schreiben. Aber nein, es war unmöglich; sie hatte Bayreuth verlassen und die neue Adresse war noch nicht gekommen. „Und ich weiß nicht, was ich tun oder dem Vater sagen soll", dachte sie. „Oh, es ist wahnsinnig. Wenn es um Leben und Tod ginge, könnte ich es ertragen, aber das ist ein Trick, ich weiß es – es geht um Scheinleben und Tod."

Am späten Nachmittag rief Sir George Stringer an. Er trat unbeholfen ein, als hätte er Angst, sie zu treffen; Aber sobald er ihr Gesicht sah, wusste er, dass etwas nicht stimmte, und seine ganze Befangenheit verschwand.

„Ich habe dir gesagt, ich solle wiederkommen", sagte er; „Es gibt keinen Grund, warum ich mich nicht um das Mädchen meiner alten Freundin kümmern sollte, oder?"

„Nein, keine", antwortete sie und war kaum in der Lage, ihre Sinne ausreichend zu sammeln, um mit ihm zu sprechen.

Er sah sie scharf an. „Etwas ist los", sagte er; „Du hast geweint?"

„Oh nein – ja, ich habe geweint; ich habe großes Heimweh." Er legte seine Hand auf ihre, wie es ihr Vater getan hätte.

„Befolgen Sie meinen Rat und gehen Sie nach Hause, meine Liebe", sagte er. „Ist das Bühnenfieber vorbei?"

„Ja, ich nehme an, das ist vorbei."

Er sah sie noch einmal an, dann fragte er plötzlich: „Hat Tom Carringford schnell und locker mit Ihnen gespielt?"

„Stellen Sie mir keine Fragen, lieber Sir George. Ich möchte überhaupt nichts sagen. Er ist mit Lena Lakeman in Schottland ."

„Er ist ein Narr", sagte er voller Überzeugung.

„Das bin ich auch", antwortete sie reumütig.

„Und ich bin ein anderer. Meine Liebe, ich werde dich nicht bitten, mir etwas zu sagen, was du für dich behalten möchtest." Er hielt einen Moment inne, dann fragte er verlegen: „Ich nehme an, was ich Sie neulich gefragt habe, ist unmöglich?" Als Antwort nickte sie nur und ihre Augen füllten sich mit Tränen. „Dann werden wir nichts mehr dazu sagen." Er nahm ihre Hände und hielt sie fest in seinen eigenen. „Aber ich möchte dein Freund sein – dein Vater, wenn du möchtest, bis zu deiner Rückkehr. Wenn du nicht nach Hause zu deiner Mutter gehen kannst, oder wenn dieser junge Landsmann in Guildford sich Sorgen macht, oder wenn es dafür irgendeinen Grund gibt Art, warum solltest du nicht zu meinem Haus bei der Kirche gehen und dich dort einschließen? Du würdest dich sehr wohl fühlen. Ich dachte daran, selbst dorthin zu gehen, aber ich könnte leicht woanders hingehen."

Zuerst schien es eine gute Idee zu sein, und sie verstand es, dann schüttelte sie den Kopf.

„Nein", sagte sie; „Die Leute würden es wissen und reden."

„Ich nehme an, sie würden – verdammt noch mal. Ich wünschte, du würdest mir erzählen, was Master Tom vorhatte, Liebes."

„Ich kann heute nicht über ihn reden, Sir George; ich kann über nichts reden – mein Kopf ist so schlecht. Ich wünschte, Sie würden jetzt gehen", sagte sie, aber so sanft, dass es ihm unmöglich war sei verletzt, „und komm mich morgen besuchen; meiner Mutter geht es nicht gut und ich mache mir Sorgen. Morgen werde ich mir Pläne ausgedacht haben und werde sie gerne mit dir besprechen. Ich brauche jemandes Hilfe und Rat."

„Das glaube ich", antwortete er, „und ich komme morgen, meine Liebe."

Margaret saß da und dachte noch einmal nach, als sie allein war; Sie hatte nachgedacht und nachgedacht, seit Mrs. Lakeman an diesem Morgen gegangen war, bis ihr der Kopf benommen war, aber es hatte nichts geholfen; Das Ganze war eine *Sackgasse*. Dann ergriff sie eine Eingebung. „Ich werde an Hannah schreiben", sagte sie, „und sie bitten, mich auf jeden Fall für eine Weile nach Hause gehen und meine Mutter besuchen zu lassen. Sie wird den Brief morgen früh bekommen, und ich werde sie fragen." um zu telegraphieren, ob ich gehen darf. Sie setzte sich sofort hin und sagte Hannah mit aller Vehemenz in ihrem Herzen, dass sie sich nie um Mr. Garratt gekümmert hatte; dass sie sich vielleicht sogar um jemand anderen gekümmert hatte; dass sie ihr Engagement bei Mr. Farleys Theater aufgegeben hatte; dass sie sich wegen ihrer Mutter unwohl fühlte und zu ihr kommen wollte; Würde Hannah morgen früh telegrafieren, ob sie sofort käme, auch nur für ein paar Stunden? Sie fühlte sich besser, als sie es geschrieben hatte, und beschloss, loszugehen und es selbst zu veröffentlichen. Sie fing gerade erst an, als Dawson Farley auftauchte. Sein Herz hatte ihn für seinen Anteil an den Transaktionen des Vormittags geschlagen .

„Ich dachte, ich komme vorbei und sage Ihnen, wie leid es mir über Ihren Rücktritt tut", sagte er.

„Und es war schließlich so unnötig, denn meine Verlobung mit Mr. Carringford ist plötzlich geplatzt."

"Ich weiß."

"Woher weißt du das?" fragte sie erstaunt.

„Mrs. Lakeman kam zu mir und erzählte es mir."

„Oh ja, Mrs. Lakeman ", antwortete sie bitter. „Ist Lena wirklich gefährlich krank?" Sie wunderte sich über ihre eigene Frage, aber ein anderes Selbst hatte sie gestellt – ein Selbst, das an allem zweifelte.

Auch Mr. Farley war überrascht. „Das nehme ich an", sagte er mit einem kleinen Lächeln. „Mrs. Lakemans Fakten sind manchmal etwas schwer zu fassen; aber das kann sie wohl kaum erfunden haben. Carringford war schon immer – ich meine, er wurde immer als Eigentum von Lena Lakeman betrachtet ." Ganz plötzlich verlor Margaret für einen Moment die Selbstbeherrschung und schlug schaudernd die Hände vors Gesicht.

„Es tut mir leid, wenn sie krank ist, aber ich mag sie wirklich nicht", sagte sie.

Auch Mr. Farley war unvorbereitet. „Ich hasse sie", sagte er schnell. „Sagen Sie mir mal ehrlich, was denken Sie darüber?"

Aber Margaret schüttelte ungeduldig den Kopf. „Das hätte ich nicht sagen sollen; und ich kann nicht darüber reden, Mr. Farley. Ich bin sicher, Sie werden verstehen, dass die ganze Sache schmerzhaft ist und dass ich nicht darüber sprechen kann."

„Jedenfalls darf ich Ihnen zur wahrscheinlichen Rückkehr Ihres Vaters gratulieren?"

„Oh, er wird noch lange nicht hier sein."

„Aber du weißt, dass sein Bruder tot ist?"

Sie begann aufzustehen. „Wann ist er gestorben; woher wussten Sie das?"

„Er ist gestern nach einer Operation in Melbourne gestorben. Ich habe es gerade in einer Abendzeitung gelesen", antwortete Mr. Farley.

„Oh, meine liebe Mutter, sie wird meinen Vater zurückbekommen", platzte es aus Margarets Lippen. „Sie ist krank, aber diese Nachricht wird sie bessern. Ich habe meiner Halbschwester geschrieben" – und sie nahm den Brief – „Ich werde ihn öffnen und es ihr sagen, denn sie weiß es vielleicht nicht." Ohne es zu wissen, zeigte sie ihre Ungeduld, allein zu sein, und wenige Minuten später verabschiedete sich Dawson Farley diskret.

„Ich mache nicht weiter", dachte er, als er zurück zur Victoria Street ging. „Dieses Mädchen ist eine süße Frau, würdevoll und mutig, und ich kann nicht in einen gewöhnlichen Schurken verwandelt werden, um Mrs. Lakeman zu gefallen ."

XXX

Es war nach sieben, als Margaret von der Aufgabe ihres Briefes zurückkam; Sie war ein oder zwei Stunden lang fast unbewusst weitergegangen – in die Stadt, verlassen nach den Geschäften des Tages, und zurück am Ufer, um dem Verkehr in der Nähe der Theater auszuweichen.

Die letzten paar Stunden waren so voller Ereignisse gewesen, dass sie den gesamten Lauf ihres Lebens verändert hatten; aber noch war sie kaum in der Lage, alle damit verbundenen Bedeutungen zu begreifen. Sie war wie eine Frau in einem Traum, die darum kämpft, aufzuwachen; es schien, als ob alles, was passiert war, jemand anderen und nicht sie selbst betraf. Oh, wenn sie schärfer fühlen könnte – sie sehnte sich sogar nach Schmerz, nach irgendetwas, das ihr klar machen würde, dass sie noch am Leben war.

Mrs. Gilman ließ sie herein, offensichtlich voller angenehmer Aufregung. „Miss Hunstan kommt zurück", rief sie. „Ich habe gerade einen Brief erhalten und wusste, dass es Ihnen gerne gesagt werden würde. Sie rechnet damit, in ein oder zwei Tagen hier zu sein. Sie wird sich über Sie und Mr. Carringford freuen ."

Margaret blieb verblüfft stehen; aber Mrs. Gilman müsste es wissen. Sie dachte, es wäre besser, es hinter sich zu bringen. „Aber vielleicht werden wir doch nicht heiraten – Mr. Carringford und ich", sagte sie lahm. „Wir haben uns zu schnell entschieden."
„Oh nein, Fräulein, das konnte ich mir nicht vorstellen; und wenn ich etwas darüber weiß, liebt er den Boden, auf dem man geht. Jedes Mal, wenn ich ihn hereinließ oder wenn er bei Ihnen war, strahlte sein Gesicht. Das hat einem gut getan, das zu sehen."
Aber Margaret war auf dem Weg nach oben und antwortete nicht.
Mrs. Gilman rief ihr nach: „Oh, Miss Vincent, ich habe vergessen zu sagen, dass es einen Brief für Sie gibt – Sie finden ihn auf dem Tisch im Wohnzimmer."
Ein Brief! Sie ging fast kopfüber in den Raum, während ihr Herz vor Hoffnung und Staunen schnell klopfte.
Der Brief trug den Poststempel von Chidhurst ; Es war von ungebildeter Hand verfasst und darin stand, fast unleserlich, geschrieben:

> „Ich glaube, Mutter ist sehr krank, aber Hannah wird es
> nicht ertragen. Sagen Sie nicht, ich hätte geschrieben.
> Kommen Sie lieber sofort. Von."
>
> „ TOWSEY ."

Ein Schrei kam über Margarets Lippen; Der Schmerz hatte sie jetzt stark genug erreicht.

„Oh, Mutter, Mutter, wenn du sterben solltest! Wie könnte ich an irgendetwas anderes auf der Welt denken, wenn du krank warst; aber ich wusste es nicht, Liebling, ich habe es nie geträumt.“

In zehn Minuten war sie auf dem Weg nach Waterloo. Die Kutsche fuhr so langsam, dass sie vor Ungeduld mit den Fäusten gegen die Türen schlug. Alle Gedanken an Tom waren verschwunden oder in den Hintergrund ihres Lebens gedrängt; die ältere Liebe behauptete sich, und jeder Gedanke war auf das liebe Leben in Chidhurst konzentriert . Sie hatte gerade noch Zeit, den Zug zu erreichen – er fuhr um 7.45 Uhr ab. Als sie den Bahnhof erreichte, waren es noch zwei Minuten bis zum Viertel. Sie flog aus dem Taxi, kurz bevor es angehalten hatte, überreichte dem Mann das Fahrgeld und eilte zum Schalter. Es schien, als ob der Kassierer ihr mit bewusster Langsamkeit ein Ticket gab; sie schnappte es sich und rannte zum Bahnsteig. Die Türen wurden geschlossen; Sie hatte gerade noch Zeit, in einen leeren Waggon einzusteigen, bevor der Zug losfuhr. Dem Himmel sei Dank, sie war allein. Sie konnte auf und ab gehen und ihre Hände ringen oder sich auf den Sitz werfen oder ihren Kopf an die Seite der Kutsche lehnen und beten – zu jeder Macht, die existierte und barmherzig war. „Lass sie leben – lass sie leben! Sie darf nicht sterben, während Vater weg ist; es wäre so grausam. Mutter – Mutter, Liebling, du darfst nicht sterben. Vater ist auf dem Rückweg, und ich komme zu dir.“ ; fühlst du nicht, dass ich komme?“

Oh, was für ein Elend es ist, und das langsame, langsame Stapfen eines Zuges, der auf ein Haus zufährt, über dem der Tod schwebt . Es schien Margaret, als würde es Stunden dauern, bis sie Woking überhaupt erreichte ; Aber es war etwas, wieder einmal im lieben Surrey-Land zu sein. Als der Zug anhielt, öffnete sich die Tür und zwei Personen stiegen ein; Sie sahen aus wie Mann und Frau. Margaret schloss ihre Hände und biss die Zähne zusammen, wie sie es am Morgen getan hatte, um die Anwesenheit von Mrs. Lakeman zu ertragen , und bald darauf schloss sie in ihrer düsteren Ecke die Augen und tat so, als würde sie schlafen, obwohl alle Sinne vor Ungeduld pochten. Sie hörte, wie die Frau zu dem Mann sagte – und sie zuckte zusammen, denn Annie war der Name ihrer Mutter, obwohl die beiden natürlich nichts mit ihr zu tun hatten:

„Ich glaube, Annie wird größer, nicht wahr?“

„Das wage ich zu behaupten“, antwortete der Mann; „Sie ist ein Mädchen, um das ich mich nie gekümmert habe.“ Er hielt einen Moment inne, als würde er nachdenken. „Glaubst du, Tom meint damit etwas?“

Tom auch! Dachte Margaret.

Margetson kümmert “, antwortete die Frau.

„Da wäre etwas Geld“, sagte der Mann.

„Ein gutes Stück, zweifellos", antwortete die Frau; „Aber Geld ist nicht alles."

Nein, Geld ist nicht alles, antwortete ihnen Margarets Herz. Ab einem bestimmten Punkt ist Geld nichts mehr; Nichts ist etwas anderes als die Liebe deines Liebsten, der Klang einer lebendigen Stimme, der Anblick eines lieben Gesichts, die Berührung einer dünnen, hageren Wange an deiner eigenen. „Oh, sie muss leben", rief sie stumm vor sich hin, obwohl kein einziges Zeichen oder keine Bewegung das verriet. „Ich wünschte, ich könnte mein eigenes Leben in dein Herz schicken, Liebling; aber lebe – lebe, bis Vater kommt. Oh, lieber Christus, wenn Du in unsere Herzen sehen kannst, wie die Leute sagen, lass meine Mutter leben, oder, wenn sie muss Stirb bald, lass sie noch leben, bis mein Vater kommt – oder bis ich zu ihr komme", fügte sie verzweifelt hinzu, denn in ihrem Herzen hatte sie das Gefühl, dass der Rest verleugnet werden musste. „Wir lieben sie, lieben sie am meisten auf Erden, so wie sie uns liebt."

„Na ja, es ist schon Guildford", sagte die Frau. „Ich erkläre, dieser Zug hat es eilig." Sie griff nach dem Korb, der im Regal stand, der Mann stand auf, sie öffneten die Kutschentür und wieder blieb Margaret allein.

Das Öl in der Lampe brannte schwach und flackerte; sie öffnete das Fenster am anderen Ende – beide waren offen – und die sanfte Dunkelheit der Sommernacht kam herein. Sie kniete neben der Kutschentür und legte ihre Arme auf den Fensterrahmen und ihr Gesicht darauf; es gab ihr ein Gefühl der Hingabe; es ließ sie das Land und die Bäume und den großen Himmel über ihnen lieben; sie schienen immer alles zu verstehen; Jetzt hatte sie das Gefühl, als ob sie es täten. Der Duft der Kiefern stieg ihr entgegen; sie konnte die schwarzen und trüben Tannen sehen, als der Zug vorbeiraste; aber die ganze Natur schien das Elend in ihrem Herzen zu kennen – es beruhigte sie und ermöglichte es ihr, es ruhig zu ertragen. Sie blickte zu den kleinen Sternen auf, die Tausende von Jahren vor ihrer Geburt dort gewesen waren und auch in den kommenden Tausenden noch da sein würden – zu den Sternen und den schwarzen Bäumen, die Schatten spendeten, zu den Wäldern, die sie noch nie betreten hatte und doch wusste sie so gut, am tiefgrauen Himmel, an dem rauen Zaun, der die Eisenbahnlinie begrenzte – und alles schien im Vorbeigehen zu wissen, dass sie zu ihrer Mutter gehen würde, nur um festzustellen, dass nichts, nichts in dieser weiten Welt, kann das unerbittliche Naturgesetz und den großen Beschluss ändern, wenn er einmal gegeben wurde.

Es mussten drei kleine Stationen passiert werden, bevor sie Haslemere erreichte . Die Gärten des Bahnhofsvorstehers waren voller Blumen; Sie konnte deutlich die Farbflecken in der Dunkelheit erkennen, und der Duft von Spätwicken wehte ihr entgegen. Während der Zug weiterfuhr, konnte sie die Cottages von Surrey sehen, hier und da schien ein Licht aus einem oberen Fenster – meist Gitterfenster, wie das ihrer Mutter. Hinter ihnen gingen die Leute zu Bett; Sie waren nicht krank und starben nicht, wie vielleicht ihre Mutter, im großen Bett auf der Woodside Farm. Ein Bach, ein paar Bäume, ein Haus hoch oben am Ufer, etwas abseits der Straße, das Nachlassen des Zuges – und endlich Haslemere . Der Zug schien absichtlich bis zum äußersten Ende des Bahnsteigs zu eilen, und sie war bei jedem Schritt, den sie zurücklegen musste, ungeduldig. Sie gab ihr Ticket auf, ging durch die schmale Tür des Bahnhofsgebäudes und auf der anderen Seite wieder hinaus. Es war zehn Uhr – späte Stunde für das Land. Das Gasthaus am Hochufer gegenüber war geschlossen.

„Ist es zu spät für eine Fliege?" sie fragte den Portier.

„Heute Abend ist es zu spät, Fräulein, es sei denn, es ist vorher bestellt", und er schaltete eine zusätzliche Gaslampe aus. Fast bevor die Worte gesagt waren, war sie schon nach vorne gestürmt; Sie war jung und stark und ihre Füße waren schnell. Sie eilte rechts den Hügel hinauf, am Gasthaus oben vorbei – sie konnte den weißen Pfosten und den kleinen dunklen Fleck darüber sehen, der das Schild darstellte. Immer weiter, vorbei an der Schmiede und dem Stellmacher und den kleinen Hütten mit Strohdächern und weißen, eingezäunten Gärten. Sie hätte hundert Meilen laufen und sie voller Verachtung hinter sich lassen können. Es war die Zeit, es war die Zeit! Das Leben verging so schnell; es könnte nicht einmal für ihre Sehnsucht oder ihr Beten bleiben. Sie bog von der Hauptstraße ab und überquerte rechts eine Brücke – eine schmale Straße, die gerade breit genug für zwei Kutschen war – die Eichen und Platanen ragten über die Hecken hinaus, sie konnte die Umrisse der Schleppe vor dem Himmel sehen, eines kleinen Lärchenbüschels – ein tiefblauer Himmel, an dem die Sterne näher zusammenrückten.

Fast drei Meilen lagen hinter ihr. Sie befand sich in der Nähe der Nebengebäude einer Farm, die auf halbem Weg nach Chidhurst lag ; Im Vorbeigehen roch sie das frisch geerntete Getreide darin. Nach einer weiteren Viertelmeile hatte sie den Rand des Moores erreicht. Entlang der weißen Straße daneben – der Straße, die sie an dem Tag, als sie aus London zurückkam, mit ihrem Vater gefahren war und auf der Mr. Garratt so oft mit seinem dicken, grauen Pony oder auf seiner Stute fröhlich und unbekümmert auf die Jagd gegangen war -Ernte in seiner rechten Hand. Das Glockenheidekraut war tot, der Stechginster wurde braun, sie wusste, dass dort Lengflecken sein mussten, aber es war zu dunkel, um sie zu sehen.

Sie eilte weiter, die weiße Straße erstreckte sich hinter ihr statt vor ihr. Nach einer weiteren Viertelmeile hatte sie das Dorf Chidhurst erreicht ; es war still und schlief. Wie seltsam kam es mir vor, zu dieser Stunde

hindurchzuhuschen ! Noch ein paar Minuten, und der quadratische Turm
der Kirche stand vor ihr. Die Dunkelheit hatte sich so weit gelichtet, dass sie
die Uhr sehen konnte; es hatte natürlich aufgehört – um Viertel nach drei;
Ein Kloß schnürte ihr die Kehle zu und ihr Herz blieb stehen, denn tief unten
unter dem Kirchturm sah sie die weißen Grabsteine rund um die Kirche. Sie
wandte schnell den Kopf ab; Auf der anderen Straßenseite befanden sich die
Tore von Sir George Stringers Haus – deren Anblick ihr Trost spendete –
und zu ihrer Rechten befand sich schließlich das kleine Tor, das zu den
Feldern führte, die die Abkürzung zur Farm bildeten. Sie stieß einen
dankbaren Schrei aus, als sie es durchmachte, und stand wieder auf dem Land
ihrer Mutter. Es war erst einen Monat her, seit sie auf dem grünen Boden
unter ihren Füßen geschlafen hatte, ihn geküsst und sich gefragt hatte, wann
sie wieder darüber gehen würde. Sie hatte nicht gedacht, dass es so bald sein
würde. Über das Feld durch einen der Wege, die eine weiße Linie bildeten,
die zum Zaunpfosten führte, über den Zaunpfosten und in das zweite Feld,
und sie rannte jetzt, denn sie wusste, dass sie gleich das Haus sehen würde.

XXXI

Margaret stand vor dem Fenster ihrer Mutter und hätte vor Freude weinen können, denn darin brannte Licht. Sie hob dankbar ihr Herz und hatte das Gefühl, als hätte der Himmel sie gehört. Dann tauchte eine weitere Angst auf, die sie die ganze Zeit über verfolgt hatte, aber in der überwältigenden Angst, ihre Mutter nicht mehr lebend vorzufinden, hatte sie nicht lange darüber nachgedacht – Hannah. Was würde Hannah tun? Würde sie es ihr verweigern, das Haus zu betreten, während ihre Mutter krank war – vielleicht im Sterben lag? Der Brief, den sie geschrieben hatte, war noch auf dem Postweg; es würde erst am Morgen eintreffen; Es bestand noch keine Chance, sie dadurch zu mildern. Sie hatte kein Recht, Margaret draußen zu halten; aber es nützte nichts, wenn man jetzt darüber nachdachte; Sie fürchtete sich vor lauten Worten und vor Hannahs heiserer Stimme. Ihre Füße wurden weich, als sie den grünen Weg des holländischen Gartens entlangging; Sie stand unentschlossen am Fuße des Fensters, blickte zu dem schwach beleuchteten Fenster hinauf und fragte sich, was sie tun sollte. Um diese Nachtzeit war die Haustür mit Sicherheit verriegelt, und wahrscheinlich befanden sich alle oben, sodass niemand sie hören konnte, wenn sie klopfte, und sie hatte Angst zu klingeln, um ihre Mutter zu stören. Sie ging leise am Haus vorbei, neben dem Blumenbeet an der Wand und unter ihrem eigenen Schlafzimmerfenster hindurch zur Hintertür, durch die sie das Haus vor einem Monat verlassen hatte, und versuchte vorsichtig, den Riegel zu öffnen, aber er war verriegelt das Innere, wie sie es erwartet hatte. Dann kam plötzlich Licht aus dem Küchenfenster; offenbar war jemand mit einer Kerze hereingekommen; vielleicht war Towsey heruntergekommen, oder Hannah – sie hatte Angst zu klopfen, aus Angst, es könnte Hannah sein. Über dem Fenster war eine dicke Musselinjalousie zugezogen, die so hoch war, dass Margaret nicht groß genug war, um hineinzusehen. Sie erinnerte sich an den grau gestrichenen vierbeinigen Hocker – er stand normalerweise zwischen dem Holzhaus und der Hintertür; Manchmal saß der Postbote darauf und redete mit Towsey , während er sich ausruhte. Wenn sie darauf stand, konnte sie in die Küche sehen. Sie fand es, und ohne immer noch einen Laut von sich zu geben, stellte sie es unter das Fenster, stieg auf und schaute hinein. Durch den Musselinvorhang konnte sie Towsey am Kamin sehen; Sie hatte einen kleinen Topf auf das Feuer gestellt und fing an, etwas darin umzurühren, und sonst war niemand in der Küche. Margaret tippte sanft, und Towsey zuckte zusammen, als hätte sie geahnt, dass es Margaret war. Sie trat ans Fenster, hob den Vorhang hoch und blickte hinaus. Margaret hielt ihren Kopf nahe an das Glas, damit in der Dunkelheit keine Verwechslung ihrer Identität möglich war.

Dann gab Towsey ihr ein Zeichen, zur Hintertür zu gehen, und öffnete sanft die Tür. Sie öffnete es nur ein kleines Stück und streckte den Kopf heraus, als fürchtete sie, dass im Haus auch nur ein Flüstern zu hören sein könnte.

„Miss Margaret", sagte sie, „ich wusste, dass Sie hier sein würden."

„Geht es ihr besser?" fragte Margaret atemlos.

Towsey schüttelte den Kopf. „Es wird ihr nie besser gehen", flüsterte sie; „Aber sie war schon immer eine gesunde Frau, und es kann lange dauern, bis sie ihr Ende erreicht."

Die Worte trafen Margaret und sie hielt sich an der Tür fest, um sich zu stützen.

„Ist Hannah bei ihr?" Sie fragte.

„Ja, sie ist bei ihr; da können Sie sicher sein."

„Hat sie nichts über mich gesagt? Wollte sie nicht nach mir schicken?"

„Kein Wort. Wie Sie sehen, kam alles so plötzlich; letzte Nacht ging es ihr nur noch schlimmer. "

„Hat sie gestern ein Telegramm bekommen?"

Petersfield gefahren, als es soweit war, und kam erst um halb eins zurück Stunde später.

„Was ist mit der Mutter? Ist es ihr Herz oder was?"

„Ja, es ist ihr Herz, nehme ich an. Wir haben Daddy gestern Abend um neun Uhr zum Arzt geschickt, und er kam heute Morgen wieder. Er war seit letzter Woche nicht mehr dort gewesen. Er sagte, es ginge ihr besser, aber er tat es nicht. „Ich scheine nicht gut von ihr zu denken."

„Hat Hannah nichts über mich gesagt?"

„Ich fragte sie, ob sie geschrieben hätte, nachdem er gegangen war, aber sie sagte mir, ich solle mich um meine Arbeit kümmern und sie anderen Dingen überlassen."

"Und dann?"

„Und dann habe ich George Canning einfach dazu gebracht, diese Zeilen zu schreiben und sie in Haslemere zu posten , als er zum Arzt ging. Ich dachte, wenn er es vor zwölf posten würde , würdest du es wahrscheinlich heute Abend bekommen."

„Das habe ich – das habe ich!" und Margaret legte zum Zeichen der Dankbarkeit ihre Hand auf Towseys Arm. Towsey drehte für einen Moment den Kopf zurück, als würde sie zuhören, aber alles war immer noch oben.

„Hat Mutter nach mir gefragt?" flüsterte Margaret.

„Ja, jede Stunde."

„Ich muss reinkommen, ich werde reinkommen!" sagte sie verzweifelt.

„Sie haben ein Recht dazu", antwortete Towsey ; „Aber als sie aus London kam , sagte sie, sie würde mich von der Tür abweisen, wenn ich sie dir jemals öffnen würde."

„Ich muss meine Mutter sehen!" Sagte Margaret und ein Schluchzen stieg ihr in die Kehle. „Sie hat kein Recht, mich von ihr fernzuhalten."

„Das stimmt, Miss Margaret. Aber sie ist so verbittert, dass ich glaube, sie würde Ihnen die Tür verschließen, wenn Ihre Mutter tot daläge."

„Ich würde darauf bestehen", sagte Margaret verzweifelt; „Aber es wäre so schrecklich, jetzt einen Streit zu haben, und es könnte sie töten. Sie ist meine Mutter, Towsey ", fügte Margaret mit gebrochenem Herzen flüsternd hinzu.

„Und Hannah kann sagen, was sie will, du sollst eintreten", flüsterte Towsey entschlossen und öffnete die Tür weit. Margaret ging schnell an ihr vorbei in die Küche, und Towsey schloss leise die Tür und folgte ihr. „Du wirst müde von der Reise sein", sagte sie zärtlich; „Lass mich dir etwas zu essen und trinken besorgen."

„Ich möchte nichts essen oder trinken, Towsey , Liebes; ich möchte mich anschleichen und in der Nähe meiner Mutter sein, auch wenn ich sie nicht sehen kann. Oh, ich frage mich, ob Hannah mich daran hindern würde, sie zu sehen?"

„Ja, das würde sie", sagte Towsey mit Überzeugung. „Setzen Sie sich lieber ein wenig", und sie führte Margaret sehr vorsichtig zu einem Stuhl, so dass das Geräusch ihrer Schritte nicht von oben zu hören war, und sie flüsterten immer noch.

„Gibt es keine Hoffnung?" fragte Margaret erstickt.

Towsey schüttelte den Kopf. „Hannah wird nicht glauben, dass sie geht, aber ich kann es sehen. Ich habe viele gehen sehen und kenne die Anzeichen. Der Schmerz ist weg – er war noch nie sehr schlimm – aber jetzt ist alles weg. Sie wartet jedoch nur auf den Tod." Irgendwie glaube ich nicht, dass es passieren wird, bis sie dich gesehen hat.

„Aber weiß Hannah nicht, dass sie stirbt?"

Towsey schüttelte den Kopf. „Sie sieht es nicht, und man kann Hannah nie dazu bringen, etwas zu glauben, was sie nicht in sich denkt."

„Wird es wahrscheinlich sein, dass Hannah herunterkommt?"

„Wahrscheinlich wird sie bald wegen der Pfeilwurzel unten sein. Passen Sie auf, Miss Margaret, ich werde mir eine Ausrede ausdenken und nach oben gehen, um etwas zu holen. Sie ziehen Ihre Schuhe aus und gehen sanft an mir vorbei, wobei Sie sich gut an der Seite halten Treppe. Es gibt nur die kleine Lampe im Zimmer und draußen gibt es kein Licht; sie wird es nicht sehen, selbst wenn sie hinausschaut.

„Aber was soll ich tun, wenn ich aufstehe?" fragte Margaret, zu benommen, um selbst zu denken. Während sie sprach, nahm sie ihren Hut ab und legte ihn auf den Tisch. Towsey hob es vorsichtig hoch und versteckte es in der Sitzbank, wo sie ihre eigenen Sachen aufbewahrte.

„Wenn ich ins Zimmer gehe, kannst du in den Schrank vor der Tür schlüpfen – du findest ihn offen – und dich zwischen den hängenden Sachen verstecken. Ich werde versuchen, Hannah herunterzuholen und sie dazu zu bringen, etwas zu Abend zu essen; Dann könnten Sie sich vielleicht einen Moment lang einschleichen und sie ansehen, ohne dass jemand merkt, dass Sie da sind.

„Aber wenn es ihr schadete – wenn es sie erregte?"

„Das wird es nicht", sagte Towsey bestimmt; „Es wird sie glücklich machen, bevor sie geht. Es wäre schrecklich, wenn sie sterben würde, ohne dich oder ihren Mann zu sehen, wenn sie so sehr auf euch beide wartet und sich danach sehnt, dass sie kaum atmen kann."

„Lass uns sofort gehen", flüsterte Margaret.

Gemeinsam schlichen sie aus der Küche, Margarets Hand auf Towseys Schulter. Als sie die Schwelle überschritt, traten der alten Frau Tränen in die Augen. „Ich habe dich oft gestillt, als du ein Baby warst", flüsterte sie; „Und jetzt bist du so eine Schönheit – sie hat es gesagt", und sie nickte nach oben, „erst gestern."

Sie gingen den Flur entlang und blieben am Fuß der Treppe stehen, die zwischen der Küchentür und der Tür des besten Salons lag. Sie konnten Hannahs Stimme hören. Sie saß am Bett ihrer Mutter und las in der Bibel. Towsey stieg ein paar Stufen hinauf, blieb stehen, reckte den Hals und kam zurück.

„Die Tür ist fast zu", flüsterte sie. „Hannah wird es nicht sehen."

Margaret folgte Towsey sanft die Treppe hinauf und blieb dicht an der Wand, bis sie den Treppenabsatz erreichte. Dann schlüpfte sie in den Schrank, der neben dem Zimmer ihrer Mutter stand. Sie erinnerte sich daran, wie sie es sich an dem Tag angesehen hatte, als Tom Carringford vor vier Monaten auf die Farm kam; Dort hingen damals der lange Umhang und das beste Kleid ihrer Mutter, und jetzt waren sie da. Margaret kannte das Gefühl so gut, dass es ihr einen Nervenkitzel bereitete, sie zu berühren. Es war ziemlich dunkel im Schrank; Selbst wenn die Tür offen stünde und Hannah vorbeikäme, wäre es unwahrscheinlich, dass sie sie sehen würde. Sie hatte Angst, die Tür zu bewegen, damit sie nicht bemerkt wurde, aber sie versteckte sich ein Stück dahinter. Als Towsey sah, dass sie in Sicherheit war, schaute er zu Hannah hinein, die ihr vielleicht ein Zeichen gab, denn sie ging leise wieder in die Küche hinunter. Dann, als Margaret versteckt dastand und zuhörte, ertönte aus der Schlafzimmertür ihrer Mutter immer noch der Klang von Hannah, die über Liebe und Barmherzigkeit las; aber ihre Stimme verriet, dass keiner von beiden in ihr eigenes Herz eingedrungen war.

Da fragte Mrs. Vincent schwach: „Ist jemand gekommen, Hannah?“

„Wusste sie es?“ Fragte sich Margaret.

„Der Arzt sagte, er würde heute nicht wieder hier sein – er dachte, dass es Ihnen heute Morgen besser gehen würde“, antwortete Hannah.

„Ich bin mir sicher, dass ich sterbe, Hannah. Ich werde ihn nie wieder sehen.“

„Sie denkt an meinen Vater“, dachte Margaret und konnte sich kaum zurückhalten, aufzuschreien.

„Du weißt nicht, wie man mit einer Krankheit umgeht“, sagte Hannah; „Du hast schon so lange keine mehr gehabt. Wir sind alle in Gottes Händen, denk daran.“

„Ich möchte, dass Sie nach Margaret schicken – sie ist so jung“, flehte Mrs. Vincent; „Ich kann es nicht ertragen, fern von zu Hause an sie zu denken.“

Aber Hannah antwortete entschieden: „Sie hat uns in Ungnade gefallen, Mutter.“

„Sie hat nichts Unrechtes getan“, antwortete Frau Vincent; „Nichts könnte mich dazu bringen, das zu glauben.“

„Sie hat uns mit ihren Schauspielschauspielern und ihrer Offenheit blamiert. Würden Sie einen Ungläubigen neben Ihrem Krankenbett haben?“

„Aber ich will sie“, sagte Frau Vincent. „Ich will sie und ihren Vater“, stöhnte sie. „Ich kann nicht sterben, ohne sie wiederzusehen.“

„Du machst zu viel aus der Krankheit", antwortete Hannah besorgt. „Menschen haben mehr davon, bevor sie sterben."

„Sagen Sie Towsey , er soll nach Margaret schicken", sagte Mrs. Vincent, als würde sie sich von Hannahs Argument lösen.

„Sie soll die Türschwelle nicht überschreiten", sagte Hannah; „Und wenn du sterben würdest, würde ich es um deines Heils willen immer noch sagen; denn man muss sowohl Gottesfurcht als auch Liebe zu Gott haben. Lass uns mit der Lektüre fortfahren, Mutter."

„Ich kann nicht zuhören; ich will Margaret und ihren Vater. Zwischen ihm und mir liegt das Meer, aber du kannst nach Margaret schicken."

„Du bist müde und solltest besser ein wenig schlafen", sagte Hannah als Antwort, und trotz ihrer Festigkeit klang ihre Stimme freundlich und sogar sanft, als würde sie versuchen, eine Seele zu retten, was ihr eigenes Herz bitter kosten würde. Auf ihre letzten Worte erhielt sie keine Antwort, und es vergingen fünf Minuten; Sie kamen Margaret wie Stunden vor; Dann sprach Hannah wieder, und ihre Stimme war anders – da war so etwas wie Angst darin.

„Mutter", fragte sie, „Mutter, warum schaust du dich so um; siehst du etwas?"

„Ich suche Margaret", sagte die schwache Stimme.

„Du solltest besser versuchen zu schlafen; du wirst stärker sein, wenn du ein wenig schläfst." Aber als Antwort gab es nur ein leises, stöhnendes Flüstern, das Margarets Herz ihr sagte, dass es ihr eigener Name sei, und vor Schmerzen schaukelte sie hin und her und klammerte sich an den Rock ihrer Mutter, der an der Wand hing, und küsste ihn, und die Tränen traten ihr in die Augen und verbrühte sie.

„Ich werde gehen und dir eine Tasse Pfeilwurzel holen", hörte sie Hannah sagen; „Es ist nach Mitternacht und Zeit, dass du etwas zu essen hast." Sie schob den Stuhl zurück, auf dem sie gesessen hatte, verließ das Zimmer und ging an der Tür des Schranks vorbei, in dem sich ihre Schwester versteckt hatte, die Treppe hinunter. Dann schlüpfte Margaret sanft in das Zimmer ihrer Mutter und kniete sich neben das Bett.

" Mutter Mutter!" flüsterte sie, legte ihr Gesicht auf die dünnen Hände und bedeckte sie mit Küssen. „Mutter, Liebling, ich bin hier – neben dir."

Ein Ausdruck von Angst und Freude erschien in Mrs. Vincents stumpfen Augen. „Margaret?" sie schnappte nach Luft. „Gott sei Dank, ich habe dich gesehen! Hannah wird nicht glauben, dass ich sterbe. Hat Towsey –"

„Ja, Liebling, ja", flüsterte Margaret; „Und ich liebe dich so – ich liebe dich
so sehr. Werde gesund, Liebling; Vater kommt zurück – er kommt sofort
zurück; werde gesund für ihn", flüsterte sie zwischen den Küssen, die sie auf
das dünne Gesicht und die Hände regnen ließ eine seltsame Kälte überkam
sie.

„Ich werde ihn nie sehen", sagte Frau Vincent; „Aber sag ihm, dass ich die
ganze Zeit an ihn und an dich gedacht habe."

„Oh, Mutter – Mutter –"

„Gott segne dich, Liebes, segne dich", sagte Frau Vincent. Für einen
Moment erschien ein glückliches Lächeln auf ihrem Gesicht, doch die Angst
unterdrückte es. „Wenn Hannah dich findet , wird sie dich vertreiben. Du
musst gehen – ich konnte es nicht ertragen, Liebes. Ich flehe dich an, zu
gehen."

„Ich werde mich verstecken, Liebling; Towsey wird alles regeln", sagte
Margaret.

„Hannah ist sehr hart", flüsterte die Sterbende besorgt; „Aber sie meint es
nicht so – und sie war sehr gut zu mir –, nur weil sie streng ist. Sag deinem
Vater, er wird zu mir kommen und ich werde warten. Geh, mein Lieber –
geh – das hätte ich nicht tun können starb, ohne dich zu sehen. Mit einer
letzten Anstrengung küsste Mrs. Vincent sie noch einmal, aber ihre Lippen
bewegten sich kaum, obwohl ein Angstschrei durch sie drang, denn Hannah
hatte schnell den Flur unten durchquert und begann, die Treppe
hinaufzusteigen; und Margaret wusste, dass sie ihr auf der Schwelle begegnen
würde, wenn sie das Zimmer verließe . Frau Vincents Augen wandten sich
entsetzt der Tür zu und blieben starr; Sie hatten einen seltsamen
Gesichtsausdruck, als ob sie viele warten sah und zufrieden war, weil sie
wusste, warum sie gekommen waren.

Einen Moment später befand sich Margaret auf der anderen Seite des Bettes
und hatte sich hinter dem Bildschirm versteckt, der teilweise oben und an
einer Seite des Bettes entlanglief. Sie konnte das Zittern nicht ertragen; Sie
ging auf die Knie und hielt den Atem an.

„Mutter, ich dachte, ich hätte dich weinen hören", sagte Hannah, als sie
eintrat, aber es kam kein Ton als Antwort. „Mutter", sagte sie noch einmal
und wartete; aber alles war still. Dann ging Hannah zur Tür und rief: „
Towsey , Towsey , komm her!" und Towsey , erschrocken über ihren Ton,
kam eilig herbeigelaufen, und Margaret wusste, dass sie zusammen am Bett
standen. Die Momente vergingen mit einer seltsamen Stille, schleppend und
schrecklich, als ob ein unsichtbarer Heer sie festhielt. Sie hörte Towsey
flüstern: „Sie geht."; Sie hörte das schnelle Atmen ihrer Mutter, sie hörte, wie

sie versuchte zu sprechen, aber die Worte waren nur halb artikuliert und sie wagte immer noch nicht, sich zu bewegen.

Hannah sagte: „Mutter, Mutter, Christus wird dich retten; bete zu ihm", und ihre Mutter flüsterte noch einmal:

„Sagen Sie es Vater und Margaret – und James wird auch da sein." Dann wurde der Atem schneller, und das Todesröcheln drang in ihre Kehle, und Margaret legte ihre Hände an ihre eigene Kehle, bedeckte ihren Mund und beugte sich immer tiefer zum Boden, damit sie nicht vor Schmerzen aufschreien konnte. Dann war alles still und sie wusste, dass ihre Mutter gestorben war.

„Es geht ihr besser; Gott sei ihr gnädig, einer Sünderin", sagte Hannah und setzte sich in den Sessel neben dem Bett. Es schien Margaret, als vergingen Stunden, in denen sie in ihrem Versteck kauerte und schaukelte, in der Hoffnung, dass die Toten bald eine Weile in Ruhe gelassen würden und dass sie dann vielleicht herauskriechen und das Gesicht ihrer Mutter noch einmal sehen würde.

Aber das sollte nicht geschehen, denn als Hannah aufstand , rief sie die Treppe hinunter: „ Towsey , du kannst kommen; wir müssen sie bereit machen." Dann kam sie zurück ins Zimmer, und es schien, als hätte ihr ein Geist etwas zugeflüstert, denn sie ging um das Bett herum und bewegte den Bildschirm, hinter dem Margaret verborgen war. Sie fuhr fast entsetzt zurück, als sie die hockende Gestalt sah.

„Margaret! Hast du es gewagt?"

Margaret stand auf und sah sie an, und sogar Hannah sah, dass das junge Gesicht voller Kummer war und dass ihre Lippen zitterten.

„Du hast es nicht gewagt, nach mir zu schicken", sagte sie mit gequälter Stimme.

Hannah drehte sich zum Bett und zog das Laken über das Gesicht ihrer Mutter.

„Ich habe dir heute Nachmittag geschrieben und dir mitgeteilt, dass sie krank sei, obwohl du kein Recht hattest, hier zu sein." Die Schwestern hatten also beide geschrieben, und keiner der Briefe hatte sein Ziel rechtzeitig erreicht.

„Aber sie war meine Mutter und hat nach mir gerufen", antwortete Margaret. „Es war sowohl mein als auch dein Recht, bei ihr zu sein."

„Du hast dein Recht aufgegeben", sagte Hannah hartnäckig, „und der Platz gehört mir." Aber sie achtete darauf, Margaret nicht anzusehen, und ihre Hände zuckten.

Dann trat Towsey vor. „Aus Scham, Hannah!" Sie sagte; „Das ist das Kind deiner Mutter, mit dem du sprichst, und das in der Gegenwart der Toten. Du kannst nicht bedeuten, dass sie nicht hier bleiben soll."

„Oh, das heißt doch nicht, dass ich nicht bleiben soll, solange sie hier ist?" Sagte Margaret leidenschaftlich und blickte zum Bett. „Ich denke, dass die Qual, die ich in dieser letzten Stunde ertragen musste, mich aus der Hölle befreien wird, wenn es wahr ist. Wenn Sie möchten, können Sie denken, dass Gott mich zur Strafe geschickt hat, aber über diese Dinge brauchen wir nicht zu sprechen." „, flehte sie; „Ich möchte nur in Frieden bleiben, bis sie für immer gegangen ist."

„Und es ist Frieden, den Gott denen gibt, die gelitten haben", sagte Towsey

.

„Du kannst bleiben", sagte Hannah. „Es ist wahr, dass sie die Mutter von uns beiden war, und mir wäre es lieber gewesen, wenn du bei ihrem Tod gewesen wärst, als dass du dich dort versteckt hättest." Sie wandte schnell den Kopf ab. „Es ist so, dass ich nicht vergeben kann", fügte sie mit gebrochener Stimme hinzu.

„Hannah", sagte Margaret und trat einen Schritt vor, denn Hannahs Stimme überwältigte sie noch mehr als ihre Worte – „Hannah, ich hatte Angst, du würdest mich nicht reinlassen; du hast gesagt, ich solle nicht durch die Tür gehen."

„Damals lag sie noch nicht im Sterben", sagte Hannah mit grimmiger Traurigkeit, „und ich hätte auch nicht gedacht, dass es noch so sein würde; außerdem sagt man oft Dinge – ich habe sie sogar zu ihr gesagt; aber das hätte ich nicht gehabt." geschehen soweit ich sehen konnte.

Margaret legte ihre Hand auf Hannahs Arm, aber Hannah stand ganz starr und streng da und hatte ihr Gesicht der reglosen Gestalt zugewandt, die vor ihnen verborgen war.

XXXII

In diesen späten Augusttagen dämmerte es bald, aber es schien, als würde die Dunkelheit in dieser Nacht nie ein Ende nehmen. Margaret saß im Wohnzimmer in dem großen Sessel am Kamin; Es stand vor dem Arm, der ihrer Mutter gehört hatte, und sie schaute auf den Arm, auf dem sie sich so oft in den fröhlichen Morgengesprächen früherer Zeiten niedergelassen hatte – den Morgen, die für immer und ewig zu Ende waren. Sie hatte die Tür weit geöffnet und die süße Luft kam herein, kühl und mit einem seltsamen Gefühl für das, was passiert war.

Towsey fand sie bald. „Wir haben uns gefragt, wo du geblieben bist", sagte sie.

„Ich ging in den Garten und durch das Feld – ich wollte eine Weile nachdenken."

„Ich habe das Bett in deinem Zimmer fertig gemacht, aber als du reingeschaut hast, war es wohl noch zugedeckt, und du hattest keine Lust, dort zu bleiben."

„Ich mag es nicht, irgendwo zu bleiben", antwortete Margaret mit der Unruhe, die keinen Ausdruck finden konnte.

„Du solltest besser in die Küche kommen – da steht eine Tasse heiße Milch bereit; du musst bestimmt etwas wollen. Hannah ist gerade gegangen, um sich hinzulegen; sie war besorgt und fragte sich, was aus dir geworden ist; aber sie dachte, du wärst in den Wald gegangen, und es war nicht gut, nach dir zu suchen.

Sie setzten sich in der Küche einander gegenüber an den Tisch, die alte Frau, deren Augen vom Weinen geschwollen waren, und das Mädchen mit dem verängstigten, weißen Gesicht, das gerade zum ersten Mal den Tod gesehen hatte.

„Ich denke an meinen Vater", sagte sie zu Towsey ; „Er weiß es noch nicht – wahrscheinlich trauert er um Onkel Cyril, freut sich aber darauf, zu seiner Mutter zurückzukehren. Es ist so schrecklich, daran zu denken, dass er sie nie wieder sehen wird."

„Das Leben ist eine seltsame Sache", antwortete Towsey , „und es ist schwierig, das Beste daraus zu machen, und noch schlimmer, wenn man alt ist, denn dann weiß man es; aber wenn man jung ist, hofft man."

„Es gibt nichts mehr zu hoffen."

„Das gibt es für Sie, Miss Margaret. Wenn jemand zum ersten Mal weg ist, fühlt man sich hilflos und erkennt nicht, wie gut es ist, sich selbst zu leben, aber wenn man jung ist, kommen nach einer Weile andere dazu. Legen Sie sich einfach hin, armes Lamm ; du siehst abgenutzt genug aus."

„Schläft Hannah?"

„Vielleicht – sie ist in ihrem Zimmer. Ihr ging es ziemlich schlecht, aber sie möchte nicht, dass man sie sieht."

Margaret stellte die Milch ab, die sie nicht austrinken konnte. „Ich gehe nach oben", sagte sie. „Ruh dich ein bisschen aus; du siehst so müde aus, Towsey , Liebes." Sie kroch wieder hinauf, an der geschlossenen Tür ihrer Mutter vorbei und in Richtung ihres eigenen Zimmers. Hannahs Tür stand offen; Sie zögerte, dann ging sie sanft darauf zu und schaute hinein.

Hannah lag bekleidet auf dem Bett und schlief oder schien zu schlafen. Die Morgendämmerung warf ein blaues Licht in den Raum. Margaret, die am Bett stand, konnte sehen, dass Hannah geweint hatte; Ihr Gesicht war rot und voller Flecken. Ihre Wangen waren hohl, ihre arme Nase war sehr rosa, ihr stumpfes, helles Haar schien spärlicher denn je zu sein , und sie sah so verlassen und traurig aus, als sie da lag, dass Margaret es kaum ertragen konnte; Während sie sie beobachtete, wurde ihr klar, wie wenig die Welt Hannah gegeben hatte, wie wenig sie ihr versprochen hatte. Sie schlüpfte aus ihren Schuhen und legte sich ganz sanft neben sie – etwas tiefer, damit sie ihren Kopf an Hannahs Brust schmiegen und ihren Arm um die kantige, dünne Schulter legen konnte. Hannah öffnete die Augen und sah Margaret an, schloss sie wieder und näherte sich ihr wie im Schlaf mit müder Befriedigung, und so ruhten sie zum ersten Mal in ihrem Leben eine Stunde zusammen. Aber keiner schlief, und als es unmöglich war, es länger vorzutäuschen, sahen sie einander an, und Margaret wusste, dass Hannah weicher geworden war.

„Ich habe dir gestern geschrieben", begann sie ein wenig grimmig, als würde sie sich schämen, etwas anderes zu sein. „Ich wollte nicht, dass Towsey es erfährt – ich würde Mutter nicht einmal davon in Kenntnis setzen –, denn ich hatte gesagt, du solltest nicht so oft zurückkommen. Ich bin rausgegangen und habe es selbst gepostet. Es wird heute Morgen dort sein. „Ich glaube nicht, dass das Ende kommt, sonst hätte ich schon früher geschickt. Ich bin nicht so hart."

"Du hast mir geschrieben!" rief Margaret aus. „Warum, Hannah, ich habe dir gestern – gestern Nachmittag geschrieben; unsere Briefe werden sich unterwegs kreuzen und beide werden gleichzeitig ankommen."

„Es muss der Herr gewesen sein, der uns zueinander geführt hat."

„Wenn es nur rechtzeitig gewesen wäre", flüsterte Margaret.

„Ich muss härter gewirkt haben, als ich war“, fuhr Hannah fort; „Aber ich habe nicht vergessen, dass sie die Mutter von uns beiden war, und ich hätte nicht gedacht, dass es so bald passieren würde. Ich werde mir das nie verzeihen, solange ich lebe.“

„Ich hätte wissen müssen, dass du nicht so hart bist, wie du scheinst. Und natürlich wusstest du nicht, was passieren würde.“

„Es war der Mann, der dazwischen kam“, sagte Hannah bitter; „Es ist immer ein Mann, der zwischen Frauen steht.“

Dann zog sich Margaret auf dem Bett hoch, setzte sich neben Hannah und blickte in ihr gequältes Gesicht.

„Mutter liegt im Nebenzimmer“, sagte sie, „und kann es nie erfahren, aber um ihretwillen wollen wir versuchen, die Dinge zwischen uns zu verbessern. Ich möchte, dass du mir glaubst, Hannah, wenn ich feierlich sage, dass es mir nie gefallen hat.“ Mr. Garratt, oder wollte ihn, oder konnte irgendetwas tun, was er tat.“

„Das spielt keine Rolle“, sagte Hannah. „Er ist ein niederträchtiger und schmutziger Mann, und ich habe mit ihm schon immer Schluss gemacht. Er war in letzter Zeit hier, und das habe ich ihm gesagt. Er ist nur hinter mir her, weil seine Mutter gehört hatte, dass die Farm mir gehören würde. Wenn die Wahrheit stimmt.“ Um ehrlich zu sein, ich habe nie viel von ihm gehalten, und was das Mitnehmen eines Mannes betrifft, so sehr er sich um Theater und Rennen kümmert, denn ich habe herausgefunden, dass er zu beiden geht, also würde ich lieber sterben. Aber wir brauchen es Reden Sie nicht mehr mit ihm , er wird nie wieder hierher kommen.

Dann rückte Margaret ein wenig näher an sie heran, denn trotz ihres eigenen Kummers und des Schreckens der Nacht schmerzte ihr Herz um Hannah und klammerte sich an sie.

„Was hast du mit der Schauspielerei gemacht?“ Fragte Hannah nach ein oder zwei Minuten.

„Ich habe es aufgegeben“, und es herrschte erneut Stille. Dann sprach Hannah mit grimmiger und verlorener Miene und mit Tränen in den Augen mit leiser Stimme, als hätte sie sich dazu durchgerungen.

„Margaret“, sagte sie, „ich war oft und oft sehr hart zu dir.“

Margaret neigte den Kopf und küsste das Kleid ihrer Schwester und sagte nichts, denn es stimmte durchaus, obwohl sie es vergab.

„Aber ich möchte, dass du es verstehst", fuhr Hannah fort, „dann wirst du nicht so schlecht von mir denken. Weißt du, Vater kam, als ich alt genug war, um es zu wissen, und nahm mir die Mutter weg. Das habe ich gespürt." Er hat sie mitgenommen, und da war die Art und Weise, wie er über Religion dachte und die Art, wie Sie dachten.

„Hannah", sagte Margaret, „lass uns darüber reden — es ist besser, das jetzt zu tun, während der Tod die Barrieren zwischen uns niedergerissen zu haben scheint. Ich verstehe, was du mit der Ankunft meines Vaters meinst, das verstehe ich tatsächlich — ich hätte das Gefühl haben sollen Es auch. Aber was die Religion betrifft — Sie halten es für ein Verbrechen, dass er nicht so glaubt wie Sie, aber können Sie das nicht erkennen, wenn Gott ihm den Intellekt zum Denken und Fühlen gegeben hat und er ihn ganz gewissenhaft eingesetzt hat? Und so kommt er nun zu dem Schluss, dass er ein ehrlicher Mann ist? Er bewies seine Ehrlichkeit, indem er auf vieles verzichtete — auf alle möglichen weltlichen Vorteile und auf jemanden, den er sehr liebte, bevor er unsere Mutter sah, und wenn ja Er ist zu einem falschen Schluss gekommen. Glaubst du nicht, dass Gott — Gott, von dem du sagst, dass er ein Gott der Liebe und sehr gerecht ist — ihn zumindest dafür ehren wird, dass er mutig ist und sich nicht verstellt ? "

„Wenn jemand nicht an den Herrn glaubt —", begann Hannah.

„Oh, aber lass mich sprechen", fuhr Margaret leidenschaftlich fort; „Es kommt darauf an, ehrlich zu sein und das Richtige zu tun — zu versuchen, alles zu sein, was Christus gepredigt hat — wenn wir nur so sind, können wir den Rest hinter uns lassen. Es sind nicht wir, die an Gott zweifeln, sondern Sie, die an ihm zweifeln, wenn Sie denken, dass er hart sein könnte." und grausam für uns. Es gibt so viele Formen von Religion auf der Welt außer der, an die Sie glauben. Sind alle Menschen zu verurteilen, die versuchen, aus verschiedenen Blickwinkeln das Richtige zu tun? Es ist alles ein Mysterium und außerhalb unseres Verständnisses. "

„Ich würde gerne wissen, was Sie denken?" sagte Hannah.

„Ich denke, dass man der unsichtbaren Macht dankbar sein sollte, die all die Schönheit und das Glück in die Welt gebracht hat; dass man versuchen sollte, niemals unfreundlich zu denken oder hart zu urteilen, und dass wir einander helfen sollten, so gut wir können, und das verlassen sollten." Ruhe in der Macht, die man nicht versteht. Jemand schrieb einmal: „Ich möchte die Tatsachen so akzeptieren, wie sie sind, wie bitter oder streng sie auch sein mögen, um ein Liebhaber und ein Schüler zu sein, aber niemals ein Gesetzgeber", was bedeutet, dass wir es tun sollten Verurteile andere nicht, sondern liebe sie nur und hilf ihnen und erledige unsere Arbeit so gut wir können."

„Ich denke, du meinst es gut, aber ich wünschte, du würdest mehr über Religion denken", sagte Hannah ein wenig widerwillig. Sie sah wieder auf sie herab, denn Margaret war wieder in ihre Arme geschlichen. Es war ein neues Gefühl, jemanden dort zu spüren, und sie schämte sich fast für den Trost, den es ihr gab. „Es tut mir leid, wenn ich hart wirkte", sagte sie sanft. „Du weißt, dass die Bartons immer streng waren. Aber du gehst nicht wieder weg? Ich kann es nicht ertragen, an dich in London zu denken."

„Ich möchte nicht wieder weggehen", antwortete Margaret; „Ich möchte hier bei dir und deinem Vater bleiben; ich habe das Gefühl, dass ich mein Leben lang nie woanders hingehen könnte."

„Es ist nichts falsch gewesen?" fragte Hannah alarmiert. „Du hast nichts getan, was du nicht tun solltest?"

„Nein, Hannah, nichts; aber ich wünschte, ich wäre nie gegangen."

„Es gibt immer etwas, das uns leid tun muss. Wir müssen es als Strafe für unsere Schwäche ertragen. Ich würde alles in der Welt geben, um mich daran zu erinnern, dass wir beide zuletzt bei unserer Mutter gestanden haben", antwortete Hannah mit ein Seufzer, und dann sagte sie fast zärtlich: „Du solltest besser versuchen, ein wenig zu schlafen; du siehst erschöpft aus, und Vater muss es noch erzählen. Es wird schlimm für ihn sein; ich weiß nicht, wie er es machen wird." Nimm es." Sie hielt Margaret fester in ihren Armen und beobachtete sie, und nach und nach schliefen sie ein, erschöpft von der langen Nacht, dem Weinen und der Aufregung.

Ein paar Stunden später kam Towsey herein und sah sie sich an.

„Ich hätte nie gedacht, sie so zusammen zu sehen", sagte sie und ging leise wieder hinaus. „Ich wünschte, sie hätte es gesehen; aber vielleicht tut sie es – sie steht vielleicht daneben und schaut zu, was wir wissen."

Sir George Stringer ging am frühen Nachmittag zur Great College Street; Der Ausdruck von Margarets Gesicht verfolgte ihn und er konnte nicht ruhen, bis er sie wiedergesehen hatte. Mrs. Gilman hatte ihm von Margarets plötzlichem Weggang am Abend zuvor und dem Grund dafür erzählt.

„Armes Ding! Armes Ding!" sagte er sich, als er wegging. „Ich glaube, ich fahre übers Wochenende nach Chidhurst . Ich könnte ihr von Nutzen sein – dieser junge Schurke Tom ist in Schottland, und sie hat nur die grimmige Halbschwester, die sich um sie kümmert."

Abends ging er über die Felder zum Bauernhof und blieb zögernd auf der Veranda stehen, aus Angst, einzutreten oder die Stille, die der Tod heiligt, zu läuten und zu stören.

Hannah sah ihn und trat vor, grimmig wie immer, aber hager und traurig.

„Wolltest du jemanden sehen?" Sie fragte.

„Ich habe gehört, dass deine Mutter tot war", antwortete er verlegen; „Ich bin gekommen, um zu sehen, ob ich von Nutzen sein könnte. Ich kenne ihren Mann mein ganzes Leben lang – wo ist Margaret?"

„Sie liegt da; sie hat sich vor lauter Unruhe den Kopf geschädigt."

„Was hast du wegen ihres Vaters gemacht?"

„Wir haben es ihm noch nicht gesagt. Margaret sagt, er kommt zurück. Dann wird es schlimm für ihn sein."

„Aber man sollte es ihm sagen."

„Wir werden morgen ein Telegramm schicken. Es wird noch Zeit genug sein; es hat keinen Zweck, ihm Kummer zu bereiten. Er wird einen Tag länger gehabt haben, um zu glauben, dass er sie wiedersehen wird."

Sir George sah sie scharfsinnig an. „Im Herzen eine freundliche Frau", dachte er und sagte dann laut: „Sie wissen, dass er jetzt Lord Eastleigh ist?"

„Ja, ich weiß; aber ich kann nicht erkennen, dass es wichtig ist. Es wird bis zum Ende keinen Unterschied machen."

"Du liegst ziemlich richtig"; und er schüttelte ihr die Hand. „Grüß Margaret von mir", sagte er und wandte sich ab. „Es wäre gut", dachte er, als er über die Felder zu seinem Haus zurückging, „wenn wir alle auf dem Land leben würden; die Menschen werden verwöhnt, wenn sie sich in Städten versammeln; dieser Frau schien Vincents Titel ziemlich gleichgültig zu sein." Bei meiner Seele mochte ich sie heute Abend.

<hr>

XXXIII

Als Tom die ganze Nacht unterwegs war und fünf Meilen am Waldrand am Fuße einer Hügelkette entlang gefahren war, befand er sich an dem Ort, den die Lakemans in der Nähe von Pitlochry eingenommen hatten. Ein schönes Haus, umgeben von einem Wald und mit Blick auf eine Schlucht und einen Bach, der weiß und schäumend in die Ferne floss. Er fragte flüsternd, wie es Miss Lakeman ginge, halb in der Erwartung, zu hören, dass sie tot sei.

„Miss Lakeman geht es nicht sehr gut, Sir", antwortete der Diener und führte ihn in ein bezauberndes Zimmer, dessen offene Fenster einen göttlichen Ausblick boten. In der Nähe des gegenüberliegenden Fensters stand ein hübsch gedeckter Frühstückstisch für zwei Personen mit frischem Obst und Spätrosen in einer Schüssel. Lena lag in einem Musselinkleid auf einem Sofa daneben, genau wie Mrs. Lakeman Dawson Farley gesagt hatte, dass sie es sein würde. Ihr Gesicht sah dünn und blass aus, ihre Augen groß und unruhig; Sie schien schwach und besorgt zu sein, aber es gab keine Anzeichen einer gefährlichen Krankheit an ihr. Sie versuchte, sich aufzurichten, als er eintrat, aber es gelang ihr offenbar nicht.

„Tom, Liebes", sagte sie, „ich habe auf dich gewartet – ich wusste, dass du kommen würdest."

„Natürlich", antwortete er; „Aber was ist los?"

„Ich war krank – sehr krank, aber mir geht es besser. Mir wird es gut gehen, jetzt, da du gekommen bist."

„Ich dachte, du würdest sterben", sagte er ein wenig verärgert, weil er dachte, dass man ihn umsonst von Margaret weggetrieben hatte.

„Ich wäre gestorben, wenn du nicht gekommen wärst", antwortete sie. „Setz dich – dort", und sie deutete auf einen Stuhl neben dem Sofa.

„Wo ist Mrs. Lakeman?" fragte er und sah sich unruhig um.

„Sie hat einen ihrer schlimmsten Neuralgieanfälle. Sind Sie froh, zu uns zu kommen?" Sie blickte ihn fast flehentlich mit ihren großen Augen an.

„Ja; aber ich verstehe es nicht." Er schaute auf die Schlucht unter den Fenstern hinaus und folgte mit seinen Augen dem Lauf des Baches. „Solche Telegramme sollten nicht ohne guten Grund verschickt werden."

„Aber ich war sehr krank, Tom, mein Lieber, und ich habe dich so sehr gewollt." Sie streckte ihre Hände aus; er sah sie unbehaglich an, aber er nahm sie nicht an. Irgendwie war ihr Verhalten anders als das, an das er gewöhnt war, und in seinem Herzen stieg eine Besorgnis auf, er wusste nicht wovor. „Ich hatte das Gefühl, dass niemand sonst mich heilen könnte", fügte sie mit erbärmlicher Stimme hinzu.

„Gut! Wir werden sehen, was sich tun lässt. Gibst du mir jetzt etwas Frühstück?"

„Es wird gleich hier sein. Erzähl mir von der ungezogenen kleinen Margaret. Ist ihr Liebhaber bei ihr?"

„Warum, natürlich nicht; ich bin gerade erst weggekommen."

Er mochte es nicht, als Liebhaber bezeichnet zu werden. „Sie und ich sind verlobt; ich habe gestern telegrafiert –"

„Oh, aber es war nur ein kleiner Scherz, Tom, Liebes; du wärst nicht so unfreundlich zu Mr. Garratt."

„Es ist alles Unsinn über Mr. Garratt –" Er hielt inne, denn das Frühstück wurde hereingebracht. „Sehen Sie, ich gieße besser den Kaffee ein", sagte er; und als er das getan hatte, ihr etwas Toast gegeben und einen Scone mit Butter bestrichen und sich Nieren und Speck gegönnt hatte, fühlte er sich deutlich besser. „Nun denn", sagte er; „Es ist alles Unsinn über Mr. Garratt, und sie und ich werden heiraten – so schnell wie möglich."

„Nein, nein, Tom, mein Lieber, das ist kein Unsinn", sagte Lena mit einem ihrer üblichen Zappelbewegungen. „Sie hat mir alles über ihn erzählt, und ich habe gesehen, wie sie sich im Wald trafen, wissen Sie."

Aber er weigerte sich, überhaupt darüber zu diskutieren.

„Das ist alles Unsinn", wiederholte er bestimmt. „Was ist los mit Mrs. Lakeman ?"

„Es ist nur Neuralgie", sagte Lena; „Du weißt, dass sie hin und wieder einen schlechten, schwarzen Tag hat. Macht es dir nichts aus, mit mir zusammen zu sein, Tom, Liebes? Wir sind immer gerne zusammen?" Sie begann zu spüren, dass sie ihn nicht halten konnte; dass sie mehr versucht hatte, als sie umsetzen konnte. Sie wünschte fast, sie hätte ihn Margaret überlassen; Ihre Macht über ihn schien verschwunden zu sein, und die Abwesenheit ihrer Mutter beeinträchtigte sie.

Mit verwirrter Miene aß er sein Frühstück. „Was hast du dir selbst angetan?" fragte er, als er fertig war; „Haben Sie sich eine Erkältung eingefangen, waren Sie übermüdet oder haben Sie einfach nachgegeben und sich ohne besonderen Grund auf ein Sofa gesetzt?"

„Ich bin nicht stark", sagte sie und sah zu ihm auf; „Und ich hatte das Gefühl, dass ich das Warten nicht ertragen konnte. Wir haben dich jeden Tag erwartet; warum bist du nicht gekommen?"

„Ich war bei Margaret", antwortete er, woraufhin Lena sich umdrehte, ihr Gesicht in den Kissen vergrub und leise vor sich hin schluchzte.

„Oh, aber ich sage, was ist los?" fragte er bestürzt; „Hinter all dem steckt etwas; sag mir, was es bedeutet."

„Das bedeutet, dass ich sterben werde", sagte sie. „Ich muss sterben, ich kann nicht leben." Sie streckte ihm erneut die Hände entgegen, und fast gegen seinen Willen spürte er, wie er auf sie zuging, bis er sie in seine nahm. „Ich will dich, Liebling", sagte sie und schlang ihre Arme um seinen Hals. „Ich kann dich nicht zur kleinen Margaret gehen lassen. Sie hat Mr. Garratt, denk dran, und ich werde nur noch eine kurze Weile leben. Du musst bei mir bleiben, bis ich sterbe – das wirst du, nicht wahr?"

„Das ist alles Unsinn", sagte er noch einmal; und in einer freundlichen, liebevollen Art, wie es ein Bruder getan hätte, gab er ihr einen Kuss, aus dem einfachen Grund, weil er nicht wusste, was er sonst tun sollte. „Du bist krank und ausgelaugt."

„Ja, ich bin krank", sagte sie und schmiegte sich tiefer in seine Arme.

Er wünschte aufrichtig, sie würde es nicht tun, aber er hielt sie ein paar Minuten lang ziemlich unbeholfen fest und legte sie dann zurück auf das Sofa.

„Schau mal", sagte er, „ich würde gerne mal auspacken und so, und du solltest dich ein wenig ausruhen."

Von allen Tagen, die Tom je gelebt hatte, war das der seltsamste – dieser Tag allein mit Lena, die krank und nicht krank war; Da Mrs. Lakeman unsichtbar war, konnte er nicht sagen, warum; und mit etwas dahinter – er konnte nicht sagen, was. Bevor er nach oben ging, schrieb er einige Telegramme. Als er herunterkam , waren sie verschwunden, und ein Instinkt sagte ihm, dass es einen Grund für ihr Verschwinden gab; dass die Antwort, die Margaret später am Tag erhielt, etwas unklar war, aber wie oder warum, wusste er nicht. Lena zappelte und sah ihm ins Gesicht und redete leise und nannte ihn „Liebes", aber das hatte sie schon immer getan. Sie tat es den meisten Menschen an, und obwohl es ihm Unbehagen bereitete, konnte er sich nicht dazu durchringen, der Sache Bedeutung beizumessen; es gefiel ihm nicht einmal, dadurch verwirrt zu werden. Vielleicht würde Mrs. Lakeman morgen wiederkommen, dachte er, und dann würden sich die Dinge von selbst erklären. In der Zwischenzeit tröstete er sich, indem er Margaret einen langen Brief schrieb und hoffte, dass der Morgen ihm einen von ihr bringen würde,

aber als er kam, gab es kein Zeichen. Dann fühlte er sich unwohl und
beschloss, dass er noch in dieser Nacht nach London zurückkehren würde,
wenn es keinen guten Grund dafür gäbe.

XXXIV

Mrs. Lakeman so natürlich wie möglich am Frühstückstisch in Pitlochry. Sie sah nach der zweitägigen Reise abgemagert und krank aus; Und jetzt, da die Aufregung, Tom aus London wegzuholen und das Interview mit Margaret zu Ende zu bringen, vorbei war, fragte sie sich ein- oder zweimal, ob sich das Spiel gelohnt hatte. Schließlich glaubte sie, dass Tom nur drei- oder viertausend Dollar pro Jahr hatte, und sie glaubte nicht, dass er jemals viel in der Politik machen würde. Es war die Angst, ihn zu verlieren, die sie erregt hatte, die dramatische Situation, die sie interessiert hatte, aber jetzt, da sie die Situation geschaffen hatte , wusste sie nicht, was sie damit anfangen sollte; sie war sogar ein wenig gelangweilt. Aber alles langweilte sie. Sie war eher eine Frau mit Humor und Unternehmungsgeist als mit Leidenschaft und Gefühl, so dass nichts sie dauerhaft fesselte, wenn es einmal seine Neuheit verloren hatte. In gewisser Weise wusste sie, dass sie eine Betrügerin war, die immer mit Effekten und vorgetäuschten Gefühlen experimentierte, aber so sehr sie sich auch bemühte, sie schaffte es nie, die Realität in ihr Herz zu treiben. In gewisser Weise war Lena wie sie, wollte immer das Ding außerhalb ihrer Reichweite haben und verspürte ein seltsames Sättigungsgefühl, sobald sie es besaß. Sogar die Anwesenheit von Tom hatte nach den langen Interviews von gestern etwas an Faszination verloren.

„Ich glaube nicht, dass ich ihn will", sagte sie zu ihrer Mutter, „aber ich will ihn nicht gehen lassen."

„Ich bin der Meinung, dass ich mich lächerlich gemacht habe, als ich nach London ging", sagte Mrs. Lakeman . Ihre Energie hatte nachgelassen, und sie wunderte sich über ihren eigenen Mut, zu Margaret zu gehen; sie spottete über Dawson Farley und seinen Heiratsantrag; Sie hatte das Gefühl, dass Tom in Pitlochry im Weg war. In Kingussie wohnten einige Leute – sie hatte durch einen Bekannten, den sie auf dem Bahnsteig in Euston kennengelernt hatte, von ihnen gehört – und sie wollte nach Pitlochry. Sie waren reiche Leute und voller Unternehmungsgeist; auch ein paar erwachsene Söhne; Dem Älteren ging es unendlich besser als Tom Carringford . Es war durchaus möglich, dass er sich in Lena verlieben würde. Das Schlimmste war, dass Tom hier war; außerdem hatte sie sich eine Aufgabe gestellt und musste diese erfüllen. Schließlich könnte es ihr etwas Vergnügen bereiten, und danach war sie immer gespannt; Fangen Sie besser an und bringen Sie es hinter sich. Sie führte ihn nach dem Frühstück in den Garten zu einem Platz in einer abgeschiedenen Ecke unter einem Birnbaum; das Tal und der rauschende, gurgelnde Bach lagen dahinter und begleiteten ihr Gespräch.

„Nun, was ist mit Margaret Vincent?" Sie hat ihn gefragt.

„Ich habe keinen Brief von ihr bekommen. Ich verstehe ihn nicht."

„Ich hätte nicht gedacht, dass es einen geben würde", antwortete sie bedeutsam und mit einer Unverschämtheit in ihrer Art, die ihn in die Defensive brachte.

„Warum hast du es nicht getan?"

Mrs. Lakeman lächelte und sagte nichts.

„Sie haben mein Telegramm erhalten", fragte er – „dass Ihnen gesagt wurde, dass wir verlobt sind?" Lena hatte gestern zwei- oder dreimal darüber gesprochen, aber er konnte kaum glauben, dass eine so wichtige Mitteilung auf die unbekümmerte Weise aufgenommen worden war, mit der sie offenbar behandelt wurde.

"Natürlich."

„Ich kann mir nicht vorstellen, was Ihr Telegramm bedeutete", sagte er. „Lena ist nicht gefährlich krank oder so etwas."

Dann versuchte Mrs. Lakeman , ein wenig dramatische Energie aufzubringen. „Tom Carringford ", sagte sie, „weißt du, dass ich der beste Freund bin, den du jemals hattest?"

„Ich weiß, dass du schrecklich gut zu mir warst."

„Soll ich Ihnen sagen, warum ich so telegrafiert habe?"

„Ich wünschte, du würdest es tun, denn ich kann es nicht herausfinden."

„Dawson Farley hat mir von Margaret Vincent erzählt – ich habe in letzter Zeit aus vielen Quellen viel über Margaret Vincent gehört. Tom", fuhr sie mit plötzlich tragischer Stimme fort, „ich liebte Gerald Vincent; ich habe mich nie wirklich darum gekümmert." für jeden anderen, aber dieses Mädchen ist anders; sie wurde von einer gemeinsamen Mutter großgezogen.

„Sie ist überhaupt nicht gewöhnlich", antwortete er empört. "Ich sah sie-"

„Und eine Halbschwester, die vor zwanzig Jahren respektable Dienste geleistet hätte, anstatt ihre Zeit zu Hause zu verschwenden, denn die Mutter kümmert sich selbst um den Hof. Margaret gehört zum Volk ihrer Mutter und nicht zu dem ihres Vaters, das hört man das mit ihrem provinziellen Akzent" – der Akzent wurde natürlich spontan erfunden – „und sie war ganz zufrieden damit, ihren Lebensmittelhändler in Guildford zu heiraten, oder was auch immer er sein mag, bis sie von der Bühne fasziniert war."

„Schau her", sagte Tom; „Du bist eine gute Seele und warst sehr freundlich zu mir, aber du darfst nicht auf diese Weise mit mir reden, denn ich bin mit Margaret verlobt und habe vor, sie zu heiraten."

„Wenn du es tust, wirst du teuer dafür bezahlen." Sie hielt einen Moment inne, dann senkte sie ihre Stimme, aber sie wurde immer aufgeregter; Schließlich war noch ein gewisses Interesse an der Situation vorhanden, und sie bot die Würde ihres Kindes der dramatischen Möglichkeit an. „In dem Telegramm stand mehr, als ich Ihnen gesagt habe " , sagte sie. „Sie töten Lena und benehmen sich nicht wie ein ehrenhafter Gentleman."

"Wie meinst du das?" fragte er verwirrt, erinnerte sich aber unbehaglich an Lenas Verhalten von gestern.

„Ich meine", sagte Mrs. Lakeman empört – denn es war eine ihrer Theorien, dass ein Anspruch immer stärker war als ein Plädoyer und mehr Beachtung fand – „dass Sie kein Recht haben, Margaret Vincent oder irgendjemanden anderen zu heiraten." Das bedeutet, dass du mein Kind dazu gebracht hast, dich zu lieben, dass du ihr alles bedeutet hast, und dass du sie glauben gemacht hast, dass sie alles für dich war."

„Wir waren nie etwas anderes als Freunde!" Er war entsetzt.

„Äußerlich. Im Herzen waren Sie ein Liebespaar, und das können Sie nicht leugnen. Sie hat Ihnen die einzige Liebe ihres Lebens geschenkt, Liebes" – Mrs. Lakeman wurde sentimental – „und ich hätte mir nie träumen lassen, dass du ihr nicht deins gegeben hast. Du kannst zu Margaret Vincent zurückkehren, wenn du willst, aber du hast mein Kind getötet – mein einziges, einziges Kind. Du musst sehen, wie krank sie aussieht." , wie verändert sie ist."

„Aber das ist schrecklich", sagte er; „Ich bin kein bisschen in Lena verliebt. Ich habe mich nie auf diese Weise um jemanden gekümmert außer um Margaret, und ich möchte sie heiraten."

„Gehen Sie und heiraten Sie sie", antwortete Mrs. Lakeman mit leiser Stimme; „Lena wird es nicht mehr erleben. Glaubst du, ich würde das Geheimnis meines eigenen Kindes verraten oder mich dazu durchringen, mit dir zu sprechen, wie ich es jetzt tue, wenn es nicht um Leben und Tod ginge?" Die letzten Worte sagte sie voller Begeisterung.

Er sah sie verzweifelt an.

"Was werden Sie tun?" fragte sie nach einer Pause.

Er wandte sich ab und verfolgte mit seinen Augen den Lauf des Baches, der durch die Schlucht floss. Das war sehr unangenehm, dachte er, aber er glaubte beim besten Willen nicht daran.

„Sie waren sehr nett zu mir", sagte er; „Aber es nützt nichts, über so etwas nicht die Wahrheit zu sagen – ich konnte Lena nicht heiraten. Ich mag sie sehr, aber sie ist nicht die Art von Mädchen, in die ich mich verlieben könnte; sie scheitert." Und du weißt nie, wo du sie hast, und was ihre verzweifelte Liebe zu mir betrifft, ich glaube es nicht. Wir würden uns gegenseitig zu Tode beunruhigen, wenn wir verheiratet wären; außerdem habe ich vor, Margaret Vincent zu heiraten ."

„Wenn der Lebensmittelhändler Sie nicht überlistet hat."

„Sehen Sie", antwortete er und wurde ganz rot, „wenn Sie so etwas sagen, werden wir uns streiten."

„Das ist mir egal", antwortete sie trotzig; „Wenn man sich nicht wie ein Gentleman benehmen kann, ist es egal, ob wir uns streiten oder nicht."

„Weißt du", sagte er, „ich glaube nicht an dieses Geschäft – ich meine daran, dass Lena in mich verliebt ist."

„Ich hätte gedacht, dass du es gestern vielleicht gesehen hättest." Sie hielt einen Moment inne und fragte dann fast: „Was wirst du tun?"

„Ich gehe sofort zurück in die Stadt; aber es nützt nichts, in einer solchen Angelegenheit nicht ehrlich zu sein, und zuerst werde ich es mit Lena klären."

„Das wäre völlig unanständig von dir."

„Ich kann nicht anders, ich gehe", und er marschierte zum Haus und wieder ins Frühstückszimmer.

Lena lag auf dem Sofa; Er ging auf sie zu und setzte sich neben sie auf den Stuhl, entschlossen, es hinter sich zu bringen und damit fertig zu sein.

„Schau her, ich möchte mit dir reden", sagte er; „Dieser Ort ist zu einer Art Albtraum geworden, und ich möchte, dass du mich wie ein vernünftiges Mädchen daraus aufweckst."

„Erzähl mir davon, Tom, Liebes", sagte sie und schlängelte sich zur Sofakante. „Du würdest mir gestern nichts sagen."

„Zu große Sorgen. Nun denn", fuhr er fort, zog sich ein wenig zurück und sah ihr gut ins Gesicht, „ich habe mich in Margaret Vincent verliebt. Sie war die letzten drei Wochen in London, und wir auch." Wir haben uns jeden Tag gesehen – vielleicht wussten Sie das nicht? Es ist völliger Unsinn anzunehmen, dass sie in Mr. Garratt verliebt ist. Ich habe die Wahrheit über diese Geschichte herausgefunden. Er ist lediglich ein Grenzgänger, der sich um Hannah gekümmert hat. Die Halbschwester fand dann heraus, dass ihm Margaret besser gefiel – das wundert mich nicht. Hannah belästigte sie deswegen und sie ging in die Stadt. Louise Hunstan telegrafierte mir aus Bayreuth, dass Margaret in der Great College Street sei, und ich ging hin und „Ich habe mich um sie gekümmert. Wenn das nicht passiert wäre – deine

Leitungen, meine ich – hätte ich wohl inzwischen eine Sonderlizenz bekommen sollen. Ich möchte, dass du gut zu Margaret bist", und er legte seine Hand liebevoll auf Lenas. „Ich liebe sie und habe nicht vor, jemand anderen zu heiraten. Wie wird es denn nun sein?"

„Arme kleine Margarete; ich werde sie lieben", sagte Lena, „weil du es tust."

Tom blinzelte mit den Augen, um sicherzustellen, dass er wach war; Entweder war Mrs. Lakeman verrückt wie ein Märzhase, dachte er, oder er träumte, denn in Lenas Verhalten war kein Anzeichen von Enttäuschung zu erkennen.

„Oh", sagte er hilflos.

„Es wäre schön für sie, dich zu heiraten, Liebes", fuhr sie fort; „Sie sind so anders als Mr. Garratt."

„Mr. Garratt hat damit nichts zu tun. Aber wenn Sie die Ehe nicht gutheißen, müssen wir uns hinterher natürlich gegenseitig schneiden. Na, ist das dann in Ordnung?"

„ Natürlich ist es das", sagte sie und drängte sich näher an ihn heran.

„Gut, gut! Jetzt gehe ich", sagte er entschlossen.

„Aber wohin gehst du?" fragte sie besorgt.

„Rüber nach Aviemore; ich kenne dort ein paar Leute. Aber ich werde heute Abend mit dem Zug zurück nach London fahren. Es ist alles in Ordnung", sagte er zu Mrs. Lakeman , die mit einer Zeitung in der Hand ans Fenster geschlendert war; „Lena ist ein vernünftiges Mädchen, das wusste ich."

Mrs. Lakeman sah ihn fast ausdruckslos an; Sie hatte aufgehört, sich auch nur im Geringsten für seine Liebesbeziehungen zu interessieren. „Haben Sie den *Schotten gesehen* ?" Sie fragte; „Der Junge ist gerade mitgekommen."

"Nein, warum?"

„Cyril ist tot und Gerald ist Lord Eastleigh."

„Gut! Er wird zurückkommen", antwortete Tom; „Ich bin in einer halben Stunde frei", fügte er hinzu.

"Oh!" Sie war zu beschäftigt, um ihn überhaupt zu bitten, zu bleiben; aber als er gegangen war, erinnerte sie sich wie mit einem Ruck an die Aufregung des Morgens. „Wir haben ein schönes Fiasko wegen Tom gemacht", sagte sie zu Lena; „Ich weiß nicht, wer der größere Idiot ist, du oder ich."

„Es war sehr interessant", antwortete Lena. „Aber ich sollte nie genug Energie für das Leben haben, das er mag. Ich kann grobe Effekte, starkes

Licht, Bewegung oder irgendetwas von dem, was ihm am Herzen liegt, nicht ertragen – Menschen sollten immer erholsam sein."

„Sie sollten lieber einen kleinen Dichter heiraten", antwortete Mrs. Lakeman grimmig, „oder einen minderwertigen Maler, und in einem Atelier in Chelsea leben."

XXXV

Tom Carringford ging am nächsten Morgen direkt zur Great College Street. Margaret war natürlich nicht da; aber Louise Hunstan war angekommen, und von ihr und Mrs. Gilman erfuhr er gemeinsam von Mrs. Lakemans Besuch; von Margarets Behauptung, dass ihre Verlobung gelöst wurde; davon, wie Sir George Stringer und Dawson Farley sie besucht hatten, und von Margarets überstürzter Abreise nach Chidhurst .

„Nun", sagte Fräulein Hunstan, als sie allein waren, und der kleine Ton, den Tom immer mochte, war in ihre Stimme getreten, „ich denke, das ist eine Angelegenheit, die einer genaueren Untersuchung bedarf; wissen Sie, ich bin der Meinung, dass Lena Lakeman nur eine kleine Schlange ist." , und dass ihre Mutter nicht immer weiß, worum es geht – trotzdem sind sie amüsante Leute, wenn man nicht zu oft von ihnen sieht.

„Oh, ihnen geht es gut, wenn man sie nicht zu ernst nimmt", antwortete er, unfähig, schlecht über irgendjemanden zu denken . Er war nicht im geringsten beunruhigt über Margarets Aussage gegenüber Mrs. Gilman. Er wusste, dass Margaret ihn liebte, und dass, wenn irgendein Unfug begangen worden war, der Grund dafür bald geklärt werden würde. Was ihn erstaunte, war der Besuch von Mrs. Lakeman . „Ich kann mir nicht vorstellen, wie sie gleichzeitig mit Neuralgien in ihrem Zimmer und in London eingesperrt sein konnte", sagte er sich. „Sie ist auf jeden Fall verrückt! Aber das spielt keine Rolle. Ich werde heute Nachmittag nach Chidhurst gehen . Ich könnte von Nutzen sein, und ich möchte Margaret sehen." Er wusste, wenn ihre Mutter krank wäre, würde sie unglücklich sein und ihn wollen, und als der freundliche Junge, der er war, begann er in Gedanken nach Dingen zu suchen, die er Mrs. Vincent mitnehmen könnte. Natürlich gab es im holländischen Garten jede Menge Blumen; Aber vielleicht mochte sie trotzdem eine Schachtel Rosen, und Margaret würde sich an die erste erinnern, die sie zusammen gekauft hatten – und an Pfirsiche und Weintrauben; er konnte sich nicht erinnern, auf der Woodside Farm Glas gesehen zu haben; vielleicht hatten sie keine. „Ich habe Margey sehr gern ", sagte er zu Louise Hunstan und freute sich, es in Worte fassen zu können, „und wir werden eine großartige Zeit miteinander verbringen. Sie werden uns hier oft sehen, wissen Sie."

„ Natürlich werde ich das tun", antwortete sie; „Ich freue mich einfach darauf."

Als er durch Whitehall fuhr, hielt er am Haus von Sir George Stringer an, stellte jedoch fest, dass er nach Chidhurst gefahren war . „Gut", sagte er geistesabwesend zu sich selbst, „ich werde ihm telegrafieren, und er wird mich unterbringen."

Tom erinnerte sich sein ganzes Leben lang an die Fahrt von Haslemere nach Chidhurst an diesem Abend. Er genoss jeden Meter; den Hügel hinauf und an den Hütten vorbei, entlang der Straße dahinter; Neben dem mit Leng bedeckten Moor und durch das Dorf Chidhurst , bis er die Kirche und die Tore von Sir George Stringers Haus direkt gegenüber dem kleinen Tor sah, das über die Felder zur Farm führte. Er betrachtete die Schachtel mit Rosen und den Korb mit Pfirsichen und Weintrauben auf dem Fahrersitz. „Ich hoffe, meiner Schwiegermutter geht es besser", dachte er mit einem glücklichen Lachen in den Augen. „Ich glaube, ich werde sie lieb haben, und Vincent ist ein echter Stein."

„Sie wissen, dass es auf der Farm einen Todesfall gibt, Sir?" sagte der Fahrer, als er ausstieg. „Mrs. Vincent wurde gestern Abend nach zweitägiger Krankheit entführt – sie war seit einiger Zeit nicht mehr sie selbst."

Eine Stunde später wurde Margaret eine kleine Notiz überbracht. Es lief:

> „ LIEBSTE , – ich bin in Stringers Haus und habe es gerade gehört. Ich weiß, wie unglücklich du sein musst, und es gibt nichts zu sagen, außer dass ich dich liebe, was du bereits weißt. Ich bin froh, sie gesehen zu haben. Senden für mich, wenn du mich sehen kannst; ich werde hier warten. Dein Ergebener
>
> „ TOM ."

Und so wurde dieser Kummer aus Margarets Herzen genommen; aber ihre Tränen flossen schnell, während sie den Brief las.

„Wenn Mutter nur hier wäre", dachte sie, „und ich kann es nicht ertragen, es Hannah zu sagen, denn sie hat nichts in ihrem Leben – nichts, worauf sie sich freuen kann. Towsey !" sagte sie und ging in die Küche. Towsey zuckte zusammen; sie war fast eingeschlafen. Margaret setzte sich auf ihren Schoß, wie sie es vor Jahren oft getan hatte, als sie ein kleines Mädchen war, legte ihre Arme um Towseys Hals und weinte ein oder zwei Minuten lang leise auf ihrer Schulter. „Ich möchte, dass du mir etwas erzählst", sagte sie, als sie aufsah; „Sind Sie sicher, dass Mutter gelächelt hat, als sie am letzten Tag ihres Lebens das Telegramm erhielt?"

„Ja, das hat sie", sagte Towsey ; „Es hat nicht viel gehalten, aber sie schien irgendwie viel hineinzuinterpretieren."

„Gott sei Dank! Sie muss es gewusst haben. Es war von Mr. Carringford , Towsey ."

„Ja, ich weiß", sagte Towsey , „und sie dachte, wie es sein würde."

Es war fast mehr, als Margaret ertragen konnte. „Wenn ich nur nicht weggegangen wäre", rief sie, „Mutter, meine Liebe! – Mutter, meine Liebe!"

Herr Vincent, um ihn bei seinem alten Namen zu nennen, kehrte nicht annähernd so schnell zurück, wie er hätte tun können. Die Angelegenheiten seines Bruders müssten erledigt werden, sagte er, und die Frau seines Bruders müsse sich in einem Haus in Melbourne niederlassen. Vielleicht fürchtete er sich davor, allein auf die Farm zurückzukehren. Jedenfalls entschuldigte er sich, und es dauerte fast vier Monate, bis er schrieb, dass er in weiteren vierzehn Tagen in See stechen würde.

Die ganze Zeit warteten Tom und Margaret auf ihre Hochzeit. Tom hatte argumentiert, dass es besser wäre, es ruhig und sofort zu tun, aber Margaret lehnte ab.

„Noch nicht", flehte sie; „Lasst uns die paar Monate warten , bis Vater zurückkommt. Wir haben unser ganzes Leben einander zu schenken Sie wollte nicht, dass er merkte, dass sie fürchtete, sie könnte noch immer das Geräusch der schweren, schlurfenden Füße hören, die ihre Mutter zum letzten Mal hineingetragen hatten. Sie wollte es vergessen, sich nur an die langen, glücklichen Jahre und die Sommermorgen erinnern, die sie auf der Armlehne des Sessels im kühlen Wohnzimmer gesessen hatte, während ihre Mutter sich an sie lehnte, während sie zusahen, wie die Sonne den holländischen Garten bedeckte mit Ruhm.

„Wenn Sie möchten, können wir auch in einer anderen Kirche heiraten", schlug er vor.

„Oh nein", antwortete sie schnell, „das würde ich um nichts in der Welt tun. Ich möchte in der Nähe der lieben Farm heiraten – und in ihrer Nähe: Sie wäre glücklich, wenn sie es wüsste; sie würde zuhören und sich so freuen. Oh ,Tom, du verstehst doch, nicht wahr, Liebling?" Als Antwort nickte er, nahm sie in die Arme und küsste sie, was immer die beste Antwort ist, die ein Mann der Frau geben kann, die ihn liebt.

Und so warteten sie, bis der Winter vorbei war, ein langer, stiller Winter, obwohl er sein geflüstertes Glück in sich trug. Der Februar war kalt und klar. Die Männer waren auf den Feldern damit beschäftigt, die braune Erde umzuwälzen, und hier und da versteckte sich unter den Hecken ein Schneeglöckchen, einsam und zitternd. Dann machte Hannah eines Tages eine wirklich brillante Bemerkung, zumindest hielt Tom es für eine.

„Ich verstehe auch nicht, wie man heiraten kann, sobald der Vater kommt", sagte sie; „Es wird ihm schwer genug fallen, in ein leeres Haus zurückzukehren; man kann ihm nicht gut eine Hochzeit ins Gesicht schleudern. Ich für meinen Teil denke, es wäre eine gute Sache, vorher darüber zu reden und hinzugehen und sich zu treffen." ihn."

Tom sah sie einen Moment lang an, dann schüttelte er ihr energisch die Hand, wie er es immer tat, wenn ihm etwas sehr gefiel. „Da hast du völlig Recht", sagte er und im nächsten Moment schritt er durch den Holländischen Garten auf dem Weg zur Kathedrale, wo Margaret auf ihn wartete. „Schau her", sagte er, als er sie fand, „Hannah hatte eine brillante Idee. Jemand sollte deinen Vater treffen; er kann nicht allein hierher zurückkommen, weißt du."

„Oh, Tom", sagte sie, „ich habe oft darüber nachgedacht, wie schrecklich es für ihn sein wird."

„ Natürlich wird es das, und wir haben nicht das Recht, ihn das tun zu lassen. Angenommen, wir würden ihn in Neapel abholen und selbst nach Hause bringen. Sie sehen, Hannah könnte hier alles bequem machen, während wir weg sind – Dinge ändern a ein bisschen und so weiter. Und wir könnten ihn auf dem Rückweg zwei oder drei Tage in der Stratton Street behalten und Hannah dorthin bringen. Während er sprach, gingen ihm alle möglichen Entwicklungen durch den Kopf. „Wir müssen heiraten , bevor wir anfangen", sagte er in einem geschäftsmäßigen Ton, als wäre es nur eine Frage der Bequemlichkeit, „sonst müssten wir eine Begleitperson nehmen, was ziemlich langweilig wäre."

Und so kam es, dass sie eines Morgens, sechs Monate nach Mrs. Vincents Tod, ganz in aller Stille heirateten. Hannah und Margaret gingen gemeinsam über die Felder, und Tom und Sir George Stringer trafen sie am Kirchentor, aber es waren keine anderen anwesend.

Toms Schwester, Lady Arthur Wanstead , schickte Margaret einen Diamantkamm und einen langen Brief, Mrs. Lakeman schickte ihr eine passende Reisetasche und Lena schickte eine ausgewachsene grüne Porzellankatze.

Seit diesem Morgen in der Kirche sind gerade einmal zwei Jahre vergangen. Die Carringfords sind jetzt in Florenz, und Lord Eastleigh und Sir George Stringer, der sich aus seinem Amt zurückgezogen hat, sind bei ihnen, und sie freuen sich auf Louise Hunstan , die für sechs Wochen Urlaub macht. Lena Lakeman hat einen Armeearzt geheiratet und ist nach Indien gegangen; und Mrs. Lakeman , die sehr wütend über Lenas Ehe war, die sie für eine schlechte hielt, fing an, in westafrikanischen Minen zu spekulieren, und verließ kürzlich England, um sich um ihre Unternehmungen zu kümmern. Letztes Jahr hieß es, sie habe ein großes Vermögen gemacht; aber selbst wenn es wahr wäre, wird sie wahrscheinlich wieder die Fassung verlieren und sich mit dem Gedanken trösten, dass das Gefühl, eine Bettlerin zu sein, völlig neu ist.

Hannah ist allein in Chidhurst und etwas, das fast komisch wäre, scheint möglich. Eines Nachmittags erschien ein Fremder auf der Farm, ein rüpelhaft aussehender Mann von sechsunddreißig Jahren, der jedoch über mehr Intelligenz verfügte, als es auf den ersten Blick schien. Er war ein Student der Landwirtschaft, erklärte er, der zweite Sohn eines Landbesitzers in Somerset, und hatte Lust, ein Grundstück in Surrey zu mieten. Er hatte gehört, dass Woodside Farm möglicherweise einen Pächter haben wollte. Hannah versicherte ihm mit einiger Schärfe das Gegenteil; Aber schließlich war sie vom Verhalten des Fremden überwältigt und zeigte ihm nicht nur die Farm, sondern gab ihm, da er von weit her gekommen war, Tee mit einem Gericht mit in Teig frittiertem Hühnchen und Scones, die Towsey eilig zubereitet hatte . Während des Essens erklärte sie ihm, dass es für sie etwas schwierig sei, die Farm alleine zu verwalten. Der Fremde spürte, dass dies wahr war, und sie kam ihm wie eine äußerst vernünftige und fähige Frau vor. Er erzählte ihr, dass ein Bauernhof einen Mann suche, der sich um ihn kümmert. Sie stimmte zu und lud ihn ein, wiederzukommen.

„Das Kommen des Fremden", sagte Margaret zu Tom, als sie einen prägnanten Brief in Hannahs spitzer Schrift gelesen hatte.

Er sah sie einen Moment lang an, dann wurde ihm klar, was sie meinte. "Gut gut!" er sagte; „Die Geschichte legt großen Wert darauf, sich zu wiederholen, wissen Sie. Ich sollte mich nicht wundern —"

„Und das sollte ich auch nicht", lachte sie.

Unterdessen nicken die Dorfbewohner und sagen, dass der diesjährige Frühjahrsputz auf der Woodside Farm noch gründlicher als sonst war.

DAS ENDE